William Guy Carr

Satan, Fürst dieser Welt

OMNIA VERITAS.

William Guy Carr

(1895-1959)

Kommandant der Königlichen Kanadischen Marine

William Guy Carr (1895-1959) war ein kanadischer Marineoffizier und Autor. Er schrieb ausführlich über Verschwörungstheorien, vor allem in seinem Buch *Pawns in the Game*. Sein Werk hat sowohl Einfluss als auch Kritik erfahren.

SATAN, FÜRST DIESER WELT

Satan, Prince of this World
Erstmals 1966 veröffentlicht

Übersetzt und veröffentlicht von

OMNIA VERITAS LTD

OMNIA VERITAS®

www.omnia-veritas.com

© Omnia Veritas Limited – 2025

Vorwort

Als der Autor dieses Buches, Commander W.J.G. Carr, am 2. Oktober 1959 starb, hinterließ er dieses Buch in Manuskriptform zusammen mit vielen gekritzelten Notizen, Nachschlagewerken, halbformulierten Gedanken usw. Sein letzter Wunsch war, dass das Buch fertiggestellt und veröffentlicht wird, damit alle Menschen von dem Komplott erfahren, das darauf abzielt, jede Spur von Anstand in der Welt und alle Zivilisationen, wie wir sie jetzt kennen, auszulöschen.

Eine solche Aufgabe übersteigt offensichtlich die üblichen Mittel. Ich, sein ältester Sohn, wurde gebeten, zu versuchen, das Manuskript vor der Veröffentlichung so gut wie möglich zu bearbeiten, zu überarbeiten und zu korrigieren. Dies habe ich nach bestem Wissen und Gewissen getan. Ich habe dem ursprünglichen Entwurf nichts hinzugefügt und nichts geändert, es sei denn, ich wurde in Randnotizen in der Handschrift meines Vaters dazu aufgefordert.

Ich fand die Arbeit frustrierend, weil sie den Rahmen meiner Fähigkeiten bei weitem sprengte. Gleichzeitig fand ich es äußerst interessant und lohnend, als ich versuchte, die Gedanken und Ideen eines Mannes zu ordnen, der vor fast sieben Jahren starb.

An einigen Stellen des Manuskripts fand ich Vermerke wie: „Überprüfen Sie die Richtigkeit dieses und jenes Punktes" oder „Suchen Sie nach weiteren Informationen über diese und jene Person". Jedes Mal strich ich den beanstandeten Punkt vollständig, denn es war immer die feste Überzeugung meines Vaters, dass nichts geschrieben werden sollte, bevor es nicht im Lichte des vorhandenen Wissens vollständig bewiesen ist. Da ich nicht über das nötige Wertegefühl verfüge, um zu entscheiden, welche Informationen in solchen Fällen verwendet werden sollten und welche nicht, fühlte ich mich am sichersten, wenn ich die Informationen ganz wegließ.

Die Tatsache, dass dieses Buch nur dreizehn Kapitel umfasst, wird einige Leute ärgern und andere frustrieren: Ich denke, dass alle, die es lesen, in einem Zustand der Unruhe zurückbleiben werden. Die „Unvollendete Symphonie" wurde nie vollendet, und auch dieses Buch wird nicht vollendet werden, es sei denn, jeder Leser vollendet es in Zukunft für sich selbst durch persönliche Erfahrung, während sich die Geschichte entfaltet.

Viele von Ihnen werden sich über die Aussagen in diesem Buch lustig machen; viele werden es als das Geschwätz eines Verrückten beiseite schieben; einige werden das Buch nicht zu Ende lesen können, weil es Ängste und Befürchtungen weckt, denen man sich nicht stellen kann. Aber viele andere, und ich hoffe, dass sie in der Mehrheit sein werden, werden in diesem Werk die Antworten auf einige der verwirrendsten Probleme finden, mit denen die Menschen seit Anbeginn der Zeit konfrontiert sind, und es wird ihnen Stoff zum Nachdenken über mögliche Lösungen für die Zukunft bieten.

Vor allem dieser letzteren Gruppe, aber auch allen Menschen guten Willens im Allgemeinen, ungeachtet ihrer Hautfarbe, ihrer Ethnie oder ihres Glaubensbekenntnisses, ist dieses Werk im Namen meines Vaters respektvoll gewidmet. Mit dieser Widmung verbinde ich die aufrichtige Hoffnung und das Gebet, dass jeder von Ihnen, jeder auf seine Weise, sich bemühen wird, die Katastrophe abzuwenden, die mit Sicherheit über uns kommen wird, wenn die Machenschaften des Teufels nicht bald vereitelt werden.

Diejenigen unter Ihnen, die weiter lesen, sollten nicht vergessen, dass es sich um ein unvollendetes Werk handelt, und dass, wenn es an einigen Stellen Lücken oder mangelnde Kontinuität zu geben scheint, dies nur daran liegt, dass dieses Buch auf der Grundlage eines Rohentwurfs veröffentlicht wurde, der zweifellos ein ausgefeiltes literarisches Werk geworden wäre, wenn Commander Carr noch ein paar Monate gelebt hätte, um es selbst fertigzustellen.

Bitte entschuldigen Sie meine offensichtlichen Versäumnisse bei der Vorbereitung dieses Werkes, und ich hoffe, dass es trotz seiner Unzulänglichkeiten eine reiche Quelle für Ihre zukünftigen Überlegungen sein wird. Noch mehr, dass es die Inspiration für zukünftige gute Arbeit sein wird, um die Bemühungen des Autors fortzusetzen: „Die Wahrheit sagen und den Teufel beschämen". Wenn wir alle zusammenarbeiten, vielleicht mit der Hilfe unseres Schöpfers, werden wir in der Lage sein, die Welt ein wenig mehr so zu gestalten, wie Gott sie vorgesehen hat.

Mit freundlichen Grüßen
und brüderlich Ihr,

W.J. Carr, Jr.
Lima, Peru
2. Juni 1966

Prolog

Im vollen Bewusstsein meiner Grenzen gebe ich freimütig zu, dass ich seit der Veröffentlichung von *Pawns in the Game* (1955) und *Red Fog Over America* (1957), und weil ich diese Bücher veröffentlicht habe, sehr viel mehr über die World Revolutionary Movement (W.R.M.) und ihre Beziehung zur Existenz der fortwährenden luziferischen Verschwörung gelernt habe, die von denen, die die Synagoge Satans (S.O.S.) auf dieser Erde bilden, gegen Gott und die Menschen gerichtet ist, als ich vor der Veröffentlichung dieser Bücher wusste.

Eine Fülle zusätzlicher Informationen ist von einer Vielzahl von Menschen aller Klassen, Hautfarben und Glaubensrichtungen eingegangen. Sie haben die zusätzlichen Beweise geliefert, die ich in diesen Band aufgenommen habe. Ich gebe zu, dass ich die meisten der Fakten, die ich meinen Lesern jetzt präsentiere, nicht kannte, als ich die beiden anderen Bücher veröffentlichte.

Ich schäme mich nicht im Geringsten dafür, dass mein Wissen über den Kampf, der von Luzifer geführt wird, um die Menschen dazu zu bringen, sich von Gott abzuwenden, damit er sie für alle Ewigkeit körperlich, geistig und spirituell versklaven kann, so begrenzt war wie im Jahr 1955. Daraus sollten andere eine große Lektion lernen. Ich hatte seit 1911 ehrlich und aufrichtig gearbeitet und studiert und versucht, eine Antwort auf die Frage zu finden: „Warum kann die menschliche Ethnie nicht in Frieden zusammenleben und so die Gaben und Segnungen genießen, die Gott, der Schöpfer, in solcher Fülle zu unserem Nutzen und Vergnügen bereitgestellt hat?" Die letzten beiden meiner neun bereits veröffentlichten Bücher beweisen, dass ich auch nach vierundvierzig Jahren noch viel zu lernen hatte.

Ich denke, ich würde meine Pflicht gegenüber Gott und meinen Mitmenschen vernachlässigen, wenn ich diese zusätzlichen Informationen nicht veröffentlichen würde. Ich weiß, dass die Feinde Gottes mich lächerlich machen und auf Aussagen hinweisen werden, die in den beiden anderen veröffentlicht wurden. Ich veröffentliche, was ich für die Wahrheit halte - ich habe nie Unantastbarkeit behauptet. Irren ist menschlich - verzeihen ist göttlich.

Um mir gegenüber fair zu sein, möchte ich sagen, dass der EINZIGE wirkliche Fehler, den ich gemacht habe, darin bestand, dass ich nicht in der Lage war, die übernatürliche Beziehung zwischen der luziferischen Revolte im Himmel und der weltweiten revolutionären Bewegung, wie sie heute durchgeführt wird, herzustellen. Ich beschuldigte die internationalen Bankiers, den selbstsüchtigen internationalen Kapitalismus, den Nazismus und den Kommunismus als die Hauptursachen für unsere Übel. Tief in meinem Herzen wusste ich, dass Kriege und Revolutionen Jahre und Jahre im Voraus geplant werden und darauf abzielen, letztendlich die Zerstörung ALLER bestehenden Regierungs- und Religionsformen herbeizuführen, damit eine totalitäre Diktatur über das, was von der Weltbevölkerung übrig geblieben ist, verhängt werden kann, nachdem der letzte soziale Kataklysmus beendet ist; aber ich wusste nicht so sicher, wie ich jetzt zu wissen glaube, dass die W.R.M. eine exakte Nachbildung des Kampfes ist, den Luzifer und seine Anhänger in dem Teil der himmlischen Welt, den wir als Himmel kennen, um die Kontrolle über das Universum führen.

Ich habe mein letztes Buch „*Roter Nebel über Amerika*" genannt, weil ich mir des Propagandanebels, der von den Mächten des Bösen verbreitet wird, um die große Mehrheit der Menschen daran zu hindern, die WAHRHEIT zu erkennen, voll bewusst war. Ich dachte, ich hätte diesen Nebel durchdrungen - ich habe mich geirrt! Die zusätzlichen Beweise und Informationen, die ich meinen Lesern in „*Satan, Fürst dieser Welt*" vorlege, beweisen, dass ich mich nur bis an den äußeren Rand des Nebels aus Lügen und Täuschungen vorgetastet hatte, die das Handwerkszeug derer sind, die die Synagoge Satans bilden und die Verschwörung des Teufels (Luzifer) auf dieser Erde in die Tat umsetzen.

Ich möchte klar und deutlich zum Ausdruck bringen, dass ich nicht glaube, dass die Synagoge des Satans (SOS) jüdisch ist, sondern dass sie, wie Christus uns zu einem bestimmten Zweck sagte, aus „denen besteht, die sagen, sie seien Juden... und es nicht sind... und lügen" (Offb. 2:9 und 3:9). Ich hoffe, in diesem Buch beweisen zu können, dass die Protokolle, die die Einzelheiten des teuflischen Komplotts enthalten, das Weishaupt zwischen 1770 und 1776 überarbeitet und modernisiert hat, nicht von den Weisen von Zion stammen, sondern von der Synagoge Satans, die auf der luziferischen Ideologie basiert, die eine Eine-Welt-Regierung herbeiführen soll, deren Macht von den Hohepriestern des luziferischen Glaubensbekenntnisses usurpiert wird, die die Synagoge Satans an der Spitze schon immer heimlich kontrolliert haben.

Dieses Buch ist zur Information der breiten Masse geschrieben. Auf meine begrenzte Weise versuche ich, den Auftrag, den Christus uns gegeben hat, in die Tat umzusetzen. Ich habe nicht die Absicht, die Seiten dieses Buches mit Hunderten von Fußnoten zu überladen, die Titel, Kapitel und Verse sogenannter Autoritäten angeben. Ich finde, dass viel zu viele Autoren diejenigen als Autoritäten zitieren, die insgeheim der luziferischen Sache dienen. Ich werde meine Leser bitten, das, was ich veröffentliche, als das zu akzeptieren, was ich für die Wahrheit halte.

Als Beweis für meine Aufrichtigkeit erwähne ich, dass ich bisher neun Bücher und Hunderte von Sachbüchern veröffentlicht habe, ohne dass mir ein schwerer Fehler nachgewiesen wurde. Ich habe voll und ganz auf alle käuflichen Erwägungen verzichtet. Während meines Studiums, meiner Untersuchungen und des Schreibens meiner Bücher habe ich niemals finanzielle Unterstützung angenommen - und ich habe auch nicht den Wunsch, durch meine Arbeit finanziell zu profitieren. Ich habe das Einkommen, das ich durch meine Arbeit und meine Schriften erhalten habe, zunächst für den Unterhalt meiner Familie und dann für weitere Studien und Forschungen verwendet. Als meine Familie in der Lage war, für sich selbst zu sorgen, übergab ich meine Arbeit und meine Aufzeichnungen der Föderation Christlicher Laien, um sie ausschließlich für Bildungszwecke zu verwenden.

Meine Frau und ich leben von den Renten, die ich aufgrund von körperlichen Behinderungen während des Ersten und Zweiten Weltkriegs erhalte.

Mir ist völlig klar, dass die Agenten des Teufels es unpopulär machen, an die Bibel zu glauben; ich weiß, dass es nicht „die Sache" ist, an die Hölle oder einen Teufel zu glauben; ich weiß, dass ich wegen dem, was ich schreibe, lächerlich gemacht werden werde... ABER ICH WEISS, DASS DAS, WAS ICH SCHREIBE, DIE WAHRHEIT IST.

Niemandem wird es Spaß machen, den Inhalt dieses Buches zu lesen, aber diejenigen, die es lesen, werden in der Lage sein, die Dinge in ihrer wahren Perspektive zu sehen; sie werden in der Lage sein zu verstehen, was heute in der Welt geschieht und warum.

Was ich jetzt sage, wird sich seltsam anhören, wenn es von einem Mann mit einer Kriegsvergangenheit wie der meinen kommt, aber da Kriege und Revolutionen, die den Massen (Gojim) aufgezwungen werden, die Mittel sind, mit denen die Synagoge Satans diejenigen, die sie zu unterjochen gedenkt, dazu bringen will, ihre eigenen Regierungsformen und Religionen zu zerstören, damit sie unter einer luziferischen Diktatur versklavt werden können, ist offensichtlich der einzige Weg, sie daran zu hindern, diesen teuflischen Plan bis zu seinem logischen Ende auszuführen, sich zu weigern, unter irgendwelchen Umständen in weitere Kriege und Revolutionen verwickelt zu werden. Dies würde voraussetzen, dass der Einzelne passiven Widerstand gegen Autoritäten leistet, die ihn in den Krieg zwingen wollen.

Früher habe ich alle Kriegsdienstverweigerer verachtet. Ich hielt sie für Feiglinge, Landesverräter, Menschen, die die Vorteile, die ihnen die Staatsbürgerschaft bot, nicht zu schätzen wussten. Aber jetzt, nachdem ich die luziferische Verschwörung aus allen Blickwinkeln studiert habe, ist mir klar, was Gott wirklich meinte, als er uns das Gebot „Du sollst nicht töten" gab. Er relativierte dieses Gebot nicht, indem er sagte, dass das Töten in großem Maßstab, d.h. Kriege und Revolutionen, gerechtfertigt werden können.

Weishaupts überarbeitete Version der uralten Verschwörung besagt, dass den Gojim Kriege und Revolutionen aufgezwungen werden sollen, damit diejenigen, die die Verschwörung zur Aneignung der Weltherrschaft lenken, „ihrem Ziel in Frieden entgegengehen". Sie zwingen uns zu kämpfen, während sie sich zurücklehnen und uns von der Seitenlinie aus anfeuern. Dann wiederum sagte Weishaupt, dass diejenigen, die die Verschwörung lenken, es so einrichten werden, dass nicht einmal die Nationen, die in einem Krieg siegreich sind, davon profitieren oder zusätzliches Gebiet annektieren. Kann irgendeine informierte Person leugnen, dass diese Politik im Ersten und Zweiten Weltkrieg nicht buchstabengetreu befolgt worden ist? Andererseits hat der Kommunismus an Größe und Stärke zugenommen, bis er dem Rest der Welt an Macht ebenbürtig ist.

Es stimmt, dass in den Revolutionen, die angezettelt wurden, um den Kommunismus dorthin zu bringen, wo er heute steht, die Massen (Gojim) dazu gebracht wurden, sich gegenseitig zu bekämpfen, aber diejenigen, die die Macht an sich reißen wollten, wie Lenin, wurden nie in tatsächliche Kämpfe verwickelt, außer aus Versehen. Es ist eine weitere merkwürdige Tatsache, dass, wenn hochrangige Agenten der Synagoge des Satans erwischt wurden, während sie mit Subversion und/oder dem Schüren von Revolutionen beschäftigt waren, sie nie erschossen wurden, sondern ausnahmslos inhaftiert wurden, nur um anschließend freigelassen zu werden, damit sie ihre subversiven Aktivitäten fortsetzen konnten, wie ich in meinen früheren Büchern nachgewiesen habe.

Ich glaube nun, dass Gott den Menschen dazu bestimmt hat, sein eigenes Leben vor einem Angreifer zu schützen, seine Frau, seine Familie und sein Heim zu beschützen, aber ich glaube, dass die Ausweitung dieses Prinzips oder Naturrechts auf die nationale und internationale Ebene zweifellos Teil der luziferischen Verschwörung war. Soldaten und Polizisten sollten in erster Linie Recht und Ordnung bewahren und die Schwachen vor kriminellen Elementen schützen, die sich weigerten, den Moralkodex und die Naturgesetze zu akzeptieren, wie sie von der zivilisierten Gesellschaft angenommen wurden. Aus diesem Grund sollte NUR der König und/oder Herrscher Gewalt anwenden, um Recht und Ordnung aufrechtzuerhalten. Wenn er seine Rechte missbrauchte, konnte das Volk die Dinge wieder in Ordnung bringen, wie es in der Magna Carta geschah, aber nach Gottes Gesetz war es nie beabsichtigt, dass es die dynastische Herrschaft zerstören sollte.

Die Protokolle rühmen sich, dass sie die Gojim zu diesem Fehler verleitet haben, indem sie sie dazu brachten, ihren einzigen Schutz gegen diejenigen aufzugeben, die behaupten, sie von ihrer alten Unterdrückung zu befreien, um sie in die neue Unterwerfung durch eine totalitäre Diktatur zu führen.

Mir ist klar, dass die Illuminaten daran arbeiten werden, diese Aussagen zu durchlöchern, aber die Tatsache bleibt bestehen, dass ich in der Heiligen Schrift oder durch Argumentation keine Autorität mehr finden kann, die es rechtfertigt, dass wir uns in gegnerische Lager aufteilen, dann bewaffnen und dazu bringen lassen, uns gegenseitig zu bekämpfen und zu töten, um politische, soziale, wirtschaftliche oder andere Probleme zu lösen, die heute nicht näher an einer Lösung sind, als sie es jemals waren. Es ergibt einfach keinen Sinn, dass Christen in gegnerische Lager gespalten und dazu gebracht werden können, sich gegenseitig millionenfach zu töten, ohne dass sie auch nur die geringste persönliche Feindschaft füreinander hegen.

Die Rückkehr zum passiven Widerstand! Ghandi leistete mit diesem Prinzip großartige Arbeit, und deshalb wurde er ermordet. Was haben wir nun an seiner Stelle? Einen Mann, der behauptet, neutral zu sein, aber in Wirklichkeit der Synagoge Satans hilft, ein „Gleichgewicht der Kräfte aufrechtzuerhalten, damit, wenn sich die Gojim im Dritten Weltkrieg wieder gegenseitig an die Gurgel gehen", die Seiten mehr oder weniger gleich sind und daher in der Lage sind, einen längeren und zerstörerischen Krieg zu führen. Mir scheint, dass wir zu Helden werden könnten, wenn wir ein Prinzip wie den passiven Widerstand verteidigen, selbst wenn wir dafür den Tod durch die Hand derer erleiden, die der Synagoge Satans dienen. Es scheint mir besser zu sein, für unseren Glauben an Gott zu sterben, als im physischen Kampf mit anderen, die unsere geistigen Brüder sind und unsere Freunde sein sollten. Zur Unterstützung der obigen Aussagen zitiere ich: 2 Könige 7:4; Ps. 44:22; Matthäus 10:28; Lukas 12:4; Römer 8:36; Jak. 5:6.

Der Teufel, die Welt und das Fleisch

Da Lügen und Täuschungen das Handwerkszeug derjenigen sind, die die Weltrevolutionäre Bewegung (W.R.M.) an der Spitze leiten, wurde seit Beginn der Geschichtsaufzeichnung niemals ein Zuschuss von Regierungen, Bildungseinrichtungen, so genannten gemeinnützigen Stiftungen oder anderen Quellen des Reichtums und der Macht gewährt, um es Historikern zu ermöglichen, eine genaue, dokumentierte Geschichte der Weltrevolutionären Bewegung (W.R.M.) zusammenzustellen.

Da ich nicht in der Lage bin, die Hilfe zu finanzieren, die notwendig ist, um eine gründliche und zufriedenstellende Arbeit zu leisten (die mindestens zehn weitere Jahre Studium und Forschung erfordern würde), die notwendig ist, um das Wissen, das ich bei dem Versuch erworben habe, die Antwort auf die Frage zu finden, „Warum kann die menschliche Ethnie nicht in Frieden leben und so die Segnungen und Gaben genießen, die Gott für unseren Gebrauch und unser Vergnügen in so großer Fülle bereitgestellt hat?", bis zum Äußersten zu beweisen. Ich biete die Beweise an, die ich erhalten konnte, um zu beweisen, dass das, was wir als W.R.M. bezeichnen, nicht mehr und nicht weniger ist als die fortgesetzte luziferische Revolte gegen das RECHT Gottes, die höchste Autorität über das gesamte Universum auszuüben.

Viele Historiker, darunter so herausragende Studenten wie Mrs. Nesta Webster, Graf De Poncin, Copin-Albancelli, (Copon P.O. Copin C.J.) Dom Paul Benoit, Ed. Em. Eckert; Arthur Preuss; Domenico Margiotta; Witchl; Seine Eminenz, der Hochwürdigste Kardinal Caro Rodriguez; Don Bell aus Palm Beach, Florida, und viele andere scheinen nicht in der Lage gewesen zu sein, die Kriege, Revolutionen und das allgemeine Chaos, das heute in der Welt herrscht, mit der Tatsache in Verbindung zu bringen, dass die Heilige Schrift, das inspirierte Wort Gottes, uns klar und deutlich sagt, dass, als Gott beschloss, diese unsere Erde mit Menschen zu bevölkern, Satan in den Garten Eden kam, um unsere ersten Eltern dazu zu bringen, von Gott abzuweichen. Er hat sein Ziel erreicht, obwohl Gott mit ihnen in dem frühen Paradies, das wir Eden nennen, spazieren gegangen ist und mit ihnen geredet hat, ihnen seinen Plan für die Herrschaft über das gesamte Universum erklärt hat und ihnen gesagt hat, dass er möchte, dass sie eine Zeit lang auf dieser Erde leben, um zu beweisen, dass sie ihn aufrichtig lieben und ihm aus Respekt vor seinen unendlichen Vollkommenheiten freiwillig für alle Ewigkeit dienen wollen.

Das Studium der Geschichte der vergleichenden Religionen beweist, dass selbst die primitivsten Nomaden und sephardischen Stämme nicht nur glaubten, dass andere Welten existierten, bevor das „Höchste Wesen" diese Welt erschuf, sondern beweist auch, dass das, was einige von uns als „unzivilisierte" Stämme bezeichnen (die vom Jagen, Fischen und Sammeln wilder Früchte der Erde lebten, bevor die Menschen begannen, den Boden zu kultivieren und Tiere zu züchten, um sie für produktive Zwecke zu nutzen), glaubten, dass es zu irgendeiner Zeit, an irgendeinem Ort, bevor Gott beschloss, diese Erde zu erschaffen, eine Revolution gegeben hatte, die dadurch entstanden war, dass eines der von Gott geschaffenen Geschöpfe sein Recht auf die Ausübung der höchsten Autorität über das gesamte Universum in Frage stellte.

Da dieser Aspekt des Ursprungs der W.R.M. viele dicke Bände füllen würde, reicht es für unseren Zweck aus, festzustellen, dass dieses Grundprinzip des „religiösen" Glaubens von den Ureinwohnern geteilt wurde. W. Schmidt, der Autor von *Der Ursprung des Gottesides*, hat sieben Bände veröffentlicht. (Munster i. W 1912-1940). Band VIII befand sich zum Zeitpunkt der Abfassung dieses Buches, d.h. 1958, im Druck, und die Bände IX bis XIII liegen noch als Manuskript vor.

Er gilt als die größte Autorität auf diesem Gebiet, und Pater Schmidt unterscheidet die Urvölker dieser Welt als „Urkulturen", d.h. diejenigen, die vom Sammeln von Nahrung und von der Jagd auf Vögel, Fische und Wild lebten, von den „Primarkulturen", die sich von den ersteren zu Produzenten entwickelten, indem sie zu Ackerbauern und Tierzüchtern wurden. Die Menschen, die wir heute als Ureinwohner bezeichnen, sind die Überbleibsel einer menschlichen Gesellschaft, die sich nie über das Stadium der Urkulturen hinaus entwickelt hat.

P. Schmidt will mit dem Wort „Urkulturen" nicht sagen, dass die Zivilisationen, mit denen er sich beschäftigt, mit der ursprünglichen Zivilisation der menschlichen Ethnie identisch sind. Er verwendet es, um die älteste Art von Zivilisation zu meinen, die unsere Mittel der Untersuchung und Forschung erreichen können.

Pater Schmidt teilt die Überreste der „Urkulturen" in drei Gruppen ein, (1) Die Südlichen, die mehrere Stämme (Aboriginals) in Südost-Australien umfassen, (2) Die Zentralen, die die Pygmäen und Pygmäen in Afrika und Südost-Asien, einschließlich Ceylon, den Andamanen und den Philippinen, umfassen, und (3) Die Nördlichen oder Arktischen Amerikaner, deren Vertreter auch in Nordasien zu finden sind und unter den Esquimaux und den amerikanischen Indianern verbreitet sind.

Alle diese so genannten unzivilisierten Menschen teilen die grundlegende Überzeugung, dass

(1) Bevor diese Welt geschaffen wurde, gab es andere Welten,

(2) Irgendwann, bevor das Höchste Wesen diese Welt erschuf, kam es zu einer Revolution in der himmlischen Welt (Universum), die dadurch verursacht wurde, dass einige der Geschöpfe des Schöpfers sein Recht, die höchste Autorität über das gesamte Universum auszuüben, in Frage stellten,

(3) dass infolge dieser Auflehnung gegen die absolute Vorherrschaft des Schöpfers (Gott) das Universum in „gute" und „böse" Teile geteilt wurde,

(4) dass die bösen Geister versuchten, Gottes Werk zu stören, während er gerade dabei war, diese Welt zu erschaffen,

(5) dass seit der Vollendung dieser Welt diese bösen Kräfte am Werk sind und versuchen, die Menschen daran zu hindern, den Willen Gottes zu tun,

(6) dass es der Vertreter des Anführers der himmlischen Revolte war, der Tod, Krankheit und ALLES andere BÖSE über die

menschliche Ethnie brachte, weil er unsere ersten Eltern dazu verführte, sich von Gott abzuwenden.[1]

Jede Gruppe von Nachkommen der Urkulturen, die bis vor kurzem ohne Kontakt mit der so genannten Zivilisation überlebt haben, hat ihren eigenen Glauben darüber, WIE der Anführer der bösen Geister, den wir „den Teufel" nennen, versucht hat, Gott bei der Erschaffung dieser Erde zu behindern. Jede Gruppe hat ihre eigene Art, ihre Kinder darüber zu informieren, WIE und WARUM der Teufel Tod, Krankheit, Kriege und anderes Leid über die Menschheit gebracht hat. Aber alle stimmen darin überein, dass der Teufel der „WIDERSTAND" Gottes war und immer noch ist, des höchsten Wesens, das den Himmel und die Erde geschaffen hat.

Nach Ansicht der Algonquins aus dem nördlichen Teil Kaliforniens tritt der Teufel auf den Plan, wenn das Höchste Wesen das Werk der Schöpfung fast vollendet hat. Er versucht, sich etwas von dem Werk anzueignen. Nach der Mythologie der Algonquins erscheint der Teufel oft in menschlicher Gestalt, und weil er den Tod in diese Welt brachte, verwandelte Gott ihn in ein Tier, das sie Kojote nannten.

In „News Behind the News" habe ich Beweise veröffentlicht, die stark darauf hindeuten, dass Satan unsere ersten Eltern verflucht hat, sich von Gott abzuwenden, und Eva dazu gebracht hat, sich den „Perversionen" des Geschlechtsverkehrs hinzugeben, mit dem Versprechen, dass er sie in die Geheimnisse der Fortpflanzung einweihen würde, wenn sie seine Annäherungsversuche annimmt und seinen Rat befolgt, und sie und Adam damit Gott an Macht gleichstellt. Ich habe darauf hingewiesen, dass das luziferische Glaubensbekenntnis lehrt, dass Satan sie in die Freuden des Geschlechtsverkehrs eingeweiht hat. Wir benutzten das Wort „Perversionen" in dem Sinne, dass das, was der Teufel Eva in Bezug auf Sex und sexuelles Verhalten lehrte, Praktiken waren, die im

---

[1] Der Autor ist Herrn Richard M. Passil, Poughkeepsie, NY, zu Dank verpflichtet, der ihm ein Exemplar des Buches *Satan*, herausgegeben von Sheed and Ward, schickte. Leser, die sich eingehender mit diesem Aspekt der W.R.M. befassen wollen, tun gut daran, dieses Buch zu lesen.

Widerspruch zu einer sexuellen Beziehung standen, wie sie nach Gottes Willen zwischen einem Mann und seiner Frau bestehen sollte.

Bei der Lektüre des Buches *Satan* stellten wir fest, dass andere, als Autoritäten anerkannte Personen Beweise und Meinungen anführten, die die Überzeugung stützen, dass Perversionen des Geschlechts dazu beitrugen, „den Sündenfall herbeizuführen und den Menschen dem Tod zu unterwerfen".

Einige Geistliche und Priester schrieben mir, dass die Annahme, Satan habe mit Eva Geschlechtsverkehr gehabt, völliger Unsinn sei, weil Satan ein reiner Geist sei und daher nicht in der Lage, mit einem Menschen Geschlechtsverkehr zu haben. Was diese Argumente angeht, stimme ich mit der alten Frau überein, die sagte: „Jeder nach seiner Fasson", als sie die Kuh küsste.

In dem Buch *Satan*, in dem es um den „Widersacher Gottes in den primitiven Religionen" geht, sagt Joseph Henninger, S.V D., dass der Stamm der Wintum in Kalifornien Gott, den Schöpfer, als „Olelbis" bezeichnet und den Teufel als „Sedit".

Nach der Mythologie des Wintum-Stammes wünschte Olelbis, dass die Mitglieder der menschlichen Ethnie wie Brüder und Schwestern zusammenleben sollten; dass es keine Geburt und keinen Tod geben sollte, dass das Leben angenehm und leicht sein sollte und dass der Zweck des Lebens darin bestehen sollte, Olelbis im Himmel wiederzusehen und für alle Ewigkeit mit ihm zu leben. Um den Hunger des menschlichen Körpers zu stillen, schuf Olelbis eine Nussart, die keine Schale hat und vom Baum fällt, wenn sie reif ist (diese Nussart oder Frucht ist immer noch ein Grundnahrungsmittel der Wintum). Olelbis befahl zwei Brüdern, eine gepflasterte Straße von der Erde zum Himmel zu bauen, um die Wiedervereinigung des Stammes mit seinem Schöpfer zu erleichtern. Doch Sedit erschien auf der Bildfläche und überredete einen der Brüder, dass es besser sei, Geschlechtsverkehr zu haben und die menschliche Spezies fortzupflanzen. Der von Sedit überredete Bruder stimmte dem anderen zu, so dass beide von Olelbis abtrünnig wurden und sich zusammentaten, um die Straße, die sie zum Himmel bauen wollten, zu zerstören.

Sedit, der entsetzt feststellt, dass er den Tod über die Menschen gebracht hat und selbst sterben muss, versucht, seinem Schicksal zu entkommen. Er bastelt sich einen Mechanismus aus Ästen und Blättern (ein Flugzeug), mit dem er in den Himmel zu fliegen hofft. Doch er stürzt ab und wird getötet. Olelbis blickt von den Höhen des Himmels herab und sagt: „Siehe, der erste Tod! Von nun an werden (alle) Menschen sterben."

Nach der Mythologie der Jakuten, die im äußersten Nordosten Sibiriens leben, war die Erde am Anfang vollständig mit Wasser bedeckt. Ai-tojon (das Höchste Wesen) sah eine Blase, aus der eine Stimme kam. A!-tojon fragte die Stimme: „Wer bist du? Woher kommst du?"

Die Stimme antwortete: „Ich bin der Teufel. Ich wohne auf der Erde, die unter dem Wasser ist."

Ai-tojon sagt: „Wenn das wahr ist, bring mir etwas davon."

Der Teufel tauchte und brachte etwas Erde hoch. Ai-tojon nahm es, segnete es, legte sich darauf und ruhte sich auf dem Wasser aus. Der Teufel versuchte, ihn zu ertränken, aber je mehr er zog und zerrte, um das Floß umzuwerfen, das Gott aus Erde gemacht hatte, desto größer wurde es, bis es zu seinem Erstaunen und Unbehagen den größten Teil des Wassers bedeckte und zu dieser Welt wurde, auf der die Menschen heute leben. Die Mythologie der Tataren im Altai ist der der Jakuten sehr ähnlich, außer dass ihre Legende besagt, dass, nachdem Erlik (der Böse) die erste Erde aus der Tiefe geholt hatte und der Schöpfer sie zu trockenem Land formte, der Schöpfer ihm befahl, ein zweites Mal zu tauchen und mehr Erde zu holen. Erlik beschloss, das zu tun, was der Schöpfer getan hatte, und holte zwei Lose Erde herauf, von denen er eines in seinem Mund verbarg. Aber sie schwoll so sehr an, dass er sie ausspucken musste, um nicht zu ersticken. Die Erde, die er ausspuckte, formte Gott zu Bergen, Sümpfen und Ödland. Dann sagte der Schöpfer zu Erlik,

> „Du bist jetzt im Zustand der Sünde. Du wolltest mir etwas Böses antun. Alle Menschen, die auch böse Gedanken hegen, sollen dein Volk sein; aber die guten Menschen sollen mein Volk sein."

Wir hoffen, damit zu beweisen, dass die Trennung zwischen „Gut" und „Böse" schon vor Beginn dieser Welt bestand und von dem Teufel, den wir Christen Satan nennen, hierher übertragen wurde.

Als Luzifer durch einen seiner Fürsten der Finsternis, den wir Satan genannt haben, unsere ersten Eltern, Adam und Eva, dazu brachte, sich von Gott abzuwenden, gehörten sie und ihre Nachkommen automatisch zu Luzifer und blieben Kinder des Fleisches, bis sie aus eigenem Willen und aus eigenem Entschluss beweisen, dass sie den Wunsch haben, ihre Freundschaft mit Gott wiederherzustellen, indem sie geistig wiedergeboren werden. Die Art und Weise, wie die luziferische Verschwörung, die das RECHT Gottes, die höchste Autorität über das gesamte Universum auszuüben, in Frage stellte, auf diese Erde übertragen wurde, damit der König der Hölle sie und ihre Menschen seinem Herrschaftsbereich hinzufügen konnte, wird weiter unten im Detail behandelt werden.

An diesem Punkt ist es notwendig, Beweise zu erbringen, um zu erklären, was wirklich in dem Teil der himmlischen Welt, den wir Himmel nennen, zur Zeit der luziferischen Revolution geschah. Das ist notwendig, weil die Mächte des Bösen, die die fortwährende luziferische Verschwörung gelenkt haben, SEIT sie auf diese Erde übertragen wurde, dafür gesorgt haben, dass die WAHRHEIT verborgen wurde und dass die WAHRHEIT so schwer zu bekommen ist, dass der durchschnittliche Mann auf der Straße nicht dafür verantwortlich gemacht werden kann, dass er wenig oder gar nichts über die Wahrheit weiß, obwohl sein ewiges Heil von der Kenntnis dieser WAHRHEIT abhängen kann.

Der größte Stolperstein, den der Durchschnittsmensch überwinden muss, bevor er die fortdauernde Existenz der luziferischen Verschwörung verstehen und daran glauben kann, besteht darin, die falsche Vorstellung von den Teufeln aus seinem Gedächtnis zu löschen, denn man hat ihm beigebracht zu glauben, dass die Teufel hässliche Kreaturen sind, mit hässlichen Gesichtern, gehörnten Köpfen, gespaltenen Hufen und gegabelten Schwänzen, usw. Johannes vom Kreuz sagt: „Der Teufel ist der stärkste und listigste unserer Feinde und der am schwersten zu entlarvende." Der heilige Johannes sagt: „Der Teufel ist geschickt genug, die Welt und das Fleisch zu seinen Gunsten zu wenden (den Besitz der Seelen der Menschen) als seine treuesten Diener." Dieser Heilige sagt, dass der Teufel den Untergang einer großen Zahl von Religionen verursacht hat, die sich auf den Weg der Vollkommenheit gemacht haben.[2]

Der Grund dafür, dass die meisten Menschen sich den Teufel als abscheuliches, deformiertes, abscheuliches Wesen vorstellen, liegt darin, dass Künstler ihn als solches karikiert haben, um uns ihre Vorstellung von ALLEM, was böse und schrecklich ist, zu vermitteln. Damit haben sie der menschlichen Ethnie (wahrscheinlich auf Betreiben des Teufels selbst) einen großen Bärendienst erwiesen.

Die Theologen der frühen christlichen Kirche und die der katholischen und protestantischen Kirchen in der neueren Zeit sind sich einig, dass der Teufel eine ganz andere Art von Wesen ist, als die meisten Menschen glauben. Diese falsche Vorstellung von dem, was der Teufel wirklich ist, muss aus der eigenen List und Tücke des Teufels und aus seiner Fähigkeit resultieren, die Menschen dazu zu bringen, seinen Willen zu tun.

Nach der Heiligen Schrift war Luzifer das Geschöpf, das das RECHT des Schöpfergottes, die höchste Autorität über das gesamte Universum auszuüben, in Frage stellte. Luzifer wurde so genannt, weil er das hellste und intelligenteste aller Geschöpfe Gottes war und immer noch ist. Sein Name ist „Fürst der Morgenröte", „Hüter des Lichts".

Er ist ein reiner Geist. Als solcher ist er alterslos und unzerstörbar. Er hat Fähigkeiten und Fertigkeiten, die das menschliche Gehirn nicht verstehen kann. Er nutzt diese für selbstsüchtige und böse Zwecke.

Die Heilige Schrift sagt uns, dass er aufgrund seines „Stolzes", d.h. seines aufgeblähten Egos und seines falschen Glaubens an seine eigene Vollkommenheit, die Revolte gegen die Vorherrschaft Gottes anführte, und aufgrund seiner Macht und seines großen Einflusses veranlasste er EIN DRITTEL der klügsten und intelligentesten der himmlischen

---

[2] Auf Seite 2 von *Pawns in the Game* haben wir festgestellt, dass die meisten, wenn nicht alle Religionen auf einem mehr oder weniger gleich hohen Niveau begonnen haben, in dem die Verehrung und Liebe zu Gott... das Grundprinzip bildete. „Ich bin wegen dieser Aussage heftig angegriffen worden, aber nach dem, was der Heilige Johannes vom Kreuz zu sagen hat, bin ich anscheinend in guter Gesellschaft".

Heerscharen, sich ihm in der Rebellion anzuschließen. Wenn es den Teufel (Luzifer) beschämt und verwirrt, wenn er die Wahrheit sagt, dann ist es meine eigene Meinung, die vom Heiligen Johannes vom Kreuz bestätigt wird, dass aufgrund der List des Teufels keine der zahlreichen christlichen Konfessionen ihre Gemeinden ausreichend über die WAHRHEIT in Bezug auf Teufel und gefallene Engel unterrichtet, von denen es in Scharen gibt, die durch das Universum, einschließlich dieses Planeten, wandern und das Verderben der Seelen suchen.

Die Menschheit wurde einer Gehirnwäsche unterzogen, um geistige Beschränkungen in dieser Angelegenheit zu akzeptieren, bis heute, sogar die große Mehrheit derer, die sich als Christen bekennen, nur an eine Art mythischen übernatürlichen bösen Geist glauben, den wir Satan nennen, und an einen persönlichen guten Geist, den wir unsere Schutzengel nennen. Millionen von Menschen, die nicht der christlichen Religion angehören, weigern sich zu glauben, dass es eine himmlische Welt, Teufel und Engel gibt. Viele Modernisten behaupten, dass der Glaube an das Übernatürliche ein sicheres Symptom für Geisteskrankheit ist.

Aber wenn wir das W.R.M. verstehen wollen, müssen wir wissen und glauben, dass selbst der allerunterste Chor der Engel aus Scharen reiner Geister besteht, von denen ein jeder mehr Vollkommenheiten besitzt als der nächste in dieser wesentlichen Weise. Um diese erste Hierarchie zu vervollständigen, müssen wir durch die zahlreichen Scharen der Erzengel aufsteigen und dann zu den noch größeren Scharen der Fürstentümer weitergehen. Es gibt noch eine zweite Hierarchie, die aus den Mächten, Tugenden und Herrschaften besteht, und die dritte Hierarchie, die aus den Thronen, den Cherubim und den Seraphim besteht.

Von dieser ganzen Galaxie himmlischer Wesen, die von Gott geschaffen wurden, ist Luzifer der Größte. Er stand auf dem Gipfel der von Gott geschaffenen Vollkommenheit.

Es gibt viele Dinge, die Gott dem menschlichen Verstand noch nicht erlaubt hat, zu verstehen. Wir sind auf dieser Erde auf dem Prüfstand. Uns wurde ein Verstand und ein freier Wille gegeben, um selbst zu entscheiden, ob wir Gott lieben und ihm freiwillig für alle Ewigkeit dienen oder buchstäblich zum Teufel gehen wollen. Wenn wir wüssten, was alles geschehen ist, seit Luzifer die Revolte gegen die

Vorherrschaft Gottes angeführt hat, gäbe es keine Prüfung. Durch den Glauben, die Lehren der Heiligen Schrift, der Propheten und Christi müssen wir die WAHRHEITen glauben und akzeptieren, die unser menschlicher Verstand nicht begreifen kann. Wir müssen uns in Demut üben und nicht in Stolz. Diejenigen, die demütig bleiben und glauben, werden Gott sehen. Diejenigen, die stolz werden und ihr Ego aufblasen, bis sie jedes Gefühl für ihre eigene Kleinheit und Begrenztheit verlieren, werden zum Teufel gehen.

Es wäre für den Durchschnittsmenschen unmöglich, auch nur ansatzweise zu erahnen, warum Luzifer „in Ungnade gefallen" ist, warum er sich von Gott abgewandt hat und so viele der himmlischen Heerscharen dazu gebracht hat, sich ihm in der Rebellion anzuschließen, wenn uns die Heilige Schrift nicht lehren würde, dass Gott, als er sowohl die Engel als auch die Menschen schuf, ihnen den souveränen Willen gab, zu tun, was sie wollen.

Es erscheint logisch anzunehmen, dass Gott, wenn er seinen Geschöpfen KEINEN absolut FREIEN WILLEN gegeben hätte, keine große Befriedigung aus seiner Schöpfung gezogen hätte. Gottes Freude, so scheint es, rührt von der Liebe seiner Geschöpfe her, die aus Respekt vor seinen unendlichen Vollkommenheiten freiwillig loyal, treu und wahrhaftig bleiben.

Hier zeigt sich die Wahrheit des alten Sprichworts: „Je größer der Stolz, desto größer der Fall". Luzifers Stolz führte dazu, dass er von seinem Gipfel der Größe fiel. Er war nur der eigentlichen Gottheit unterlegen. Seine Abtrünnigkeit führte dazu, dass er zum Herrscher über den Teil des Universums wurde, den wir als Hölle bezeichnen. Der Fall Luzifers beweist, dass alle Engel und alle Menschen böse werden können, wenn sie es wollen. Das Vorangegangene soll den Durchschnittsmenschen in die Lage versetzen, zu verstehen und zu glauben, dass das Universum seit der Beendigung der himmlischen Revolution durch den Erzengel Michael von zwei übernatürlichen Mächten beherrscht wird. Gott herrscht über diejenigen seiner Geschöpfe, die ihm treu bleiben, während Luzifer König der Regionen der Finsternis ist und über die Scharen herrscht, die sich freiwillig von Gott abwenden und sich ihm in der Rebellion anschließen.

Der nächste große Stolperstein, der den Durchschnittsmenschen daran hindert, die WAHRHEIT zu akzeptieren, dass die luziferische Verschwörung im Garten Eden auf die Erde übertragen wurde und seither hier fortgesetzt wird, ist die Tatsache, dass die Heilige Schrift nicht klar erklärt, aus welchen Gründen Luzifer das RECHT Gottes, die höchste Autorität über das gesamte Universum auszuüben, in Frage stellte. Keiner der großen Theologen hat es gewagt, eine eindeutige Meinung zu dieser Frage zu äußern.

Da ich nur zu gut weiß, dass das alte Sprichwort „Ein Narr kommt dorthin, wo Engel sich fürchten" wahr ist, halte ich es für meine Pflicht, meine eigene Meinung zu diesem wichtigen Thema zu äußern, zu der ich nach vielen Jahren konzentrierter Überlegungen und Studien gelangt bin.

Wenn Gott seinen Plan für die Herrschaft über das Universum auf die Prämisse stützt, dass geringere Wesen gelehrt werden können, ihn zu kennen, ihn zu lieben und ihm aus Liebe und Respekt vor seiner eigenen unendlichen Vollkommenheit freiwillig für alle Ewigkeit dienen zu wollen, dann liegt die Vermutung nahe, dass Luzifer Gottes Recht, höchste Autorität über das gesamte Universum auszuüben, mit der Begründung in Frage stellte, sein Plan sei schwach und unpraktisch. Wenn das so ist, dann muss Luzifers Ideologie offensichtlich auf der Prämisse beruhen, dass MÄCHTIGKEIT RECHT ist, und die Herrschaft muss totalitär sein.

In Anbetracht der Tatsache, dass sich ein Drittel der höchsten und klügsten Himmelsbewohner freiwillig der Rebellion gegen Gott angeschlossen hat, liegt die Vermutung nahe, dass Luzifer ein weiteres totalitäres Prinzip begründete, wonach Wesen mit weitaus höherer Intelligenz das RECHT haben, über die weniger Begabten zu herrschen.

Mit anderen Worten: Gottes Plan ist es, Freude und Ruhm aus der Liebe und dem freiwilligen Dienst seiner Geschöpfe zu ziehen, die ihm trotz der Lügen, Täuschungen und Versuchungen, denen sie von Luzifers satanischen Agenturen ausgesetzt sind, treu bleiben, während sie ihre Zeit der Prüfung durchmachen. Die luziferische Ideologie besagt, dass alle niederen Wesen gezwungen werden müssen, der höchsten Autorität zu gehorchen, und zwar durch Anwendung absoluter Willkür. Man kann also mit Fug und Recht davon ausgehen, dass wir jetzt auf der Erde vor denselben Alternativen stehen. Diejenigen, die den Totalitarismus befürworten, sind entschlossen, diejenigen zu versklaven, die Freiheit und Freiwilligkeit bevorzugen.

31

Als ich das verborgene sowie das öffentliche Leben von Albert Pike untersuchte, erfuhr ich die folgenden Fakten, die ein großes Licht auf meine Überzeugung werfen, dass wir auf dieser Erde ähnliche Bedingungen erleben, die die luziferische Revolution im Himmel begleiteten. Ich finde viele Stellen in der Heiligen Schrift, die meine Behauptung stützen, dass die luziferische Verschwörung hier auf der Erde genau so enden wird, wie St. Michael sie im Himmel beendet hat. Wenn dies wahr wird, werden die Seelen, die Gott treu und loyal bleiben, sich ihm im Himmel anschließen, und diejenigen, die von Gott abfallen, werden sich Luzifer in der Hölle anschließen.

Nach der luziferischen Doktrin, wie sie von Weishaupt und Pike dargelegt wurde, stellte Luzifer, der größte und intelligenteste der himmlischen Heerscharen, das „Recht" Gottes in Frage, die Autorität über das gesamte Universum auszuüben, mit der Begründung, dass nur eine totalitäre Diktatur dauerhaften Frieden und Wohlstand gewährleisten könne, indem sie ALLE geringeren Wesen zwingt, den Erlassen des höchsten Wesens durch absolute (satanische) Willkür zu gehorchen.

Darüber hinaus lehrt die luziferische Doktrin die Adepten in den höchsten Graden der Logen des Großen Orients und der Konzile des Neuen und Reformierten Palladianischen Ritus von Pike, dass Gott zwei Söhne hatte. Sie bezeichnen Gott, den Schöpfer, als Adonai oder Adonay. Sie bezeichnen seine Söhne als Satan und den heiligen Erzengel Michael. Sie behaupten, dass Satan die luziferische Ideologie akzeptierte, weil er sie für praktischer hielt als den Plan seines Vaters für die Herrschaft über das Universum. Die luziferischen Theologen behaupten, Satan sei der ältere Bruder des heiligen Michael. Sie räumen ein, dass der heilige Michael, den sie „den Emporkömmling" und „Le Parvenu" nennen, die Vertreibung Luzifers aus dem Himmel veranlasst hat. Aber die luziferische Doktrin behauptet auch, dass Luzifer durch eben diese Tat zum Gott des Teils des Universums erhoben wurde, den wir gemeinhin als HÖLLE bezeichnen, und dass er daher Adonay gleichgestellt ist. Die Studenten dürfen nie vergessen, dass Worte nur ein Mittel sind, um bestimmte Umstände zu erklären oder um eine Person, einen Ort oder eine Sache zu bezeichnen. So kommt es, dass Hunderte von Stämmen, Ethnien und Nationalitäten Hunderte von verschiedenen Namen verwenden, um genau denselben Gott, denselben Teufel, eine Person, einen Ort oder eine Sache zu bezeichnen. Aus diesem Grund werden wir erörtern, was einige allgemein gebräuchliche Wörter WIRKLICH bedeuten, wenn man sie in ihrer Beziehung zu

W.R.M. UNIVERSE betrachtet. Bedeutet die Gesamtheit der existierenden Dinge, einschließlich der Erde, der Himmelskörper und alles andere im Raum. Wir sehen also, dass das Universum Himmel und Hölle sowie diese Erde einschließt.

HIMMEL. Der Aufenthaltsort Gottes, der übernatürlichen Wesen, die wir Engel nennen, und der Geister der Gerechten, die nach dem Tod in den Himmel kommen, nachdem ihre Zeit der Prüfung hier auf der Erde und/oder auf anderen Planeten beendet ist.[3]

Beim Studium des W.R.M. dürfen wir nie vergessen, dass die Erde an sich nur ein winziger Teil der Galaxie von Planeten und Sternen ist, die wir Sonnensystem nennen. Es ist noch wichtiger, dass wir uns daran erinnern, dass das Sonnensystem ein winziger Teil des Universums ist. In einer klaren Nacht können wir mit bloßem Auge Tausende von Galaxien mit Sonnensystemen sehen, die viel größer sind als unser eigenes. Jedes hat seine Sonne, jedes seine Planeten und Sterne. Jede Sonne übt eine perfekte Kontrolle über die ihr untergeordneten Körper aus. Wenn wir erkennen, dass es weit jenseits der Reichweite unserer Augen Millionen anderer Sonnensysteme gibt, von denen Wissenschaftler erklären, dass viele größer sind als alles, was wir sehen können, dann wird es möglich, die Größe des Schöpfers all dieser Welten zu erkennen, unabhängig davon, ob es sich um Erden handelt, die der unseren ähnlich sind, oder um das, was wir himmlische Welten nennen.

Wir müssen verstehen und uns daran erinnern, dass das Wort HIMMEL den Teil des Universums bezeichnet, in dem übernatürliche Wesen, die wir Engel nennen, und die Geister derer, die bewiesen haben, dass sie

---

[3] Es ist interessant festzustellen, dass Papst Johannes XXII. als junger Priester Artikel schrieb, in denen er seine feste Überzeugung zum Ausdruck brachte, dass er nicht glaubte, dass die Seelen ALLER Menschen Gott während des unmittelbaren Gerichts, das nach ihrer Freilassung durch den Tod stattfindet, sehen. Diese Schriften erwiesen sich als Zankapfel unter den Theologen der Kirche, und nachdem der Schriftsteller zum Papst ernannt worden war, berief er ein besonderes Konzil derjenigen ein, die er für die gelehrtesten Ältesten der Kirche hielt. Sie entschieden gegen ihn, und er akzeptierte ihre Entscheidung, da er seine persönlichen Überzeugungen nie zum Gegenstand einer päpstlichen Bulle gemacht hatte, oder eine solche Überzeugung zum Dogma und Teil der Lehre der Kirche, der er vorstand, erklärt hatte.

Gott freiwillig lieben, ehren, gehorchen und ihm dienen wollen, für alle Ewigkeit wohnen. Der Himmel ist ein Ort der Glückseligkeit, dessen Wonnen und Freuden das Fassungsvermögen des menschlichen Verstandes übersteigen. Christus sagte uns: „Das Haus meines Vaters (der Himmel) ist ein Ort mit vielen Wohnungen (Welten)". Er sagte uns auch, dass er von unserer bescheidenen Behausung (der Erde) wegging, um uns ein Zuhause zu bereiten.

Die Heilige Schrift widmet den Ereignissen im Zusammenhang mit den Himmeln viel Raum. Für unseren Zweck genügt es daher zu sagen, dass die Heilige Schrift und Jesus Christus unsere Autorität sind, wenn wir hier sagen, dass es sieben Himmel gibt, deren Dimensionen auch jenseits des Verständnisses des menschlichen Verstandes liegen. Das sollte ein tröstlicher Gedanke für Menschen sein, die denken, auch wenn sie nicht sagen, von ihren frühen Mitarbeitern: „Wenn ich denken würde, dass Himmie Jones in den Himmel kommt, würde ich aufhören zu versuchen, dorthin zu kommen." Diese Menschen brauchen sich keine Sorgen zu machen. Gottes Schöpfung und sein Plan für die Herrschaft des Himmels sind perfekt. Ihr werdet nicht überfüllt sein; ihr werdet nicht mit denen zusammen sein müssen, die nicht kompatibel sind. Die Bedingungen werden glücklich, friedlich und fröhlich sein und unserer himmlischen Natur genügen.

HÖLLE. Ist der Teil des Universums, in dem Luzifer und die Engel, die zur Zeit der himmlischen Revolution von Gott abtrünnig wurden, zusammen mit denen, die während ihrer Probezeit auf dieser Erde und möglicherweise in anderen Teilen des Universums von Gott abtrünnig wurden, wohnen.[4]

---

[4] Die verzweifelten Anstrengungen, die in dieser Periode der Weltgeschichte unternommen werden, um den Weltraum zu erobern, dienen in erster Linie dazu, herauszufinden, ob es auf anderen Planeten ähnliche Lebensformen gibt wie bei uns. Die satanisch inspirierten Männer, die diese Erforschung der verborgenen Teile von Gottes Universum leiten, versuchen, Dinge zu tun und herauszufinden, die Gott nicht beabsichtigt hat, dass wir sie tun oder herausfinden, bis sie uns von ihm offenbart werden. Man müsste schon sehr viel Phantasie aufwenden, um die gegenwärtige Forschung im Bereich der Atomenergie zu zerstörerischen Zwecken als das Werk derer zu interpretieren, die an Gott und nicht an Luzifer glauben. Es scheint ziemlich offensichtlich, dass diejenigen, die die Atomforschung mit öffentlichen Geldern leiten und finanzieren, nach Wissen über den Weltraum streben, das sie nicht mit der breiten Öffentlichkeit teilen wollen, es sei denn, es dient ihren eigenen totalitären Plänen. Aber

Die Heilige Schrift sagt uns, dass Luzifer ein reiner Geist ist. Daher ist er unzerstörbar. Er muss in alle Ewigkeit weiterleben. Die Heilige Schrift sagt uns auch, dass es ein Gericht unmittelbar nach dem Tod gibt und ein Endgericht.

Dies wirft ein großes Licht auf die Vorstellung der Öffentlichkeit von der päpstlichen Unfehlbarkeit. Der Papst gilt nur dann als unfehlbar, wenn er nach Rücksprache mit allen seinen Beratern, nach langen Zeiten der Kontemplation und des Gebets, in denen er um die geistige Führung des Heiligen Geistes bittet, eine endgültige Entscheidung in einer Glaubens- oder Moralfrage trifft. Eine solche Entscheidung wird dann zum Kirchenrecht und muss von allen akzeptiert werden, die Mitglieder der römisch-katholischen Kirche bleiben wollen. Eine solche Entscheidung war in den letzten Jahren der Glaube an die Tatsache, dass Maria, die Mutter Jesu Christi, mit Leib und Seele in den Himmel aufgenommen wurde und nun den Platz des höchsten der Engel einnimmt, die zur Zeit der himmlischen Revolution von Gott abtrünnig wurden. Aber ein Katholik kann immer noch seine eigene Meinung darüber haben, ob seine Seele Gott unmittelbar nach dem Tod sieht oder ob sie die nötige geistige Vollkommenheit erreicht hat, um das selige Gesicht zu verdienen.

Nach der Offenbarung werden nach dem Jüngsten Gericht ALLE Geschöpfe, die Gott geschaffen hat, in zwei Lager getrennt werden. Diejenigen, die als „Schafe" bezeichnet werden, kommen in den Himmel, während die „Böcke" in die Hölle kommen, wo Luzifer für alle Ewigkeit herrschen wird.

Die Heilige Schrift informiert uns darüber, dass die Hölle ein Ort sein wird, an dem die totalitäre Herrschaft Luzifers von völligem Chaos und Verwirrung geprägt sein wird. Man sagt uns, dass jeder jeden hassen wird, weil alle in der Hölle erkennen werden, dass sie von Luzifer und seinen Agenten getäuscht wurden und sich von Gott abgewandt haben. Die Flammen der Hölle, die brennen, aber nicht verzehren, bestehen aus

---

es ist tröstlich zu wissen, dass selbst der Teufel sich aufhängen würde, wenn man ihm einen Strick gäbe. Mir scheint, dass diejenigen, die auf dieser Erde das Werk des Teufels verrichten, dem Ende ihrer Fesseln, d.h. den Seilen, mit denen sie sich aufhängen werden, sehr nahe kommen.

der Erkenntnis, dass die Verdammten die Liebe und die Wohltaten, die Freuden und die Gemeinschaft Gottes für alle Ewigkeit verloren haben.

VORHÖLLE UND FEGEFEUER. Viele, die sich zur christlichen Religion bekennen, glauben nicht, dass es irgendwelche Zwischenorte gibt, an denen die Seelen nach Beendigung der Probezeit auf dieser Erde eine weitere Zeit der Prüfung oder Läuterung durchlaufen können, um zu beweisen, dass sie die seligmachende Vision verdient haben. Es ist ihr gutes Recht, ihre eigene Meinung zu diesem Thema zu haben. Meine persönliche Meinung ist, dass die Heilige Schrift darauf hinweist, dass es andere Welten gibt, auf denen die Geister eine weitere Probezeit durchlaufen, um ihr endgültiges und endgültiges Schicksal zu bestimmen. Die Tatsache, dass den Menschen diesbezüglich kein absolutes Wissen offenbart wurde, ist ein Segen. Wenn wir alle wüssten, dass es Zwischenstationen gibt, bevor wir im Himmel oder in der Hölle als unserem endgültigen Ziel ankommen, würden wir uns vielleicht nicht genug anstrengen, um unsere ewige Belohnung zu verdienen, während wir auf dieser Erde sind. Es erscheint logisch anzunehmen, dass diejenigen, die Gott so perfekt wie möglich dienen, nach ihrem Tod in den Himmel kommen werden. Genauso logisch ist die Annahme, dass diejenigen, die Luzifer auf der Erde so gut wie möglich dienen, nach ihrem Tod zu ihm in die Hölle kommen werden. Die große Mehrheit der Menschen scheint nicht in der Lage zu sein, zu erkennen, dass es auf dieser Erde wesentlich mehr Menschen gibt, die der luziferischen Sache dienen, als solche, die versuchen, Gottes Plan für die Herrschaft des Universums auf dieser Erde zu verwirklichen.

LUCIFER Dieser größte aller Engel, der von Gott erschaffen wurde, forderte das RECHT seines Schöpfers heraus, die höchste Autorität über das Universum und alles, was sich darauf und darin befindet, auszuüben, und doch wird er nur einmal in der Heiligen Schrift erwähnt. Jesaja 14:12 (King James Version). Es gibt zwei weitere Stellen, an denen die Vermutung nahe liegt, dass sich die verwendeten Worte auf Luzifer beziehen. Das sind Lukas 10,18 und Offb. 9,1-11.

Der Mangel an Offenbarung in der Heiligen Schrift darüber, WARUM Luzifer die Vorherrschaft Gottes herausforderte, und die Tatsache, dass Luzifer in der Heiligen Schrift mit Satan identifiziert wird, lässt die meisten Menschen glauben, dass Luzifer und Satan ein und dasselbe übernatürliche Wesen sind. Das Studium der geheimen Schriften von

Männern, die zu verschiedenen Zeiten der Geschichte die W.R.M. geleitet haben, beweist eindeutig, dass diejenigen, die die W.R.M. an der Spitze leiten, Luziferianer sind. Lehrbriefe, die sich mit luziferischen Lehren und Dogmen befassen, sind von Zeit zu Zeit in die falschen Hände geraten, während sie zu Lehrzwecken zwischen denjenigen, die die W.R.M. AN DER SPITZE leiten, und ihren unmittelbaren Untergebenen in Umlauf gebracht wurden. Meiner bescheidenen Meinung nach sind die Offenbarungen über die luziferische Doktrin und Verschwörung ebenso „Akte Gottes" wie die Offenbarungen und Inspirationen, die die Heilige Schrift zum inspirierten und offenbarten Wort Gottes machen. Ich glaube, weil Gott (Adonay) gerecht und barmherzig ist, hat Er beabsichtigt, dass alle Seine Geschöpfe auf dieser Erde, die Er hierher gestellt hat, um ihr eigenes ewiges Schicksal zu gestalten, jedes Detail über beide Seiten wissen sollten, die daran beteiligt sind, den Besitz unserer Seelen für alle Ewigkeit zu erlangen.[5]

Das Studium des W.R.M. zeigt, dass es sehr wichtig ist, zu entscheiden, ob Luzifer und Satan ein und dasselbe übernatürliche Wesen sind oder nicht. Die Suche in der Heiligen Schrift wird kein eindeutiges Urteil ergeben. Die berühmtesten Theologen, die seit Christus gelebt haben, haben sich davor gescheut, sich zu dieser speziellen Frage eindeutig zu äußern. Aber die Männer, die die W.R.M. AT THE TOP geleitet haben, sind sehr eindeutig in ihrem Glauben, dass Luzifer Gott ist, der unserem Gott (den die Luziferianer Adonay nennen) gleich ist. Sie behaupten, Luzifer sei der „Hüter des Lichts", „der Gott des Guten", der für die Menschheit gegen Adonay, den Gott der Finsternis und des Bösen und aller Bosheit, kämpft. Albert Pike, der einen militärischen Plan für

---

[5] Während wir die Wahrheit anerkennen, dass der Teufel (Luzifer) der „Vater der Lügen" ist, wie uns Jesus Christus gesagt hat, und die Synagoge des Satans (S.O.S.), die die luziferische Verschwörung hier auf der Erde leitet, Söhne des Teufels und Meister in der Kunst der Täuschung sind, behaupte ich dennoch, dass man aus den geheimen Schriften von Männern, die zu ihrer Zeit Hohepriester der luziferischen Religion waren, viel Wahres erfahren kann, denn sie hatten nie die Absicht, dass ihre Äußerungen zu diesem wichtigen Thema in andere Hände fallen sollten als die beabsichtigten. Wie in anderen Kapiteln bewiesen werden wird, haben viele Männer die zeremoniellen und dogmatischen Führungskräfte der Synagoge Satans und der luziferischen Religion seit Weishaupts Tod im Jahre 1830 geleitet. Dazu gehören Moses Hofbrook und Albert Pike in den Vereinigten Staaten von Amerika, Mazzini und Lemmi in Italien und in jüngster Zeit Alister Crowley in England.

Kriege und Revolutionen ausarbeitete, die nach seinen Berechnungen die luziferische Verschwörung in ihr Endstadium auf dieser Erde bringen würden, erklärte in seinen Briefen an Mitverschwörer eindeutig, dass Satan, obwohl er Fürst dieser Welt ist, Luzifer definitiv unterlegen und untergeordnet ist.[6]

> SATAN. Die Heilige Schrift verwendet das Wort Satan recht häufig und erzählt uns von seinen bösen Absichten und Werken. Er ist, wie das Wort schon sagt, der Widersacher Gottes. Satan wird ausnahmslos mit Luzifer in Verbindung gebracht. Die meisten Christen akzeptieren die Tatsache, dass Luzifer und Satan ein und dasselbe übernatürliche Wesen sind, das gemeinhin als der Teufel bezeichnet wird. Diejenigen, die die luziferische Verschwörung auf dieser Erde geleitet haben, haben mit großer Bestimmtheit die Lehre verkündet, dass Luzifer Gott ist, und Satan sein „Fürst der Welt". Es gibt biblische Unterstützung für den Glauben, dass es fünf oder mehr andere Welten gibt, über die Luzifer „Fürsten" eingesetzt hat, und einige andere behaupten nicht nur, dass Satan der älteste Sohn Gottes (Adonay) und der ältere Bruder von Jesus Christus ist, sondern auch, dass Jesus Christus ein und dieselbe Person ist wie der heilige Erzengel Michael. Sie behaupten, dass Luzifer, als Gott beschloss, diese Erde zu bewohnen, Satan zum „Fürsten dieser Welt" machte. Diese Behauptung wird teilweise durch die Heilige Schrift bestätigt, in der Satan als Fürst dieser Welt bezeichnet wird. Johannes 14:30, 16:11, Eph. 2:2.

Die luziferische Lehre lehrt, dass Satan mit Hilfe menschlicher Agenten die luziferische Verschwörung so gut entwickelt hat, dass Gott (Adonay) beschloss, den heiligen Michael in der Gestalt Jesu Christi auf die Erde zu schicken, um der Verschwörung Einhalt zu gebieten, wie er es im Himmel tat.

Diejenigen, die Satan als „Fürst der Welt" und Luzifer als Gott der himmlischen Welt verehren, behaupten, Christus habe in seiner irdischen Mission versagt. Sie behaupten, als Christus sich weigerte, die Angebote Satans anzunehmen, seien sein Verrat und sein Tod so

---

[6] Auf Pike und seine Leitung der luziferischen Verschwörung wird in anderen Kapiteln ausführlich eingegangen.

arrangiert worden, dass die Römer als Richter und Henker für die S.O.S. auftraten, während die Hohepriester Pöbelpsychologie einsetzten, um die Juden dazu zu bringen, Christus als Messias abzulehnen und dann die Schuld für seine Kreuzigung zu übernehmen. Das Studium der Geschichte zeigt sehr deutlich, dass diejenigen, die die luziferische Verschwörung auf dieser Erde geleitet haben, es sich zur Aufgabe gemacht haben, so viele Juden wie möglich dazu zu bringen, sich von Gott abzuwenden, Jesus Christus abzulehnen und sie zu benutzen, um den Zwecken der Hohepriester der Synagoge Satans zu dienen, die, wie uns Christus selbst mitteilte, aus „denen besteht, die sagen, dass sie Juden sind, es aber nicht sind, und die lügen."

Die Synagoge Satans hat die Juden von Anfang an gehasst, weil Gott wollte, dass sie sein Banner hier auf Erden tragen. Die S.O.S. haben das Wissen der Juden über Gottes Wünsche verdreht, als sie in der Gefangenschaft in Babylon waren. Seitdem haben sie auch das Wissen der Heiden über die Wünsche Christi in dieser Hinsicht verdreht. Weil die Synagoge des Satans die Juden hasste und sie so schlecht behandelte, indem sie versuchte, die Kontrolle über ihren Verstand zu erlangen, während sie ihre Körper in der Gefangenschaft versklavten, sagte uns Christus, dass seine Mission hier auf der Erde darin bestand, sowohl Heiden als auch Juden aus der Knechtschaft des Satans und seiner satanischen Agenturen zu befreien.

Meiner Meinung nach haben die Agenten der Illuminaten, die die Propaganda und die Lügen der Synagoge des Satans verbreiten, absichtlich viele Dinge vor dem allgemeinen Wissen verborgen, die beweisen würden, dass es die Mitglieder der Synagoge des Satans waren, die die Prophezeiungen bezüglich des Verrats und des Todes von Christus in Erfüllung gehen ließen. Judas und die Juden waren nur Instrumente, die sie benutzten, um ihr teuflisches Ziel zu erreichen und dann ihre eigene Schuld zu verdecken, indem sie sie auf die Schultern der Juden legten, die unglücklicherweise aufgrund von Lügen und Täuschungen dazu gebracht wurden, diesen Mantel der Schuld seither zu tragen.

Man muss zugeben, dass der Verrat Jesu durch Judas real und verhängnisvoll war, vor allem, weil er sich auf die Bemühungen Christi auswirkte, die Juden zu bekehren und sie von den Fesseln zu befreien, mit denen sie von der Synagoge des Satans gebunden waren. Warum aber predigen so viele ordinierte Geistliche der Religion Christi, dass Gott beabsichtigt habe, dass die Juden den Tod seines Sohnes, unseres

Herrn und Erlösers, herbeiführen sollten? Warum lassen sie die Mitglieder ihrer Gemeinde glauben, dass Christus sich sanftmütig in sein Schicksal ergab, damit die Prophezeiungen der Heiligen Schrift erfüllt werden? Mein Studium dieses Abschnitts der Geschichte zeigt mir eine völlig andere Sicht der tatsächlichen Ereignisse.

Die Heilige Schrift sagt mir, dass Christus wusste, was geschehen würde. Er ging tagsüber den Geschäften seines Vaters nach, weil er wusste, dass die Behörden es wegen seiner Beliebtheit bei den Massen nicht wagen würden, ihn bei Tageslicht oder in der Öffentlichkeit zu verhaften. Die Heilige Schrift sagt, dass Christus sich in der Nacht versteckt hat. Das beweist, dass er trotz seines prophetischen Wissens über das, was kommen würde, in keiner Weise handelte, um die Erfüllung der Prophezeiungen herbeizuführen.

Das absolute Gegenteil von dem, was allgemein angenommen wird, scheint die Wahrheit zu sein. Christus entlarvte die verräterischen Absichten des Judas, offensichtlich in der Hoffnung, dass eine solche Verurteilung ihn davon abhalten würde, ein so abscheuliches Verbrechen zu begehen, das ihn in den Selbstmord und die ewige Verdammnis führen würde. Christus verurteilte Judas gerade deshalb, weil sich sein Verrat als verhängnisvoll erweisen sollte. Seine Laufbahn wurde gleich zu Beginn seiner Mission unterbrochen. Es ist interessant, darüber zu spekulieren, was in der Geschichte seither geschehen wäre, wenn Christus noch fünfzig Jahre hätte leben dürfen. Es ist seltsam, dass diejenigen, die der Synagoge Satans dienen, fast ausnahmslos bis in ihre achtziger Jahre zu leben scheinen. Hier haben wir das herausragendste Beispiel dafür, wie diejenigen, die die luziferische Verschwörung leiten, die Menschen dazu bringen, ihren teuflischen Zwecken zu dienen; Gott wusste, was passieren würde, aber er wollte nicht, dass es passiert.

Christus wusste, was geschehen würde, aber er wollte nicht, dass es geschieht. Er betete sogar zu seinem himmlischen Vater im Garten Gethsemane und flehte darum, vor seinem bevorstehenden Schicksal bewahrt zu werden, aber gleichzeitig tat er, was viele von uns seither getan haben. Er sagte: „Nicht mein Wille, sondern Dein Wille geschehe". Ich glaube, dass es die Synagoge Satans war, die den Verrat, den Prozess und die Kreuzigung Jesu Christi plante, finanzierte und leitete und Judas als ihr Werkzeug benutzte und den jüdischen Mob dazu brachte, die Schuld für ihre Sünde gegen Gott und ihr Verbrechen gegen die Menschheit zu übernehmen, damit sie die Macht behalten konnten, von der Christus selbst sagte, dass er auf die Erde gekommen war, um sie zu brechen.

Was die Synagoge Satans, die, wie Christus uns sagte, „die sind, die sagen, sie seien Juden, und sind es doch nicht, und lügen", getan hat, war, ihnen zu ermöglichen, die Juden als Werkzeuge, Agenten und Prügelknaben von damals bis heute zu benutzen. Sagen Sie diese Wahrheit sowohl den Juden als auch den Heiden, und vielleicht kann der Lauf der Geschichte eher früher als später geändert werden. Was mit Christus vor fast zweitausend Jahren geschah, wird seither in jeder Schwarzen und/oder Adonis-Messe als luziferischer und satanischer Sieg gefeiert. Das schreckliche, abscheuliche Ritual behauptet, dass die Synagoge des Satans die Mission Christi auf der Erde besiegt hat, indem sie sie zu einem frühen und plötzlichen Ende brachte, als sie in der Lage war, seinen Verrat, seine Verurteilung wegen falscher Anschuldigungen und seinen Tod zu arrangieren. Ich kann in den Dokumenten, die ich studiert habe und die sich mit diesem Aspekt der luziferischen Verschwörung befassen, keinen Hinweis auf einen jüdischen Sieg finden.

Diejenigen, die die luziferische Verschwörung an der Spitze leiten, haben auch den Antisemitismus gefördert und sogar finanziert und ihn benutzt, um ihren geheimen Plänen und teuflischen Ambitionen zu dienen. Aber sie haben auch Nichtjuden dazu verführt, ihren teuflischen Zwecken auf genau die gleiche Weise zu dienen. Es ist völlig lächerlich zu sagen, die W.R.M. sei ein jüdisches Komplott, das den Juden die ultimative Kontrolle über die Welt geben soll, denn das Studium des luziferischen Komplotts beweist eindeutig, dass ALLE Formen von Regierung und Religion in der letzten Phase der luziferischen Verschwörung zerstört werden sollen, so dass, wenn „keine Macht oder List uns verhindern kann, wir (die Hohepriester der luziferischen Religion) unseren Führer zum König-Despot der ganzen Welt krönen werden."

Nach den Schriften derjenigen, die die luziferische Verschwörung geleitet haben, ist es ihr Ziel, ALLE geringeren Menschen absolut zu versklaven, physisch, geistig und spirituell, und sie zu zwingen, die luziferische Ideologie durch Anwendung satanischer Willkür zu akzeptieren. Da dies eine Tatsache ist, reden diejenigen, die behaupten, die W.R.M. sei eine jüdische, römisch-katholische, kommunistische, nationalsozialistische, freimaurerische oder irgendeine andere Art von Verschwörung, völligen Unsinn, denn die Beweise in diesem Buch werden beweisen, WIE die Verschwörer beabsichtigen, alle Formen von Regierung und Religion zu zerstören.

Soweit unsere Nachforschungen gediehen sind, deuten die Beweise darauf hin, dass diejenigen, die die luziferische Verschwörung insgeheim geleitet haben, sich immer als Verfechter einer anderen etablierten Religion ausgegeben haben. Wir haben den Luziferianer, der den jüdischen Sanhedrin während der Mission Christi auf Erden leitete; wir haben Weishaupt, der das Kirchenrecht lehrte, durch das die christlichen Missionsbemühungen zu seiner Zeit geregelt wurden; wir haben Albert Pike, der zu seiner Zeit das Oberhaupt der freimaurerischen Religion war (denn die Freimaurerei ist eine Religion), usw. usw.

GOTT. Das höchste Wesen, Schöpfer des Himmels und der Erde (Universum). Gott ist als Jehova bekannt, aber diese Anrede gibt es erst seit 1518. Der Name, den die Menschen Gott in vormosaischer Zeit gaben, war Jahwe, manchmal auch Jahwe geschrieben, was Schöpfer bedeutet. Gott der Schöpfer ist auch als Elohim bekannt. Interessant ist jedoch, dass die religiösen Führer der Juden, nachdem Mose die Gebote von Gott gegeben worden waren, die Tatsache, dass sie jedem Menschen verbieten, den Namen Gottes missbräuchlich zu verwenden, dazu veranlasste, das Wort Adonai oder Adonay zu ersetzen. Dies ist das Wort, das von den Hohepriestern des luziferischen Glaubensbekenntnisses verwendet wird, wenn sie etwas verkünden oder ein Dogma definieren.

PROTOKOLLE. Das Wort bedeutet den ursprünglichen schriftlichen Entwurf eines Plans, der ein bestimmtes Ziel erreichen soll. Die Protokolle der luziferischen Verschwörung wurden geschrieben, sobald die Menschen die Kunst beherrschten, ihre Gedanken und Absichten in Bezug auf die Zukunft auf Pergament oder ein anderes geeignetes Material zu schreiben, damit sie zur Information derer, die nach ihnen kamen, aufbewahrt werden konnten. Die luziferische Verschwörung (um die menschliche Ethnie daran zu hindern, Gottes Plan für die Herrschaft des Universums auf dieser Erde in die Tat umzusetzen, so dass eine totalitäre luziferische Diktatur über ALLE geringeren Wesen in der Endphase verhängt werden kann) wurde ständig überarbeitet und modernisiert, ABER NIE VERÄNDERT. Sie wurde überarbeitet und modernisiert, damit diejenigen, die die Verschwörung lenken, die sich schnell verändernden sozialen, wirtschaftlichen, politischen und religiösen Bedingungen voll ausnutzen können, und auch, um die Fortschritte in der angewandten Wissenschaft voll auszunutzen. Menschen, die sich weigern, Gott die Anerkennung für ihre überlegene Intelligenz zu geben, werden unweigerlich zu Satanisten, und als solche dienen sie den geheimen Plänen und fördern die teuflischen Ambitionen derer, die die luziferische Verschwörung leiten.

Diese WAHRHEIT wird in den Schriften sowohl von Adam Weishaupt als auch von Albert Pike überdeutlich gemacht. Sie sagen, dass, wenn die luziferische Verschwörung schließlich über das, was von der menschlichen Ethnie übrig geblieben ist, verhängt wird, der König-Despot von einigen WENIGEN Millionären, Ökonomen und Wissenschaftlern bedient werden wird, die nachweislich der luziferischen Sache ergeben sind, unterstützt von genügend Soldaten und Polizisten (der Internationalen Polizei der Vereinten Nationen?), um den Willen des Diktators über die Massen (Gojim) durchzusetzen. Alle Gojim, ohne Ausnahme, sollen durch einen Integrationsprozess auf internationaler Ebene auf den Stand von menschlichem Vieh reduziert werden. Nachdem die menschliche Ethnie in eine riesige Ansammlung von Menschen verwandelt worden ist, wird die Fortpflanzung auf Arten und Zahlen beschränkt, die als ausreichend angesehen werden, um die Anforderungen des Staates (Gottes) zu erfüllen. Zu diesem Zweck wird künstliche Befruchtung eingesetzt werden. Weniger als $% der Männchen und 30% der Weibchen werden ausgewählt und für Zuchtzwecke verwendet.

Ziel dieses Buches ist es, die Verschwörung aufzudecken, mit der diese teuflischen Ziele erreicht werden sollen. Wir erklären, wie sich die Verschwörung entwickelt hat, bis sie sich heute in ihrem Halbfinalstadium befindet. WIR sagen dann, was passieren wird, wenn die WAHRHEIT über die Existenz der anhaltenden Verschwörung gegen Gott und die menschliche Ethnie nicht so schnell wie möglich weit und breit bekannt gemacht wird. Die Heilige Schrift verheißt, dass, wenn wir die WAHRHEIT allen Menschen in allen verbleibenden Nationen bekannt machen, die (Erkenntnis der) Wahrheit uns von den Fesseln Satans befreien wird, mit denen wir im Laufe der Jahre immer fester gebunden werden. Satan ist immer noch der Fürst dieser Welt. Unsere Aufgabe ist es, die Zeit zu verkürzen, in der die Prophezeiungen aus der Offenbarung in Erfüllung gehen. Es ist unsere Aufgabe, Satan zu binden, indem wir seine bösen Pläne bekannt machen, damit er für tausend Jahre in die Hölle zurückgeworfen wird (wie im 20. Kapitel der Offenbarung vorausgesagt), und so den Tag zu beschleunigen, an dem

Satan wieder seine Fesseln sprengt und Chaos, Trübsal und weitere
Gräuel über die Menschen dieser Erde bringt. Dann wird Gott um der
Auserwählten willen eingreifen. Diese Dinge werden erst dann
geschehen, wenn die Menschen, die sich für die Auserwählten halten,
beweisen, dass sie aufrichtig sind. Um unsere Aufrichtigkeit zu
beweisen, müssen wir meiner bescheidenen Meinung nach TÄTER
Seines Heiligen Willens werden und nicht nur HÖRER Seines Wortes.
Ich glaube, dass Massenaktionen die Tage unserer Trübsal verkürzen
können. Wenn wir Eltern eine echte väterliche Zuneigung haben,
müssen wir auch an das Wohlergehen der zukünftigen Generationen
denken.

Die Offenbarung sagt uns, dass Satan, wenn er aus der Hölle entkommt,
Gräueltaten verüben wird, wie sie die Welt noch nie gesehen hat und
nie wieder sehen wird. Von dieser Zeit sagt Markus 13,20, dass ohne
das Eingreifen Gottes für seine Auserwählten „kein Fleisch gerettet
werden kann". Der heilige Matthäus bestätigt, was Markus in Kapitel
24, Verse 3 bis 32 sagt.

Wie viele andere, die versucht haben, herauszufinden, wer Kriege und
Revolutionen verursacht und warum, tappte ich viele Jahre lang im
roten Nebel der luziferischen Propaganda herum. Ich habe Tausende
von Beweisstücken zusammengetragen. Ich bin Hunderten von
Hinweisen in der ganzen Welt nachgegangen. Irgendwann gab ich dem
egoistischen Kapitalismus, dem Kommunismus, dem Nazismus und
dem politischen Zionismus die Schuld. Andere, die ich konsultierte,
waren gleichermaßen davon überzeugt, dass die eine oder andere dieser
bösen Mächte die GEHEIME MACHT war, die hinter den Kulissen der
Regierungen wirkte und sie dazu brachte, eine Politik zu verfolgen, die
sie schließlich in Kriege und Revolutionen zwang. Einige gaben der
römisch-katholischen Kirche die Schuld, andere der Freimaurerei,
wieder andere dem Judentum, den Weltföderalisten oder den
Bilderbergern. Aber als ich die Heilige Bibel, das inspirierte Wort
Gottes, benutzte, um die Wahrheit oder den Irrtum jedes einzelnen
Beweises zu prüfen, begann ich die WAHRHEIT zu erkennen. Diese
WAHRHEIT ist, dass die luziferische Revolte gegen das Recht Gottes,
die höchste Autorität über das gesamte Universum auszuüben, im
Garten Eden auf diese Erde übertragen wurde. Seitdem hat sie sich hier
immer weiter entwickelt, bis sie sich jetzt in ihrem Halbfinalstadium
befindet. Diejenigen, die die Verschwörung lenkten, haben jede Art von
List und Tücke angewandt, um Teile der Menschheit gegeneinander
aufzuhetzen, indem sie sie in gegnerische Lager aufspalteten, sie dann

bewaffneten und sie über die eine oder andere Frage kämpfen ließen. Als ich darüber nachdachte, wie diejenigen, die in einem Krieg Feinde waren, sich im nächsten verbündeten; wie Kapitalisten angebliche „Arbeiterrevolutionen" finanzierten; wie diejenigen, die sich Juden nennen, es aber nicht sind und lügen, gerade so viele ihrer minderen jüdischen Brüder opferten, wie es für ihre eigenen teuflischen Zwecke nötig war; wie die teuflische Propaganda Millionen von Christen in gegnerische Armeen aufteilte und sie dazu brachte, sich gegenseitig zu bekämpfen und zu töten, ohne dass einer der Beteiligten auch nur die geringste persönliche Feindseligkeit gegen den anderen hegte; dann kam ich zu der Überzeugung, dass die Heilige Schrift das inspirierte Wort Gottes ist und dass Jesus Christus auf die Erde gekommen ist, um uns vor der Existenz der luziferischen Verschwörung zu warnen. Er lebte, litt und starb, um die Wahrheiten zu verkünden, die uns von den Fesseln Satans befreien werden, damit wir das ewige Glück mit ihm und unserem himmlischen Vater genießen können. Jetzt liegt es an uns. Wir können die Wahrheit annehmen oder ablehnen. (Johannes 8:32)

Wie die W.R.M. auf die Erde übertragen wurde

Wir haben gesehen, dass die primitiven Menschen an ein höheres Wesen glaubten, das wir als Gott bezeichnen. Sie glaubten an einen bösen Widersacher, den wir Satan nennen, weil er versuchte, sich in Gottes Schöpfung und in seine Geschöpfe, die die Erde bewohnen, einzumischen. Die Bibel berichtet uns, dass die Hebräer zu einem viel späteren Zeitpunkt in der Weltgeschichte den Himmel als konkav, über einer flachen Erde, auf Säulen gestützt und auf Fundamenten errichtet, ansahen. (2 Sam. 22:8, Spr 8:27-29) Sie glaubten, dass es sieben Himmel gibt, die von verschiedenen Graden von Übermenschen bewohnt werden, wobei der höchste, Aravoth, Gott vorbehalten ist. Der heilige Paulus sagt uns, dass er in den dritten Himmel entrückt wurde. (2. Korinther 12:2) Die Heilige Schrift sagt uns nicht viel darüber, was im Himmel geschah, nachdem Luzifer und seine Mitrebellen hinausgeworfen worden waren; wir erfahren auch nicht, WARUM Gott beschloss, diese Erde zu schaffen, auf der die Menschen über ihr ewiges Schicksal entscheiden. Aber Gott hat uns eine Intelligenz gegeben, damit wir die Dinge für uns selbst herausfinden können. Hätte er es nicht so gemacht, wären wir keiner großen Prüfung unterworfen worden, die offensichtlich darauf abzielt, dass jeder Einzelne *beweisen* muss, ob er ehrlich und aufrichtig Gott lieben und ihm *freiwillig* für alle Ewigkeit dienen will oder nicht.

Ein interessantes Licht auf dieses Thema werfen einige Theologen, die darauf hinweisen, dass die Ursache für Luzifers Aufstand gegen Gott eifersüchtig gemacht worden sein könnte, als Gott seine Absicht verkündete, die Menschen zu erschaffen und ihnen die Chance und Gelegenheit zu geben, sich in die höchsten Ränge der himmlischen Wesen zu entwickeln. Es erscheint jedoch logischer, anzunehmen, dass Gott seinen Entschluss, diese Welt zu erschaffen und mit Menschen zu bevölkern, erst gefasst hat, NACHDEM der heilige Michael die luziferische Revolte niedergeschlagen hatte.

Diese Argumentation eröffnet einen Gedankengang, der uns zu der Annahme führen könnte, dass Gott sowohl unendlich barmherzig als auch gerecht ist und deshalb die Welt(en) erschaffen und sie mit Menschen bevölkert hat, weil er nicht alle, die sich Luzifer in der Revolte angeschlossen hatten, für gleichermaßen schuldig hielt. Es scheint nicht unvernünftig, anzunehmen, dass Gott beschloss, denjenigen Engeln, die er als verführt ansah, sich Luzifer anzuschließen, eine weitere Gelegenheit zu geben, selbst zu entscheiden, ob sie ihn als ihren Gott und ihre höchste Autorität oder Luzifer akzeptieren wollten. Diese Theorie könnte erklären, warum es eine eindeutige Affinität eines geistigen Wesens mit jedem einzelnen Körper gibt. Wir bezeichnen diese Wesenheit gemeinhin als Seele und assoziieren sie mit unserem persönlichen Schutzengel.

Wenn man diese Theorie zu Ende denkt, liegt die Vermutung nahe, dass Gott die Absicht hatte, die Menschen durch eine Geburtsmethode auf die Erde zu bringen, die verhinderte, dass sie von anderen Welten mehr wissen konnten als das, was er unseren ersten Eltern persönlich und späteren Generationen durch seine Propheten und die Heilige Schrift offenbaren wollte. Es wird uns gesagt, dass Gott mit Adam und Eva im Garten Eden wandelte, mit ihnen sprach und ihnen seinen heiligen Willen und seinen Plan für die Herrschaft des Universums erklärte, den er auf dieser Erde verwirklichen wollte, wie es in der Genesis heißt.

Da das stimmt, kannten unsere ersten Eltern Gott aus erster Hand, seine Wünsche, seine Pläne und Absichten für sie in der Zukunft.

Er versprach, dass sie, wenn sie seine Wünsche respektierten und seine Gebote befolgten, nach einer Zeit der Prüfung zu ihm in den Himmel zurückkehren und für immer in vollkommenem Glück leben würden. Die Heilige Schrift bestätigt den Teil der Mythologie der Urmenschen, der besagt, dass Gott ihnen das Leben leicht machte, indem er für ihre Bedürfnisse sorgte. Es ist aber auch möglich, wie einige Theologen behaupten, dass die richtige Erklärung darin besteht, dass Gott diese Welt erschaffen und mit Menschen bevölkert hat, denen er eine Seele „eingehaucht" hat, um ihnen die Möglichkeit zu geben, die freien Stellen im Himmel zu besetzen, nachdem Luzifer und die Mitglieder der himmlischen Heerscharen, die sich seiner Revolte angeschlossen hatten, in die Hölle geworfen wurden. Sie lehren, dass Gott für jeden einzelnen Körper eine individuelle Seele erschafft.

Wenn dies der Fall ist, dann ist es auch wahrscheinlich, dass es so viele Welten gibt, wie es viele Chöre von Engeln gibt, und dass jede Welt von Menschen bewohnt wird, die in ihrer Intelligenz mit den gefallenen Engeln vergleichbar sind, die sie im Himmel ersetzen sollen. Wenn das so ist, scheint es nicht unvernünftig zu sein, anzunehmen, dass unser geistiger Fortschritt oder Verfall nach dem Tod unseres sterblichen Körpers nicht nur unmittelbar, sondern auch fortschreitend sein könnte.

Millionen von Menschen glauben an die Reinkarnation. Es könnte sein, dass dieser Glaube auf dem Wissen beruht, dass Gottes Himmel aus sieben Ebenen besteht; dass Gottes Engel aus vielen Chören unterschiedlichen Grades bestehen und dass Engel geringeren Grades von einem Himmel zum anderen aufsteigen. Wenn das so ist, scheint es, dass Gott beabsichtigt hat, dass die Menschen in verschiedenen Stufen existieren, und auch beabsichtigt hat, dass diejenigen auf der niedrigeren Ebene durch Einsatz, Fleiß und Aufmerksamkeit für geistige Angelegenheiten zu höheren Stufen auf der Erde und zu höheren Stufen im Himmel aufsteigen können. Das ist es, was robuster Individualismus wirklich bedeutet, und robuster Individualismus ist das, was die Feinde Gottes entschlossen sind, zu zerstören. Offensichtlich können Menschen geistig verkommen und tun dies auch, bis sie das Stadium erreichen, in dem sie von der Hölle verschlungen werden. Dieser Gedankengang würde die Hinweise auf die Vorhölle, das Fegefeuer und die Tatsache erklären, dass Christus nach seiner Auferstehung in einen Teil der Hölle hinabgestiegen ist, wo er Seelen freigelassen hat, die auf ihre Erlösung warten.

Wenn Gott den Menschen geschaffen hat, um die Lücken zu füllen, die durch den Abfall der gefallenen Geister entstanden sind, dann ist es logisch anzunehmen, dass er will, dass wir definitiv beweisen, dass wir ihn kennen, lieben und ihm freiwillig für alle Ewigkeit dienen wollen. Wenn wir diesen Gedankengang bis zu seiner logischen Schlussfolgerung weiterentwickeln, dann ist es unser geistlicher Zustand, wenn wir aus dem Kampf, der in dieser Welt um die Seelen der Menschen stattfindet, hervorgehen, der bestimmen wird, ob wir „zu den Auserwählten" oder „zu den Verdammten" gezählt werden oder nicht. Die Hinweise in der Heiligen Schrift auf das „unmittelbare" Gericht im Augenblick des Todes und das „endgültige" Gericht, wenn das Universum endgültig in Himmel und Hölle aufgeteilt wird, deuten darauf hin, dass es Zwischenstationen gibt, an denen die Seelen weiter geprüft werden können, bis sie ihr ewiges Schicksal endgültig entschieden haben. Es gibt eine Reihe von Theologen, die behaupten,

SATAN - FÜRST DIESER WELT

dass die Auserwählten der menschlichen Ethnie in die eigentliche Hierarchie der Engel, in die Reihen der Cherubim und Seraphim und aller anderen Ordnungen aufgenommen werden. Die Theologen, auf die ich mich beziehe, glauben, dass „die Auserwählten der menschlichen Ethnie nicht nur der äußere Rand der Geisterwelt sein werden, sondern im Gegenteil die leuchtenden Sterne in jeder der Geisterebenen." Dieser Gedankengang scheint vom Heiligen Lukas in Kapitel 20, Vers 36 unterstützt zu werden: „Sie können auch nicht mehr sterben; denn sie sind den Engeln gleich und sind Kinder Gottes, da sie Kinder der Auferstehung sind." Wie Abt Anscar Vonier O.S.A. in seiner Abhandlung über die Engel feststellt: „Wir befassen uns hier nicht direkt mit der Dämonologie, sondern mit einem eher tröstlichen Thema. Welche Höhe auch immer ein gefallener Engel in der Skala des Seins eingenommen haben mag, es ist möglich, dass die Gnade Gottes den Menschen auf diese Höhe erhebt, so dass sogar der von Luzifer selbst geräumte Thron das angeborene Erbe einer heiligen Seele werden kann." Der gelehrte Abt sagt weiter: „Es ist möglich, dass die Gnade Gottes den Menschen zu dieser Höhe erhebt." Meines Erachtens wäre es besser zu sagen: „Die Gnade Gottes, wenn sie so eingesetzt wird, wie er es beabsichtigt, kann den Menschen befähigen, sich zu einer solchen Höhe geistiger Vollkommenheit zu erheben, dass es für eine menschliche Seele möglich ist, den Platz einzunehmen, den der höchste der gefallenen Engel hinterlassen hat."

Jede „lebende Seele" weiß, dass Gott uns einen Verstand und den uneingeschränkten Gebrauch unseres Willens gegeben hat. Hätte Gott nicht vorgehabt, uns auf die Probe zu stellen, hätte es keinen Sinn gehabt, dass er einen „Widersacher" zulässt, der sich seinen Plänen widersetzt, seine Wünsche lächerlich macht und versucht, uns von Gott abzubringen, damit wir von Luzifer, dem König des Reiches der Finsternis, den wir gemeinhin als „Teufel" bezeichnen, besessen werden können. Die Untersuchung der Meinungen, die von den frühen Christen und später von katholischen und nichtkatholischen Theologen geäußert wurden, liefert Beweise, die die oben dargelegte Argumentation unterstützen. Wir stellen fest, dass mehrere von ihnen auf die Tatsache hinweisen, dass Luzifer und seine Anhänger den lüsternen Wunsch hatten, sexuelle Beziehungen mit den Körpern der von Gott geschaffenen Menschen zu haben und diese körperlich zu kontrollieren. Ganz offensichtlich konnten sie solche Wünsche nur als Ergebnis ihrer Rebellion gegen die höchste Autorität Gottes, des Schöpfers, entwickeln, um seinen Plan zu vereiteln, die Lücken, die ihre

Rebellion in den Chören der Engel verursacht hatte, mit Menschen zu füllen.

Mehrere frühchristliche Theologen glaubten, dass die gefallenen Engel die Menschen dieser Welt begehrten. Der heilige Augustinus behauptete, dass die perverse und verdorbene Auslegung der sexuellen Beziehungen, die von der menschlichen Ethnie auf Betreiben Satans angenommen wurde, im Widerspruch zu Gottes Absicht und Zweck steht. Er nennt dies Konkupiszenz". Es erscheint daher logisch anzunehmen, dass die „Konkupiszenz", wenn sie dem Willen Gottes widerspricht, von Satan eingeführt wurde, um die luziferische Verschwörung auf dieser Erde voranzutreiben. Die oben genannten Meinungen stützen sich auf die Autorität des Buches Henoch. Aber diese Meinungen wurden von den moderneren Theologen als „irrig" bezeichnet. Der heilige Thomas und das Dekret des Konzils von Trient behaupten, dass alle Engel (sowohl die, die Gott treu geblieben sind, als auch die, die von Gott abtrünnig geworden sind) reine Geister sind und es für sie unmöglich ist, Lust oder sexuelle Beziehungen mit Menschen zu haben.

Andererseits gibt es in den Aufzeichnungen über Exorzismen, die von geweihten Geistlichen der christlichen Religion durchgeführt wurden, Belege dafür, dass Opfer, die nach einer Teufelsbesessenheit freigelassen wurden, behaupteten, sie seien sexuell besessen gewesen.

Wie dem auch sei, wir wissen, dass Gott diese Erde geschaffen hat. Er hat sie mit Menschen bevölkert. Uns wird gesagt, dass wir nach seinem Bild und Gleichnis geschaffen sind. Da es so viele Abstufungen der körperlichen Form und Gestalt gibt, muss sich die Ebenbildlichkeit des Menschen mit Gott zwangsläufig auf seine geistige Einheit beziehen, die wir Seele nennen. Die Heilige Schrift unterstützt diese Vermutung. Sie sagt uns, dass, bis unsere ersten Eltern von Gott abfielen und sich entschieden, den Rat des Satans anzunehmen, ihre Körper wie die Sonne leuchteten, weil sie mit dem Licht der heiligmachenden Gnade erleuchtet waren. Diese geistige Erleuchtung verschwand mit der Begehung dessen, was wir als „Erbsünde" bezeichnen. Aber was auch immer in dieser Hinsicht geschehen ist, es ist definitiv erwiesen, dass unsere sterblichen Körper ihre geistigen Wesenheiten haben. Etwas anderes zu glauben, hieße atheistisch zu sein.

Wir kommen nun zu dem Punkt in der Weltgeschichte, an dem der Widersacher Gottes Satan genannt wird. Er brachte Eva dazu, von Gott abzuweichen. Danach überredete sie Adam, sich ihr in der Rebellion anzuschließen. Ohne den Punkt zu betonen, WIE Satan Eva dazu verführte, von Gott abzufallen, muss es den meisten denkenden Menschen klar sein, dass die Perversion des Geschlechts definitiv Teil der Täuschung war.

Unter Perversion des Geschlechts verstehen wir, dass Satan Eva lehrte, sexuelle Beziehungen zur Befriedigung tierischer Leidenschaften und fleischlicher Begierden zu nutzen. Die Untersuchung dieser Phase luziferischen Verschwörung würde darauf hindeuten, dass Gott den Geschlechtsverkehr als eine heilige Vereinigung zwischen einem Mann und seiner Frau vorgesehen hatte, die zu dem Zweck eingegangen wurde, ein weiteres menschliches Wesen zu schaffen, dem Gott eine Seele einpflanzen konnte, weil er die Möglichkeit haben wollte, eine der durch die luziferische Rebellion frei gewordenen Stellen im Himmel zu besetzen. An diesem Gedankengang muss etwas dran sein, sonst gäbe es nicht so viele Meinungsverschiedenheiten über die Verwendung von Verhütungsmitteln und so genannte geplante Geburten. Wenn dieser Standpunkt nicht stimmt, wie kommt es dann, dass diejenigen, die verhindern wollen, dass Gottes Plan für die Herrschaft der Schöpfung auf dieser Erde umgesetzt wird, insgeheim entschlossen sind, Gottes Plan für die Fortpflanzung der menschlichen Ethnie durch künstliche Befruchtung zu ersetzen, die auf internationaler Ebene praktiziert

Die Lehre Christi und viele Zitate aus der Heiligen Schrift sagen uns, dass Gott den Menschen größer gemacht hat als die Engel, weil er ihm die Macht gegeben hat, sich nach seinem Willen zu vermehren. Die Verschwendung von menschlichem Samen wird immer wieder verurteilt. Jeder vernünftige Mensch weiß, dass Gott, weil er Gott ist, d.h. das höchste Wesen, der Schöpfer des Himmels und der Erde (des Universums), hätte verhindern können, dass Luzifer seinen Plan, die irdischen Welten und die Menschen zu erschaffen, durchkreuzt, wenn er gewollt hätte, aber wenn er das getan hätte, wären wir keiner wirklichen Prüfung unterzogen worden. Ohne anmaßend sein zu wollen, scheint es vernünftig zu sein, anzunehmen, dass Gott seine Freude an seiner wunderbaren Schöpfung aus der Liebe und Treue derer bezieht, die ihm sowohl von den Engeln als auch von den Menschen geschenkt werden, die standhaft, loyal, treu und wahrhaftig bleiben, trotz aller bösen Machenschaften des Teufels und seiner Engel, die in dieser Welt (und wahrscheinlich auch in anderen) umherwandern und das Verderben der unsterblichen Seelen suchen.

Um diese Dinge zu verstehen, müssen wir den Sachverhalt der „geistigen Vormundschaft" verstehen. Das Wort „Vormundschaft" wird im Sinne von „Vormundschaft" und/oder „Unterweisung" verwendet. Die geistige Vormundschaft ist eine göttliche Anordnung. Sie erlaubt es dem Menschen, von guten und bösen Geistern beeinflusst zu werden, die die Macht haben, „Gedanken" in unseren Verstand zu setzen. Versuchungen sind das, was wir als „böse" Gedanken bezeichnen. Die Versuchung durch böse Geister ist keine „göttliche Anordnung". Sie resultiert aus dem, was Theologen „die permissive Vorsehung Gottes" nennen. Wäre die menschliche Ethnie nicht sowohl „bösen" als auch „guten" Einflüssen unterworfen, wäre es sinnlos, dass Gott uns einen Verstand und einen freien Willen gegeben hat. Der Verstand ermöglicht es uns, die Gedanken zu analysieren, die uns durch den Kopf gehen. Wir treffen eine Entscheidung. Dann sorgen wir mit unserem freien Willen dafür, dass unser Körper die Entscheidung des Verstandes in die Tat umsetzt.

Die häufigste Frage, die von Menschen in allen Lebensbereichen zu diesem sehr wichtigen Thema gestellt wird, lautet: „Wenn Gott GUT ist, warum lässt er dann das Böse zu? Wenn Gott die Menschen liebt, WARUM lässt er es zu, dass selbst unschuldige Menschen unter Kriegen, Revolutionen, Krankheiten usw. leiden?"

Die Erfahrungen in zwei Kriegen und drei Revolutionen lehrten mich die Antwort auf diese Fragen. ERSTENS glaube ich, dass es Gottes Absicht ist, die Lücken im Himmel, die durch den Fall von Engeln vieler Grade aus der Gnade entstanden sind, mit Wesen, einschließlich Menschen, zu füllen, die durch die Art ihrer Gebete und Werke, die Art und Weise, wie sie mit Versuchungen umgehen, und die Art und Weise, wie sie unter Bedingungen körperlicher, geistiger und spiritueller Belastung standhalten, positiv und eindeutig BEWEISEN, dass sie, ungeachtet dessen, was ihnen auf dieser Erde widerfährt, immer noch den brennenden und beständigen Wunsch haben, Gott für die Ewigkeit FREIWILLIG zu lieben und zu dienen. Dieser Glaube wird in Matthäus 10,28; Lukas 12,4; 2. Könige 7,4; Psalm 44,22 usw. usw. begründet.

Ich stütze diese Erklärung auf die Überzeugung, dass Gott, der Schöpfer des gesamten Universums, sein Glück nur aus der Liebe, Treue, Hingabe und dem Dienst, den seine Geschöpfe ihm freiwillig erweisen, ziehen kann. Er will, dass wir Ihm beweisen, dass wir diese Entscheidung definitiv und unwiderruflich getroffen haben, bevor Er uns erlaubt, in das Himmelreich einzugehen. Mit anderen Worten: Wir entscheiden selbst über unser ewiges Schicksal.

Im Text des Paulus, 1. Korinther VI,3, heißt es: „Wisst ihr nicht, dass wir die Engel richten werden? Wie viel mehr die Dinge dieser Welt?" Ich verstehe dies als Hinweis darauf, dass die Menschen, die aus dieser irdischen Prüfung „mit Gottes Fahne im Wind" hervorgehen, auserwählt werden, über die gefallenen Engel zu richten, die ihre Macht dazu benutzt haben, uns mit bösen Gedanken zu inspirieren und uns zu verführen, Böses zu tun. Die Tatsache, dass die Auserwählten der Versuchung widerstehen und sich nicht täuschen lassen, obwohl die Agenten des Teufels große Wunder vollbringen, beweist, dass sie die geistige Herrschaft über die Mächte des Bösen gewonnen haben. Es wird ihnen erlaubt sein, diese Herrschaft am Tag des Endgerichts auszuüben.

Als ich 1918 half, die Trümmer eines deutschen Luftangriffs auf West Hartlepool, England, zu beseitigen, um ein Kleinkind zu retten, dessen Schreie aus dem dunklen Inneren des eingestürzten Gebäudes kamen, erfuhr ich die Antwort auf die zweite Hälfte der Frage. Während wir arbeiteten, hörte ich die verzweifelte Mutter schreien: „Wenn Gott ALLES GUT ist, wie kann er dann so viel Böses zulassen?-Wie kann er zulassen, dass unschuldige kleine Kinder leiden? Warum bestraft er mich so? Ich habe versucht, ihn zu lieben und ihm zu dienen."

Während ich arbeitete, fiel mir die Antwort ein. Eine halbe Stunde später erreichten wir das Baby. Es war lebendig und unverletzt. Es lag neben der Großmutter auf einer Matratze auf dem Boden in einem Schrank, der unter der Treppe, die vom Erdgeschoss zu den oberen Räumen führte, errichtet worden war. Die Großmutter war tot.

Als das Baby in die Arme seiner Mutter gelegt wurde, fragte ich sie, ob ich sie begleiten dürfe. Freunde, die in der Nähe waren, hatten ihr Unterschlupf angeboten. Sie gab mir die Erlaubnis.

Bei einer Tasse Tee (der bei den Engländern in Zeiten der Freude oder des Kummers ein absolutes Muss ist) drückte die Mutter ihren Säugling an die Brust und murmelte: „Oh Gott, vergib mir. Wie konnte ich nur an deiner unendlichen Güte zweifeln?" Ich legte meine Hand auf ihren Arm und sagte: „Gott will nicht, dass wir, seine Geschöpfe, die Abscheulichkeit des Krieges erleiden. Kriege sind eine Strafe, die sich die Menschheit selbst auferlegt, weil die Mehrheit sich hartnäckig und beharrlich geweigert hat, Seinen Willen zu tun, Seinen Geboten zu gehorchen und Seinen Plan für die Herrschaft des Universums auf dieser Erde in die Tat umzusetzen." Wir bestrafen uns selbst, weil wir Satan erlauben, „Fürst dieser Welt" zu bleiben.

Diese Argumentation halte ich ehrlich gesagt für die WAHRHEIT. Der Vorfall, den ich hier aufzeichne, geschah im April 1918. Seitdem wurden ein weiterer Weltkrieg und viele Revolutionen geführt. Die W.R.M. wird an der Spitze von der Synagoge Satans geleitet, um die geheimen Pläne der Hohepriester des luziferischen Glaubensbekenntnisses zu fördern. Sie, die von den geistigen Mächten der Finsternis teuflisch inspirierten Menschen, sind es, die Kriege und Revolutionen schüren, und damit bestätigen sie die Worte, die Christus selbst sprach, als er über die S.O.S. sagte: „Ihr seid Söhne des Teufels, dessen Begierden ihr tun werdet. Er war ein Mörder von Anfang an usw." Ja, der Teufel war und ist ein Mörder. Kriege und Revolutionen sind seine Mittel, um Massenmord zu begehen. Meiner Meinung nach begehen wir eine schreckliche Sünde, wenn wir auch nur denken, dass Gott Kriege, Revolutionen und andere Formen von Abscheulichkeiten will. Gott hat nicht gewollt, dass unsere ersten Eltern von ihm abfallen. Sie taten dies aus freiem Willen und aus eigenem Antrieb. Gott hat nicht gewollt, dass wir Menschen unser irdisches Dasein durch den Tod unseres sterblichen Körpers beenden. Als Adam und Eva sündigten, erlitten sie den Verlust der heiligmachenden Gnade. Das hatte automatisch den Tod ihres sterblichen Körpers zur Folge, was dem Willen Gottes und seiner ursprünglichen Absicht zuwiderlief.

Die gleichen Schlussfolgerungen sind richtig, wenn man sie auf körperliche und geistige Krankheiten anwendet. Solange die Menschen Fleisch, Fisch, Geflügel, Früchte, Nüsse, Samen und Gemüse so aßen, wie Gott es vorgesehen hatte, lebten sie gesund und erreichten ein hohes Alter. Wenn sie auf natürliche Weise starben, starben sie an Altersschwäche, dem allmählichen Verschleiß der lebenswichtigen Organe des Körpers. Erst als sich die Menschheit in Bezug auf die Ernährung von Gottes Willen entfernte und das „Gebräu des Teufels", bestehend aus Nahrungsmitteln, Getränken und Drogen, die die Völlerei, den fleischlichen Appetit, befriedigen und lüsterne Gedanken und sinnliche Begierden wecken, ersetzte, verkürzten die Krankheiten des Fleisches unsere Lebensspanne und verursachten körperliche Krankheiten und geistiges Leiden. Glauben Sie nicht nur an mein Wort.

In der Heiligen Schrift heißt es in Römer 6:23: „Der Lohn der Sünde ist der Tod."

Warum zwingen uns diejenigen, die unsere Unterwerfung planen, in der heutigen Zeit denaturierte Lebensmittel zu essen, wenn nicht, um uns geistig und körperlich zu schwächen?

Es gibt noch eine weitere Tatsache, die die Übertragung der W.R.M. auf diese Erde im Garten Eden betrifft. Der Teufel, Luzifer, Satan, oder wie auch immer man die geheime böse Macht auf dieser Erde bezeichnen möchte, die den „Gegner" von Gottes Willen darstellt, besetzte diese Erde, BEVOR Gott Adam und Eva erschuf. Satan war hier und bereit, Eva und durch sie Adam zu verführen, als beide noch in einem Zustand der Unschuld waren und sich der Gegenwart und Freundschaft Gottes erfreuten. Die Sünde des Menschen verstärkte den Einfluss des Teufels auf diese Welt. Sie hat sie nicht erschuf. Theologen akzeptieren dies in der Regel als ein „unlösbares Geheimnis". Ich möchte darauf hinweisen, dass diese Tatsache darauf hindeutet, dass diese Welt Teil des von Luzifer kontrollierten Teils des Universums war und immer noch ist, des Teils, den wir als Hölle bezeichnen. Es scheint viel Wahrheit in einem alten Sprichwort zu stecken, das bis in die Antike zurückreicht: „Dies ist die Hölle auf Erden". Die Menschen haben immer noch die Möglichkeit, sich mit Gott zu vereinen, wenn sie es wünschen, aber die große Mehrheit scheint nicht viel dafür zu tun. Die nächste Frage ist diese: „Sind Luzifer und Satan ein und dasselbe übernatürliche Wesen?" Aus Gründen, die ich nicht nachvollziehen kann, sind die meisten Theologen der Ansicht, dass Luzifer und Satan ein und dasselbe sind. Doch dieselben Theologen sind sich einig, dass es Beweise für die Annahme gibt, dass es in der Hölle mehrere Fürstentümer gibt, die jeweils von einem übernatürlichen Wesen regiert werden, das Luzifer untergeordnet ist. Ist es unvernünftig anzunehmen, dass Satan ein anderes Wesen ist, das zur Zeit der von Luzifer angeführten himmlischen Revolte von Gott abtrat? Ist es unvernünftig anzunehmen, dass in den Lehren und Doktrinen derer, die die luziferische Ideologie auf dieser Erde vertreten, ein gewisses Maß an WAHRHEIT steckt? Selbst wenn man zugesteht, dass ein Engel, weil er ein reiner Geist ist, unabhängig davon, ob er „gut" oder „böse" ist, an keine geographischen Grenzen gebunden ist und seinen Einfluss an einem Dutzend verschiedener Orte in weniger Zeit als in einem Augenblinzeln zum „Guten" oder „Bösen" einsetzen kann, scheint es dennoch vernünftig zu sein, anzunehmen, dass Luzifer „König" des gesamten Teils des

Universums ist, den wir als Hölle bezeichnen, und dass Satan einer seiner Prinzen ist. Bezeichnet nicht Christus selbst den Satan als „Fürst dieser Welt"? Die Bedingungen, die auf dieser Erde herrschen, scheinen darauf hinzuweisen, dass sie eher ein Teil der Hölle als ein Teil des Himmels ist.

Wenn diese Welt *ein Teil* der Hölle ist, dann ist es vernünftig, anzunehmen, dass die Entscheidung, die wir hier treffen, endgültig ist. Das könnte erklären, warum er hier wie in einem anderen Teil der Hölle vor seiner Auferstehung zu Besuch war. Er hat uns erlöst, aber ob wir seine Erlösung annehmen oder ablehnen, ist unsere eigene Sache.

Wie dem auch sei, es bleibt die Tatsache, dass die luziferischen Lehren das, was die Heilige Schrift zu diesem wichtigen Thema sagt, vernachlässigen. Christus hat sehr deutlich gemacht, dass Luzifer der „Vater der Lügen" ist und dass Satan Lügen und Täuschungen benutzt, um *seine* teuflischen Ziele zu erreichen. Ist es unvernünftig anzunehmen, dass Luzifer diejenigen, die seine Verschwörung hier auf der Erde geleitet haben, dazu inspiriert hat, nur ein wenig von der Wahrheit zu erzählen? Wenn dieser Gedankengang nicht logisch ist, woher stammt dann das alte Sprichwort „Eine halbe Wahrheit ist gefährlicher als eine ganze Lüge"?

Wenn Luzifer an der Spitze des höchsten Himmels stand und in Schönheit, Macht und Herrlichkeit Gott selbst in nichts nachstand, und wenn die luziferische Mythologie vom ältesten Sohn Gottes und älteren Bruder des heiligen Michael auf der Wahrheit beruht, dann fügen sich die vielen und vielfältigen Beweise für die Verlegung der luziferischen Verschwörung auf diese Erde, die zuvor angeführt wurden, zusammen und ergeben ein außerordentlich klares Bild dieser Phase der Verschwörung.

Es gibt Bände über Bände von Schriften, die darauf hinweisen und/oder beweisen, dass den Freimaurern beigebracht wird, dass der Ursprung ihres Geheimbundes auf die Zeit des Baus der Pyramiden zurückgeht. Es gibt ebenso viele Bände, die beweisen, dass die Adepten der Großorient-Logen und -Räte des Neuen und Reformierten Palladianischen Ritus gelehrt werden, dass ihre Form der Freimaurerei seit dem Sündenfall Evas fortbesteht. Sie behaupten, dass aus ihrer Verführung durch Satan Kain hervorging und dass Kain die Synagoge des Satans gründete. Dies ist die Lehre, die von den Mitgliedern der unteren Grade des Grand Orient und des Palladianischen Ritus verlangt, dass sie Satanisten werden.

Es ist ein seltsamer Zufall, dass die meisten Menschen, die hartnäckig beteuern, dass sie zu 100% für Gott sind und sich weigern, die Idee zu akzeptieren, dass Satan anders ist und Luzifer untergeordnet ist, in dieser Meinung von denen unterstützt werden, die sich offen zu Satan bekennen. Es werden Beweise vorgelegt werden, um zu beweisen, dass erst dann, wenn ein bestätigter Satanist im Großorient oder im Palladianischen Ritus in die Hohepriesterschaft des luziferischen Glaubensbekenntnisses eingeweiht wird, ihm DAS VOLLSTÄNDIGE GEHEIMNIS mitgeteilt wird und von ihm verlangt wird, das Glaubensbekenntnis zu akzeptieren, das besagt: *„Luzifer ist Gott gleich Adonai* (Adonay) und die Anbetung Satans ist *daher eine Ketzerei."*

General Albert Pike gilt als die größte moderne Autorität, was den Luziferianismus betrifft. Als Oberhaupt des Palladianischen Ritus verfasste er einen Brief mit dem Datum vom 14. Juli 1885 und sandte ihn an die Leiter der sechsundzwanzig Konzilien in der ganzen Welt. In diesem Brief bestätigte er nicht nur den Glauben, dass Satan Luzifer untergeordnet ist, sondern erklärte auch, dass Luzifer Gott ist, gleichwertig mit Adonay, und fügte hinzu, dass Luzifer der Gott des LICHTS ist, der Gott des GUTEN, der für die Menschheit gegen Adonay, den Gott der Finsternis und alles Bösen, kämpft.

Pike wurde von der Presse der Vereinigten Staaten so weit aufgebaut, dass die meisten Freimaurer ihn für einen ihrer berühmtesten Brüder und einen der größten Patrioten Amerikas halten. Doch die Forschung zeigt, dass Pike ein Doppelleben führte. Insgeheim war er ein Verehrer Luzifers. Zwischen 1859 und 1889 stieg er zum Oberhaupt der Hohepriester des luziferischen Glaubensbekenntnisses auf.

Den Freimaurern niedrigeren Grades wird beigebracht, verschiedene Aussagen über die Quelle ihrer Geheimgesellschaft zu glauben. Wenn sie in einen höheren Grad eingeweiht werden, wird ihnen nämlich von denjenigen, die die Einweihung vornehmen, etwas ganz anderes erzählt, nämlich dass sie mit dem Aufstieg in die höheren Grade immer tiefer in die Geheimnisse des Handwerks eingeweiht werden. Nicht einer von tausend Freimaurern ahnt, dass weit oberhalb des schottischen Ritus der blauen Freimaurerei und außerhalb der Reichweite aller außer denjenigen, die sorgfältig für die Aufnahme in die Logen des Großen Orients und die Räte des Neuen und

Reformierten Palladianischen Ritus von Pike ausgewählt wurden, Satanismus praktiziert wird. In diesen Geheimgesellschaften wird Satan als Gott und „Fürst dieser Welt" verehrt. Aber oberhalb dieser satanischen Gesellschaften werden speziell ausgewählte Mitglieder der Synagoge in das VOLLSTÄNDIGE GEHEIMNIS eingeweiht, das die endgültige WAHRHEIT ist, wie sie im luziferischen Glaubensbekenntnis zum Ausdruck kommt, wie wir gerade erklärt haben.

Der Leser mag sich fragen: „Warum all diese Geheimhaltung?" Die Antwort ist, dass die Menschen, die sich buchstäblich an den Teufel verkauft haben, wissen, dass der endgültige Erfolg ihrer teuflischen Verschwörung gegen Gott und die Menschheit von ihrer Fähigkeit abhängt, ihre Identität und ihr wahres Ziel geheim zu halten. Dieses Buch wird veröffentlicht, um ihr Geheimnis zu lüften und die öffentliche Meinung aufzurütteln, damit dieser Verschwörung ein Ende gesetzt wird und somit die Prophezeiungen der Offenbarung erfüllt werden, die besagen, dass Satan in Ketten gelegt und in die Hölle zurückgebracht werden soll, wo er tausend Jahre lang bleiben wird.

In den internationalen Logen des Großen Orients und des Neuen Palladianischen Ritus von Pike wird von den Adepten verlangt, dass sie als WAHRHEIT akzeptieren, dass die Freimaurerei in Wirklichkeit von Kain stammt. Man sagt ihnen, dass Satan, den sie Ebilis nennen, der menschlichen Ethnie die größtmögliche Wohltat erwiesen hat, als er den Plan Gottes (Adonays) vereitelte, das Wissen über das sexuelle Verhalten und das Geheimnis der Fortpflanzung vor unseren ersten Eltern zu verbergen. Den Eingeweihten wird gesagt, dass Ebilis Eva in die Freuden des Geschlechtsverkehrs einweihte und sie das Geheimnis der Fortpflanzung lehrte und sie und Adam somit Gott gleichgestellt hat. Dem Eingeweihten wird auch gesagt, dass Eva als Ergebnis der sexuellen Beziehung Kain gebar, der die Bewegung (Freimaurerei) ins Leben rief und die luziferische Ideologie hier wie in dem Teil der himmlischen Welt, über den Luzifer herrscht, in die Tat umsetzte. Während also die Mitglieder der unteren Grade des Schottischen Ritus gelehrt werden, dass Hiram der Vater der Freimaurerei war, wird denjenigen, die in den höchsten Grad aufgenommen werden, etwas anderes beigebracht.[7]

Das Studium der manichäischen Bewegung und Lehre informiert uns darüber, dass Satan, um Gottes Plan, Adam und Eva zu den ersten Eltern seines Menschengeschlechts zu machen, zu verhindern, Eva verführte und von ihr Besitz ergriff und *auch* der Vater der *ersten Tochter von* Kain und *Eva* war. Die manichäische Lehre lehrt, dass Kain seine Schwester „geheiratet" hat und dass die Nachkommenschaft dieser Verbindung (Inzest) den Satanismus seither fortbestehen lässt. Ohne diesen Punkt zu sehr strapazieren zu wollen, ist es von Interesse, darauf hinzuweisen, dass die Heilige Schrift berichtet, dass Kains „Ehe" Gott sehr missfiel. Kain ermordete auch seinen Bruder Abel, und Christus geißelte zu seiner Zeit die Mitglieder der Synagoge des Satans als

„Ihr seid Söhne eures Vaters, des Teufels; seine Begierden werdet ihr tun. Er ist ein Mörder von Anfang an und bleibt nicht in der Wahrheit, denn es ist keine Wahrheit in ihm." (Johannes 8:44)

„Die Schlange" ist der Name, unter dem Satan in der Heiligen Schrift bekannt ist (Offb. 20:2; Num. 21:9). Die Schlange ist das Symbol des Satanismus in Geheimgesellschaften, die ihn als Fürst der Welt verehren. Die Heilige Schrift spricht von Eva und „dem Samen der Schlange" (Gen 3,1-16). Daher können wir fragen: „Woher kam der Same der Schlange?"

Paulus sagte im 2. Korintherbrief, dass *Eva* mit der Schlange (Luzifer, Teufel, Satan) *unkeusch* gewesen sei - (Luzifer bedeutet der Helle und Leuchtende). Genau hier liegt der Ursprung des Samens der Schlange. In Gen 3,15 sagte Gott: „Ich will Feindschaft setzen zwischen dir und dem Weibe und zwischen deinem Samen und ihrem Samen." Indem Gott dies zur Schlange (Luzifer, Teufel, Satan) sagte, erklärte er, dass Luzifer einen Samen haben würde (genauso physisch wie Evas Samen physisch sein würde). In 1. Mose 3,16 sagte Gott zu Eva: „Und du sollst

---

[7] Wer weitere Informationen über diese besondere Phase der Verschwörung wünscht, sollte die an anderer Stelle aufgeführten Bücher lesen, insbesondere Copin-Albancellis „*Le Drame Maçonnique*" usw.

deinen Mann begehren", was eindeutig darauf hinweist, dass *ihr Begehren zuvor einem anderen gegolten hatte!* In Korinther 11,2-3 sprach Paulus hier von „Keuschheit", um die Korinther als KASTE Jungfrau Christus zu präsentieren. Gleich im nächsten Vers sagt Paulus: „Ich fürchte aber, dass ich nicht durch irgendetwas verführt werde, wie die Schlange Eva durch ihre Schlauheit verführt hat."

Paulus bekräftigt hier, dass Eva sich Adam nicht als KASTE-Jungfrau präsentiert hat! Denken Sie daran, dass es für eine Jungfrau nur eine Möglichkeit gibt, ihre Keuschheit zu verlieren. In 1. Mose 4,1 dachte Eva, dass Kain ihr verheißener Same sei, gab aber später zu, dass sie sich geirrt hatte und dass Seth (nicht Kain) ihr verheißener Same war, als sie sagte (1. Mose 4,25): „Denn Gott hat mir einen anderen Samen gegeben anstelle von Abel, den Kain erschlagen hat."

Kain und Abel waren Zwillinge (Gen 4,3-4), denn sie wurden zur gleichen Zeit volljährig und brachten ihre Opfergaben am gleichen Tag dar. Abel war der Sohn Adams, aber Kain war der Sohn Luzifers. Luzifer und seine Nachkommen waren durch die Jahrhunderte hindurch Mörder, und Christus beschuldigte sie, alle Propheten von Abel bis zu seiner Zeit getötet zu haben (Mt 23,35). Luzifer zeugte einen Samen, wie Gott es angekündigt hatte (1. Johannes 3,12). „Nicht wie Kain, der von diesem Bösen war."

Lust ist sexuelles Begehren außerhalb des Naturgesetzes Gottes. Daher scheint Christus selbst bestätigt zu haben, dass Satan lüstern war und der Vater der Synagoge des Satans ist, wie die Satanisten lehren und glauben. Satanisten haben sich schon immer der sexuellen Bestechung und der Verderbtheit und Perversion des Geschlechts bedient, um die Kontrolle über Männer und Frauen zu erlangen, die sie für die geheimen Pläne ihrer teuflischen Verschwörung benutzen wollten. Der Satanismus macht aus dem Sex einen Gott. Sie verehren den menschlichen Körper wegen seiner sexuellen Fähigkeiten. Wenn Männer und Frauen beweisen, dass sie allen anderen Formen der teuflischen Versuchung widerstehen können, fallen sie oft, weil sie sich auf unerlaubte Beziehungen und Perversionen einlassen. Hat David nicht abscheuliche sexuelle Verbrechen begangen, einschließlich Inzest?

Dann sagte uns Christus auch, dass der Vater der Synagoge des Satans von Anfang an ein Mörder war. Wer sonst könnte diese Person sein als Satan? Hat er nicht seinen Sohn Kain dazu angestiftet, seinen eigenen

Bruder Abel zu töten? Ist Mord nicht das Handwerkszeug derer, die die Synagoge des Satans seit jeher bilden? Was sind Revolution und Krieg, wenn nicht massenhaft ausgeübter Mord?

Eine weitere wichtige Tatsache in Bezug auf den Inzest, der benutzt wurde, um die Synagoge des Satans auf dieser Erde zu gründen, ist die Praxis der heidnischen Könige, die den Teufel anbeteten. Um ihre Erbfolge aufrechtzuerhalten, bestanden sie darauf, dass ihre Söhne ihre eigenen Schwestern heirateten. Aber unabhängig davon, was „richtig" oder „falsch" ist, bleibt die Tatsache bestehen, dass Christus, als er seine Mission begann, uns sagte, dass die luziferische Verschwörung das Stadium erreicht hatte, in dem Satan als Fürst dieser Welt die Kontrolle über alle, die in hohen Positionen sind, erlangt hatte.

Die Worte in 1. Mose 4,15 scheinen darauf hinzuweisen, dass Adam und Eva sich von Gott abgewandt hatten und er wollte, dass das, was seither geschehen ist, geschehen sollte. Er sagte: „Wer Kain erschlägt, an dem soll siebenfache Rache geübt werden". Es scheint, dass Gott nach der Abtrünnigkeit unserer ersten Eltern darauf bestand, dass diejenigen, die ihn wirklich lieben und ihm aus Respekt vor seinen unendlichen Vollkommenheiten freiwillig für alle Ewigkeit dienen wollten, ihre Aufrichtigkeit unter Beweis stellen sollten. Ohne den „Widersacher" und die Synagoge des Satans gäbe es keine echte Prüfung. Die Heilige Schrift gibt uns genügend Informationen, damit wir selbst entscheiden können, welchen Weg wir gehen wollen.

Der Satanismus lehrt, dass Jesus Christus ein und derselbe ist wie der heilige Michael und der jüngere Bruder des Satans.

Der Satanismus behauptet auch, dass Gott den heiligen Michael in der Gestalt Jesu Christi auf die Erde gesandt hat, damit er hier die luziferische Verschwörung beendet, wie er es zuvor im Himmel getan hat. Sowohl Satanisten als auch luziferische Adepten rühmen sich, dass Christus in seiner Mission versagt hat. Sie machen die Reaktion auf seine Niederlage zum Hauptbestandteil der Feier der „Schwarzen Messe". Pike überarbeitete und modernisierte die „Schwarze Messe" und nannte seine Erfindung „Die Adonaizid-Messe".

Das Wort „Adonaizid" bedeutet den Tod oder das Ende von Gott. Der Tod Gottes war das Hauptziel des Nietzscheismus.[8]

Da die Feindschaft zwischen Satan und St. Michael im Himmel begann und Christus auf Erden die Angebote Satans, sich ihm in der Rebellion gegen die absolute Vorherrschaft Gottes anzuschließen, zurückwies, hat sich diese Feindschaft offenbar so ausgewirkt, dass das Christentum mit luziferischen und/oder satanischen Zellen durchsetzt war und ist.

Seit Christus seine Apostel auswählte, verbergen diese Agenten stets ihre wahre Identität, während sie fleißig von innen heraus bohren. Heute findet man sie getarnt als „Modernisten", die die verschiedenen Konfessionen schwächen, damit sie bereit sind, zusammenzubrechen, wenn diejenigen, die die Verschwörung an der Spitze leiten, beschließen, dass es an der Zeit ist, den letzten sozialen Kataklysmus zu provozieren. Pike erklärte in einem Brief, den er am 15. August 1871 an seinen Direktor (Mazzini) der W.R.M. schrieb, was geschehen soll. Dieser Brief wird an anderer Stelle zitiert. Er ist in der Bibliothek des Britischen Museums, London, England[9] katalogisiert und wurde von Dutzenden von Autoritäten und Studenten der W.R.M. zitiert, einschließlich Kardinal Rodriguez von Chile. (Siehe Seite 118 von *The Mysteries of Freemasonry Unveiled*, 1925. Englische Übersetzung, 1957.) Die Tatsache, dass die luziferische Verschwörung existiert und seit ihren Anfängen eine ununterbrochene Kontinuität aufweist, unabhängig davon, ob wir ihren Anfang in der himmlischen Welt oder im Garten Eden sehen, beweist, dass sie einen übernatürlichen Ursprung und eine übernatürliche Leitung hat. Nichts, was in einem menschlichen Geist erdacht wurde, könnte so perfekt, so teuflisch, so titanisch in seinen Dimensionen oder so absolut zerstörerisch sein wie die luziferische Verschwörung, die wir heute die Weltrevolutionäre Bewegung (W.R.M.) nennen.

---

[8] Siehe Seiten 346-7 von *Satan*, von Sheed and Ward, New York, 1951.

[9] Der Handschriftenverwalter teilte dem Verfasser kürzlich mit, dass dieser Brief NICHT in der Bibliothek des British Museum katalogisiert ist. Es erscheint seltsam, dass ein Mann mit dem Wissen von Kardinal Rodriguez gesagt haben soll, dass er 1925 dort war.

Jedes Mal, wenn kirchliche und/oder zivile Beamte versucht haben, den Satanismus als Umkehrung von Gottes Plänen und Gesetzen und als Gegensatz zur christlichen Religion zu entlarven, ist es der Agentur der Hohepriester des luziferischen Glaubensbekenntnisses, die sich hinter den Kulissen aller Regierungen, sowohl der weltlichen als auch der kirchlichen, befinden, bisher gelungen, die beabsichtigte Entlarvung in eine tatsächliche und faktische Hexenjagd zu verwandeln. Um zu verhindern, dass echte Satanisten und engagierte Luziferianer entlarvt und bestraft werden, ist es der Synagoge Satans und den Hohepriestern des luziferischen Glaubensbekenntnisses, die die S.O.S. kontrollieren, immer gelungen, den Ermittlern eine große Anzahl von Ersatzpersonen in die Hände zu spielen, die den Henkern genügend Opfer lieferten, um die empörten Gefühle der religiösen und weltlichen Fürsten und den Blutrausch des wütenden Mobs zu befriedigen. Bis vor kurzem wurden diese Ersatzmänner beschuldigt, Hexen und/oder Zauberer zu sein, die den Teufel verehrten. Die Gläubigen an Gott werden die nächsten sein.

Zwischen 1486 und 1675 wurden zweiunddreißig kirchliche Maßnahmen gegen den Satanismus ergriffen, und zwischen 1532 und 1682 wurden 149 Hexen und/oder Zauberer verbrannt, 78 aus ihren Ländern verbannt und 124 auf andere Weise bestraft. Diese Maßnahmen und Bestrafungen betrafen auch die Amerikaner. Sie wurden beschuldigt, Satanisten zu sein und die luziferische Verschwörung gegen das Christentum zu unterstützen. Die öffentliche Aufmerksamkeit konzentrierte sich somit auf unwichtige Opfer, von denen die meisten angeklagt oder von den hohen Beamten verraten worden waren, die ihre eigene Identität mit der luziferischen Verschwörung geheim hielten.[10]

Die Heilige Schrift und die Schriften inspirierter Menschen seit dem Erscheinen Christi sind voll von Vorfällen dämonischer Besessenheit von Einzelpersonen, aber außer in der Kollekte, die von den Priestern, die die Messe am 17. Sonntag nach Pfingsten feiern, gelesen wird, ist man nicht in der Lage, etwas sehr Definitives über die „Diabolica Contagis" - die teuflische Ansteckung - oder den Einfluss des Teufels auf die Menschenmassen zu finden. Das ist ziemlich ungewöhnlich, denn wenn Kriege und Revolutionen, wie ich behaupte, die

---

[10] Siehe Seiten 346-7 von Satan, von Sheed and Ward, New York, 1951.

zerstörerische Kraft sind, die von jenen eingesetzt wird, die die W.R.M. leiten, um alle anderen Formen der Regierung und der Religion zu beseitigen, dann ist der Einfluss des Teufels auf die „Gojim" (Menschenmassen) viel mächtiger, verführerischer und trügerischer als die Besessenheit eines Einzelnen.

Es kann nicht logisch geleugnet werden, dass der Teufel durch seine irdischen Agenten das Denken der Massen beeinflussen kann und dies auch tut, um böse Massenergebnisse, einschließlich Kriege und Revolutionen, zu erzeugen. Wir verweisen auf die Art und Weise, wie die geheimen Mächte des Bösen Propaganda und Massenpsychologie einsetzen, um ihre teuflischen Ziele zu erreichen.

Luziferianismus

Um zu erkennen, dass die W.R.M. eine Fortsetzung der himmlischen Revolution ist, müssen wir Luzifer verstehen; was Luzifer im Himmel getan hat, und WARUM, BEVOR er und/oder Satan unsere ersten Eltern dazu gebracht haben, sich von Gott abzuwenden.

Als höchstes, klügstes und intelligentestes Geschöpf Gottes hatte er auch einen freien Willen. Er konnte sich entscheiden, Gott gegenüber loyal, treu und gehorsam zu bleiben und Gott (Adonay) als die höchste Autorität über das gesamte Universum zu akzeptieren, oder er konnte dieses „Recht" in Frage stellen.

Luzifer befand sich im Himmel direkt neben Gott. Er war intelligent, daher ist es offensichtlich, dass er ihn nicht beneiden konnte. Der heilige Thomas sagte: „Nur ein Narr kann neidisch sein auf das, was so weit über ihm steht, dass es unmöglich ist, es zu erreichen." Luzifer ist kein Narr!

Luzifers Stolz auf seine engelhaften Eigenschaften, d.h. auf sein Amt, seinen Charakter und seine Persönlichkeit, könnte ihn zu dem Wunsch veranlasst haben, in seiner eigenen Ordnung so zu sein wie Gott in der göttlichen Ordnung. Mit anderen Worten: Luzifers Stolz auf seine eigene Vollkommenheit könnte ihn dazu gebracht haben, Herrscher seiner eigenen Ordnung werden zu wollen, anstatt Gott unterworfen zu bleiben, ungeachtet des erhabenen Status, in den er von Gott erhoben worden war. Diese Argumentation besagt nicht, dass Luzifer so töricht war, Gott entthronen zu wollen. Er wollte einfach nur einen Teil des Universums nach eigenem Recht regieren. Heute leiden viele Menschen unter der gleichen Art von aufgeblasenem Ego. Man könnte es als ein überwältigendes Verlangen nach absoluter Unabhängigkeit oder Selbstgenügsamkeit bezeichnen. Thomas, Scotus und Suarez sind sich einig, dass die Sünde, die Luzifer beging, die „Sünde des Stolzes" war, aber sie sind sich nicht einig, was genau seine Sünde des Stolzes ausmachte.

Meine Studien haben mich davon überzeugt, dass Luzifers Sünde des Stolzes darin bestand, dass er entschlossen war, sich von Gott zu lösen und seine eigene Dynastie zu errichten. Ich werde in meiner Überzeugung durch die biblische Autorität und die Geschichte gestützt - Luzifer bekam, was er wollte, indem er die himmlische Revolte anführte. Er überredete riesige Scharen von Engeln verschiedener Ebenen, sich ihm anzuschließen. Unter ihnen befand sich ein Drittel der höchsten, hellsten und intelligentesten der himmlischen Heerscharen.

Luzifer hat sich selbst aus dem Himmel vertrieben und in die Hölle geworfen, und das war genau das, was er wollte. Seitdem kämpft er darum, so viele Menschen wie möglich von Gott abzubringen, damit sie unter seine Herrschaft kommen können. Wir wissen von seinen Aktivitäten nur auf dieser Erde, und wir nennen dies die Weltrevolutionäre Bewegung.

Als ich meine letzten drei Bücher schrieb (ich bezweifle, dass ich Zeit haben werde, weitere zu schreiben), wollte ich Licht in die W.R.M. und die S.O.S. bringen, ein Thema von so großer Bedeutung, dass es das Leben eines jeden Menschen und seine unsterbliche Seele betrifft. Viele Priester und Geistliche haben mir ihre Wertschätzung für meine Motive mitgeteilt.

Auf der anderen Seite gibt es Priester und Geistliche, die, wenn sie von ihren Gemeindemitgliedern gebeten werden, sich zu den verborgenen Kapiteln der biblischen und weltlichen Geschichte zu äußern, wie sie in *Pawns in the Game* und *Red Fog over America* aufgedeckt und erklärt werden, sagen: „Was er schreibt, grenzt an Ketzerei." Was sie nicht erwähnen, ist die große WAHRHEIT, die von den größten Theologen und Philosophen der Kirche Christi dargelegt wurde, d.h. „ALLE WAHRHEIT grenzt an Ketzerei." Worauf es wirklich ankommt, ist, dass wir bei der Darlegung der WAHRHEIT nicht über die in der Heiligen Schrift definierte Grenze hinausgehen. Wenn Geistliche und/oder Priester die Tür für einen „Verstand" verschließen, der nach weiterer Erkenntnis der WAHRHEIT sucht, dienen sie dem Zweck des Teufels. Jesai. 28:7; Mic. 3:11; Mall 2:7.

Ein presbyterianischer Pfarrer in Ottawa bezeichnete meine Schriften als „völligen Unsinn". Ein Pfarrer in Owen Sound veröffentlichte ein Pamphlet, in dem er behauptete, ich sei antisemitisch und verbreite moderne Ketzerei. Diese Männer und einige andere - sowohl Nichtjuden als auch Juden - haben ihr Bestes getan, um mich in

Auseinandersetzungen und Rechtsstreitigkeiten zu verwickeln. Wahrscheinlich wollten sie damit meine Zeit so sehr in Anspruch nehmen, dass sie meine Entschlossenheit, so viel Licht wie möglich auf dieses Thema zu werfen, bevor mein eigenes Licht erloschen ist, ernsthaft beeinträchtigen würden.

Für den Fall, dass Leser auf diese Art von Kritik stoßen, möchte ich sie daran erinnern, dass das Wissen von Geistlichen und Priestern den Beschränkungen unterliegt, die ihnen durch die Lehrpläne auferlegt werden, die von denjenigen festgelegt werden, die die Seminare eines bestimmten Glaubens kontrollieren. Meine Studien, die sich über einen Zeitraum von vierzig Jahren erstreckten, haben nie aufgehört. Ich habe nie zugelassen, dass mein Geist Beschränkungen unterworfen wird. Ich glaube, dass Gott es so gewollt hat. Was ich schreibe, halte ich für die WAHRHEIT. Die Leser sollten die verborgenen Fakten der Geschichte, wie sie in meinen Schriften beschrieben sind, berücksichtigen, um sich ihre eigene Meinung zu bilden und ihre eigenen Entscheidungen zu treffen.

Die Lehrpläne vieler Seminare sind aus dem einfachen Grund stark eingeschränkt, weil selbst Theologen derselben Glaubensrichtung in vielen Fragen, die den Sündenfall betreffen, offen unterschiedlicher Meinung waren und sind.

Sowohl Scotus als auch Suarez stimmen jedoch darin überein, dass keiner der Engel, einschließlich Luzifer, jemals seinen Abfall von Gott bereut hat. Beide stimmen darin überein, dass die Reue für sie eine Möglichkeit war und dass Gott ihnen die Zeit und die Gelegenheit zur Reue gab, aber in der Zwischenzeit begingen Luzifer und seine Anhänger andere Sünden. Mit diesen Ansichten ist der heilige Thomas nicht einverstanden.

Es ist nichts Erstaunliches, wenn Theologen und Philosophen unterschiedlicher Meinung sind. Nur Gott und der Teufel wissen, auf wessen Seite sie stehen. Matthäus 7:15 warnt uns vor „falschen Propheten im Schafspelz". Schon zur Zeit Jeremias wurden Priester wegen ihrer Untreue angeprangert (Jer. 1:18). Viele Priester und Geistliche lehren heute, weil sie angestellt sind. Sie lehren das, was diejenigen, die sie anstellen, sagen, dass sie lehren sollen (Mal 2,8). Das Wort „anstellen" kann in diesem Zusammenhang mehr bedeuten als „für Dienste bezahlt werden". Es kann bedeuten, einer irdischen Macht zu dienen und unbegrenzten Gehorsam zu leisten, in der Hoffnung, irdische und übernatürliche Belohnungen zu erhalten.

Als Stabsausbildungsoffizier der kanadischen Marine-Reservedivision 1943-4 hielt ich vor den Offizieren und Männern Vorträge zum Thema „Disziplin und Gehorsam". Ich schockierte einige der Divisionskommandeure, indem ich ihren Untergebenen erklärte, dass kein Offizier oder Mann verpflichtet sei, einem Befehl zu gehorchen, der den Geboten Gottes, d.h. dem Naturrecht oder der Würde des Menschen, zuwiderlaufe. Viele der schrecklichsten Gräueltaten, die von Satanisten im Namen Gottes an der Menschheit begangen wurden, wurden von unschuldigen Männern begangen, die Befehle ausführten. Wie praktisch! Wenn von Untergebenen verlangt wird, ALLEN Befehlen zu gehorchen, dann brauchen die S.O.S. (die all jene in hohen Positionen kontrollieren) nur dafür zu sorgen, dass Befehle gegeben werden, um Dinge zu tun, die dem Zweck des Teufels dienen.

Die geweihten Christen sollten nie vergessen, dass sie ungeachtet aller Erwägungen, einschließlich des Gehorsamseids, den sie gegenüber einer höheren Autorität leisten, in erster Linie Gott treu sind, wie ein Soldat oder ein Seemann. Kein Eid kann sie verpflichten, eine Sünde zu begehen. Das Schweigen oder das Versäumnis, die ganze Wahrheit über die W.R.M. zu sagen, ist eine Sünde gegen Gott und ein Verbrechen gegen Gottes Geschöpfe. „Die Wahrheit sagen und den Teufel beschämen" sollte das Motto eines jeden kämpferischen Christen sein. Diese Wahrheit wurde vom verstorbenen Papst Pius XII. wiederholt betont, als er den Pfarrern sagte, sie seien sowohl für das weltliche als auch für das geistliche Wohl ihrer Gemeinden verantwortlich und sollten die Mitglieder ihrer Herde in sozialen, wirtschaftlichen und politischen Fragen anleiten. Er zeigte seinen Willen in dieser Hinsicht, als er 1957 alle gläubigen Katholiken aufforderte, für die „schweigende Kirche" zu beten. Das Wort „Kirche", wie er es verwendete, bedeutet die „Gesamtheit der christlichen Gläubigen; die kirchliche Organisation oder Macht im Unterschied zum Staat". Lassen Sie sich von niemandem etwas anderes erzählen. Wenn sie das tun, lügen sie. Wenn sie lügen, dienen sie der Sache des Teufels.

Die luziferische Verschwörung hätte sich seit dem Tod unseres Herrn nicht bis zu ihrem Halbfinale entwickeln können, wenn diejenigen, die sich als christliche, Gott geweihte Geistliche ausgaben, nicht gegen Ihn

gesündigt hätten, indem sie zu diesem wichtigen Thema „geschwiegen"
hätten.

Ich möchte meine Leser daran erinnern, dass KEINE kirchliche
Autorität, weder katholisch noch nicht-katholisch, die Wahrheit dessen,
was ich zu diesem Thema sage, in Frage gestellt hat. Hunderte von
geweihten Priestern und Geistlichen haben zugegeben, dass ich sie von
der WAHRHEIT überzeugt habe. Die meisten von ihnen entschuldigen
sich dafür, mir nicht offen zu helfen, indem sie sagen: „Ich stehe unter
Disziplin".

Ich fürchte, Gott akzeptiert das nicht als Entschuldigung. Gott hat auf
alle Formen der Zwangsdisziplin verzichtet. Nach Gottes Plan für die
Herrschaft des Universums steht es uns frei, ihn aus eigenem Willen zu
lieben und ihm zu dienen, oder auf unsere Weise in die Hölle zu
kommen. Es ist an der Zeit, dass wir aufhören, Ausreden zu erfinden,
und Gott beweisen, dass wir ihn lieben und ihm in Ewigkeit dienen
wollen.[11]

---

[11] Ich fühle mich berechtigt, eine weitere Bemerkung zu machen, um meine Leser vor
denen zu schützen, die mich und meine Arbeit verleumden. Diejenigen, die mich
verleumden, sind nicht nur durch die Lehrpläne ihrer Schulen und Hochschulen geistig
eingeschränkt, sondern wurden auch in einer Atmosphäre der sozialen Sicherheit
erzogen. In den meisten Fällen wurde ihre Ausbildung bzw. Indoktrination von
Multimillionären bezahlt, die so genannte gemeinnützige Stiftungen gründeten, um die
Lehrpläne der von ihnen gestifteten Bildungseinrichtungen diktieren zu können. Es ist
erwiesen, dass diese Millionäre zu den internationalen Finanzkartellen gehören, die in
den letzten zweihundert Jahren in jedem Krieg und jeder Revolution BEIDE Seiten
finanziert haben. Es ist logisch anzunehmen, dass die Lehrpläne der von ihnen
gestifteten Bildungseinrichtungen nicht darauf ausgerichtet sind, Gottes Wahrheit
bekannt zu machen, sondern das Wissen über die Wahrheit einzuschränken, damit die
luziferische Verschwörung zu ihren endgültigen Zielen geführt werden kann.

Meine Verleumder mussten sich nie Sorgen machen, woher ihre nächste Mahlzeit
kommt. Sie wurden behütet und ermutigt, ein aufgeblasenes Ego in Bezug auf ihr
Wissen und ihre Bedeutung zu entwickeln. Sie haben vielleicht ein paar Entbehrungen
erlitten, aber sie wussten immer, dass man sich um sie kümmern würde, solange sie
denjenigen gehorsam blieben, die ihre Wohltäter über sie stellten.

Mein Leben verlief völlig anders. Durch einen schweren Unfall starb mein Vater in
seinen Vierzigern. Im Alter von dreizehn Jahren war ich auf mich allein gestellt. Mit
fünfzehn Jahren fuhr ich zur See und arbeitete durchschnittlich zwölf Stunden am Tag.

Es liegt in der Natur der Sache, dass die luziferische Revolte notwendigerweise darauf abzielt, die Zerstörung ALLER anderen Regierungs- und Religionsformen herbeizuführen, damit in der letzten Phase der Verschwörung die luziferische Ideologie dem, was von der menschlichen Ethnie übrig geblieben ist, durch satanische Despotie aufgezwungen werden kann. Heute nennen wir dies „totalitäre Diktatur".

Offensichtlich ist es für eine kleine, aber mächtige Gruppe viel einfacher, eine Person, eine Gruppe, eine Organisation, eine Regierung

---

Ich stieg zum Kapitän auf und wurde Kommandant in der kanadischen Marine. Ich habe so viel Sinnvolles geschrieben, dass zehn Sachbücher veröffentlicht und in Bibliotheken auf der ganzen Welt aufgenommen wurden.

All dies habe ich durch die Gnade Gottes und meinen Einsatz für eine engagierte Sache erreicht. Ich war entschlossen, wenn möglich, herauszufinden, warum die Menschen nicht in Frieden leben können. Es ist nur fair, zu erwähnen, dass ich Angebote von Ruhm und Reichtum abgelehnt habe, weil solche Angebote immer mit Bedingungen verbunden waren, die mich daran gehindert hätten, weiter nach der WAHRHEIT zu suchen und sie zu veröffentlichen. Das Einzige, was ich von Gott erbitte, ist, dass er mir erlaubt, lange genug zu leben, um das, was ich über die WR.M. gelernt habe, an andere weiterzugeben.

Während meine Verräter in warmen Betten schliefen und in Komfort und Sicherheit lebten, sorgfältig vor Gefahren bewahrt, kämpfte ich mich durch die stürmische See und führte ein Leben, das mich in engen Kontakt mit allem Bösen brachte. Ich kam in engen Kontakt mit Bolschewiken, Nihilisten und Nazi-Proselyten. Trotzdem wollte ich den Unterlegenen helfen und hatte den Drang, ein „Weltverbesserer" zu sein. Durch die Gnade Gottes war ich nie davon überzeugt, dass ich durch den Beitritt zu einer so genannten Reformorganisation den Willen Gottes erfüllen würde. Es ist mir unbegreiflich, wie die Hierarchie vieler Religionen Männer umarmt, die jahrelang offen in der W.R.M. gearbeitet haben, nur weil sie behaupten, ihr Herz und ihren Geist geändert zu haben. Sie verherrlichen diese Männer und machen sie zu Professoren an Universitäten. Aber meines Wissens hat nicht einer von ihnen ein Licht auf die „Geheime Macht" geworfen, von der sie wissen müssen, dass sie hinter den verschiedenen subversiven Bewegungen steht, aus denen sich die WR.M. zusammensetzt. Wenn Mazzini diese geheime Kontrolle gespürt hat, müssen sie sie sicherlich auch gespürt haben. Aber wenn sie es tun, sagen sie es nicht.

Ich nenne die Namen meiner Verleumder nicht, weil ich es nicht für wohltätig halte, dies zu tun. Ich bin jedoch zuversichtlich, dass einige meiner Leser sie auf dieses Buch aufmerksam machen werden. Wenn sie dann vernünftig sind, werden sie die Wahrheit akzeptieren und sich mit Gott ins Reine bringen.

oder eine Religion zu unterwerfen, als Dutzende oder gar Hunderte von Individuen zu unterwerfen.

Deshalb führte die Synagoge des Satans den „Internationalismus" ein. Der verstorbene William Lyon Mackenzie King, Premierminister Kanadas für fast ein Viertel des zwanzigsten Jahrhunderts, verkaufte der Rockefeller-Familie diese Idee Anfang der 1900er Jahre, als er Arbeitsminister in der kanadischen Regierung war. So wie Albert Pike im Geheimen daran arbeitete, eine Ein-Welt-Regierung und eine Ein-Welt-Religion (Luziferianismus) zu schaffen, so tat dies auch Mackenzie King. Er spezialisierte sich darauf, die organisierte Arbeiterschaft unter die Kontrolle der internationalen Autorität zu bringen, denn wenn diejenigen, die die Kontrolle an der Spitze haben, Agenten der Synagoge Satans sind, kann die organisierte Arbeiterschaft dazu benutzt werden, Kriege und Revolutionen zu schüren, die zur Zerstörung von Regierungen und Religionen führen. Dann, nachdem die organisierte Arbeiterschaft dazu benutzt wurde, Streit zwischen Kapital und Arbeit zu schüren und wirtschaftliches Chaos und Aufruhr zu verursachen, könnte sie wiederum in der letzten Phase der Verschwörung unterworfen werden. Es liegt auf der Hand, dass eine internationale Organisation, die an der Spitze von den Geheimagenten der Synagoge des Satans kontrolliert wird, leichter zu kontrollieren ist als Hunderte von unabhängigen Gewerkschaften und Zünften. Glaubt ein denkender Mensch, dass die Schläger, Ex-Sträflinge und Hochschulabsolventen der Wirtschaftswissenschaften, die die organisierte Arbeit an der Spitze kontrollieren, nicht Agenten der Illuminaten sind, auch bekannt als die Synagoge des Teufels?

Das gleiche Prinzip, das Mackenzie King bei der organisierten Arbeit anwandte, wird von denjenigen, die den W.R.M. AT THE TOP leiten, benutzt, um die Kontrolle über alle anderen Bereiche menschlichen Strebens zu erlangen, einschließlich der Wissenschaften, Berufe, Politik, Wirtschaft, Industrie, Regierungen und Religionen. Wir sehen also, dass vor der Gründung des Völkerbundes (nach dem Ende des Ersten Weltkrieges) die Politik derjenigen, die den W.R.M. an der Spitze leiteten, darin bestand, alle mächtigen Regierungen, Religionen, Industrie-, Finanz-, kapitalistischen und Arbeiterorganisationen usw. aufzuspalten und zu zerstören, damit die Betroffenen aus dem daraus resultierenden Chaos heraus allmählich die „Idee des Internationalismus" annehmen würden.

Der Zweite Weltkrieg wurde angezettelt und bekämpft, um den Nationalismus und den rauen Individualismus weiter aufzuweichen. Die Organisation der Vereinten Nationen wurde gegründet (auf einem Gelände, das von den Rockefellers zur Verfügung gestellt wurde, bei denen Mackenzie King 1914-1919 angestellt war). Die UNO soll dem Internationalismus, der durch den Kommunismus und den Nationalsozialismus in Verruf geraten war, den Anschein von Seriosität verleihen. Die Synagoge des Satans kontrolliert die Vereinten Nationen, so wie sie den Völkerbund kontrolliert hat. Wenn wir zurückblicken, können wir sehen, wie diese „Geheime Macht" jede starke und mächtige Gruppe, Organisation, Bewegung und Regierung hinter den Kulissen kontrolliert hat, mittels „Spezialisten", „Experten" und Beratern, die sie ausgebildet und in Schlüsselpositionen platziert haben, indem sie die Macht und den Einfluss nutzten, den ihre Kontrolle über GOLD ihnen gab. Jede Entwicklung der luziferischen Verschwörung führte zu dem Stadium, in dem sich die Welt heute befindet. Ihr Fortschritt kann bis zu den Tagen zurückverfolgt werden, als Christus uns unverblümt und klar sagte, dass die Synagoge des Satans ALLE, die in hohen Positionen sind, kontrolliert.

Christus sprach die WAHRHEIT. ABER ER HAT NICHT GESAGT, NOCH HAT ER angedeutet, dass ALLE, die in hohen Positionen waren, wussten, dass sie von der „Synagoge des Satans" kontrolliert wurden. Aus diesem Grund zeigte uns Christus durch die Art, Weise und den Ort Seiner Geburt, durch Sein frühes Leben der Unterwerfung unter die rechtmäßige und elterliche Autorität; durch die Art und Weise, wie Er Seine Apostel - einfache Arbeiter - auswählte, und durch Seine Lehren während der letzten drei Jahre Seines Lebens, dass wir, wenn wir uns von den Fesseln befreien wollen, mit denen wir jeden Tag mehr und mehr von der „Synagoge Satans" gefesselt werden, ganz unten, an der Basis, beginnen müssen, um die WAHRHEIT über die fortdauernde Existenz der luziferischen Verschwörung ALLEN Nationen so schnell wie möglich bekannt zu machen.

Es ist die vollkommene Weisheit Christi, die den Glauben der Christen an ihn als den „Sohn Gottes" rechtfertigt. Die Tatsache, dass die Christen die WAHRHEIT, die er gelehrt hat, nicht akzeptieren und seinen Ratschlägen nicht folgen, zeigt genau, wie klug, gerissen und skrupellos die inkarnierten Teufel sind, die, inspiriert von Luzifer, die „Synagoge des Satans" (SOS) bilden. Nur die S.O.S., die übernatürlich inspiriert sind, hätten die Menschheit daran hindern können, Gottes Plan für die Herrschaft der Schöpfung auf dieser Erde in die Tat umzusetzen. Stattdessen haben wir denjenigen, die die W.R.M. an der Spitze leiten, erlaubt, die geheimen Pläne und teuflischen Ambitionen der Hohepriester des luziferischen Glaubensbekenntnisses zu fördern.

Christus hat uns das Gebet des Herrn gegeben, damit wir uns die oben genannten Wahrheiten einprägen, indem wir es täglich wiederholen. Es muss offensichtlich sein, dass, wenn wir Gottes Reich hier auf Erden errichten würden, sein Wille hier genauso geschehen würde wie im Himmel. Als Christus zu denen, die ihn verfolgten, sagte: „Mein Reich ist nicht von dieser Welt", sagte er nicht, noch deutete er an, dass es nicht unsere Aufgabe sei, Gottes Pläne für die Herrschaft des Universums in unsere eigenen Regierungsformen einzuführen.

Gottes Plan verlangt, dass religiöse Führer, die wirklich Gottes Männer sind, unsere weltlichen Herrscher beraten und sie davon abhalten, vom wahren und schmalen Pfad abzuweichen. Das ist die von Gott gewollte Beziehung zwischen Kirche und Staat.

Anstelle von heiligen Männern haben wir den S.O.S. erlaubt, böse Männer in die Kontrolle ALLER hohen Stellen zu bringen.

Unsere Erde ist eine sehr, sehr kleine Kartoffel im Vergleich zu den Galaxien von Himmelskörpern, den Sonnen, Sternen und Planeten, aus denen das Universum besteht. Die Heilige Schrift sagt uns, dass das Universum jetzt in zwei Teile geteilt ist. Der eine Teil ist der Himmel, der für diejenigen reserviert ist, die beweisen, dass sie Gott freiwillig für alle Ewigkeit lieben und ihm dienen wollen; der andere Teil ist die Hölle, die für diejenigen reserviert ist, die sich von Gott abwenden. Die Offenbarung sagt uns genau, wie und wann diese Teilung endgültig und endgültig sein wird. Dann wird es nur noch Himmel und Hölle geben, und sie werden für alle Ewigkeit bestehen bleiben.

Es muss allen denkenden Menschen klar sein, dass der Grund, warum Christus uns sagte, wir müssten unten anfangen und uns nach oben arbeiten, indem wir Männer und Frauen benutzen, deren Verstand nicht unter die Kontrolle der Synagoge Satans gebracht wurde (durch Propaganda, die in unsere Bildungsstätten und ALLE anderen öffentlichen Informationskanäle eingeschleust wurde), der ist, dass er wusste, dass ALLE, die in „hohen Positionen" sind, nicht erkennen, dass sie von den Agenten der „Synagoge Satans" kontrolliert werden. Die Agenten des Teufels halten die Menschen jedoch so sehr damit beschäftigt, ihren Lebensunterhalt zu verdienen oder nach Reichtum und fleischlichen Vergnügungen zu suchen, dass die große Mehrheit keine Zeit für Gebet und Meditation hat. Unsere weltlichen und religiösen Führer scheinen nie Zeit zu haben, sich mit etwas anderem zu beschäftigen als mit weltlichen Problemen... und die Agenten des Teufels sehen, dass sie mit Problemen beschäftigt sind, die die Welt und das Fleisch betreffen, unter Ausschluss aller geistigen Interessen und Werte.

Aber da die große Mehrheit derjenigen, die die HOHEN PLÄTZE besetzen, vom Volk gewählt werden, ist es logisch zu sagen, dass es bis zur Unterwerfung des Volkes für eine aufgeklärte und voll informierte Öffentlichkeit möglich ist, eine solche Kraft der öffentlichen Meinung zu schaffen, dass eine solche Kraft sogar diejenigen ernsthaft beeinflussen könnte, die die allerhöchsten Plätze in Politik, Regierung, Wirtschaft, Industrie, Wissenschaft und Religion besetzen. Meiner bescheidenen Meinung nach ist es das, was Christus meinte, als er uns aufforderte: „Geht und lehrt die WAHRHEIT ALLEN Menschen aus ALLEN Nationen." Christus gab uns das Versprechen, dass, wenn wir dies tun, „die WAHRHEIT uns frei machen wird". Dies sind die Gründe, warum diejenigen, die die luziferische Verschwörung an der Spitze leiten, ihre wahren Absichten, die Menschen physisch, mental und spirituell zu versklaven, geheim halten. Sie umgeben die WAHRHEIT absichtlich mit einem dichten Nebel von Lügen, die wir als Propaganda bezeichnen.

Während wir uns mit dieser Phase der W.R.M. befassen, ist es wichtig zu beweisen, dass die Synagoge Satans nicht einmal denjenigen, die sie für die Leitung der W.R.M. auswählt, erlaubt zu ahnen, dass sie als „Werkzeuge" benutzt werden, um die luziferische Verschwörung ihrem endgültigen Ziel näher zu bringen.

Gussepi (manchmal auch Guiseppe von Joseph genannt) Mazzini wurde dem Volk von der kontrollierten Presse als großer italienischer Patriot dargestellt, ebenso wie Mackenzie King von Kanada und General Albert Pike von den USA und viele andere, die sich als Heuchler erwiesen. Diese Männer gaben vor, Gott, ihrem Land und der Menschheit zu dienen, während sie in Wirklichkeit wissentlich die geheimen luziferischen Pläne förderten. Dokumentarisches Beweismaterial beweist eindeutig, dass Mazzini von 1834 bis zu seinem Tod 1872 die W.R.M. in der ganzen Welt leitete. Er benutzte als revolutionäre Hauptquartiere die Logen des Großen Orients, die gegen Ende des 18. Jahrhunderts von Weishaupt gegründet wurden, und die Räte des Neuen und Reformierten Palladianischen Ritus von Pike, die in der zweiten Hälfte des 19.

Mazzini war eng mit einem Dr. Breidenstine verbunden. Nach Mazzinis Tod im Jahr 1872 kam ein Brief ans Licht, den er an Breidenstine geschrieben hatte. Der Inhalt veranschaulicht voll und ganz, was ich meine, wenn ich sage, dass nicht einmal die Direktoren der W.R.M. wissen dürfen, dass sie die geheimen Pläne der luziferischen Verschwörung vorantreiben, es sei denn, sie haben diejenigen, die die Synagoge Satans bilden, davon überzeugt, dass sie endgültig und vollständig von Gott abgewichen und für die Einweihung in die VOLLEN oder ENDGÜLTIGEN GEHEIMEN Studien über Mazzinis „geheimes" Leben beweisen, dass er Satan tatsächlich als „Fürst der Welt" akzeptierte. Er hat ihn als solchen verehrt. Als Direktor der W.R.M. wurde er in die Synagoge Satans aufgenommen, und selbst als Mitglied dieser Gruppe zeigt sein Brief an Breidenstine, dass er nicht in das VOLLSTÄNDIGE GEHEIMNIS eingeweiht worden war, das darin besteht, dass Luzifer Gott ist, gleichwertig mit Adonay (unserem Gott), und dass der letzte Zweck der W.R.M. ist, die eine oder andere Form einer Ein-Welt-Regierung herbeizuführen, deren Macht die Hohepriester des luziferischen Glaubensbekenntnisses an sich zu reißen beabsichtigen, damit sie dann den Menschen dieser Welt eine luziferische totalitäre Diktatur aufzwingen können. In dem erwähnten Brief schrieb Mazzini,

> „Wir bilden eine Vereinigung von Brüdern in allen Teilen der Welt. Wir wollen jedes Joch brechen. Doch es gibt eines, das unsichtbar ist, das wir kaum spüren können, das aber auf uns lastet. Woher kommt es? Woher kommt es? Keiner weiß es, oder zumindest sagt es keiner. Diese Vereinigung ist selbst für uns, die Veteranen der Geheimgesellschaften, geheim."

Die Tatsache, dass das VOLLSTÄNDIGE GEHEIMNIS nur sehr wenigen Menschen bekannt ist, ist von größter Bedeutung. Es bedeutet, dass, solange noch Zeit ist, die WAHRHEIT bekannt zu machen. Ich bewies, dass diese Aussage wahr ist, indem ich 1956 den kommunistischen Führern in Kanada die Tatsache bekannt machte, dass nach Pikes Plan für die letzte Phase der luziferischen Verschwörung der Kommunismus dazu gebracht werden soll, sich selbst zu zerstören, zusammen mit dem Christentum im größten sozialen Kataklysmus, den die Welt je gekannt hat, und der zu diesem speziellen Zweck von denen provoziert werden soll, die die luziferische Verschwörung an der Spitze leiten Diese Information verursachte die größte Spaltung in der Kommunistischen Internationale, die es gegeben hat, seit Lenin 1917 im Namen der Illuminaten die Macht an sich gerissen hat. In den Jahren 1956-1957 machte die Spaltung in der Kommunistischen Partei Schlagzeilen in den Zeitungen der Welt und erklärte, WARUM Molotow, Malenkow und andere abgesetzt wurden. Die gleichen Informationen wurden den religiösen Führern der meisten christlichen Konfessionen bekannt gemacht, aber so viel wir wissen, weigern sie sich immer noch, die Warnungen als die WAHRHEIT zu akzeptieren.

Als Mazzini 1872 starb, wählte Pike Adriano Lemmi, einen anderen angeblichen italienischen Patrioten, zu seinem Nachfolger als Direktor des W.R.M. Auch er war ein überzeugter Satanist. Pike hatte bereits vor Mazzinis Tod in Rom den überwachenden oder leitenden Rat der Abteilung für politische Aktionen des W.R.M. eingerichtet.

Als Pike seine Wahl traf, entstand eine seltsame Situation. Lemmi war ein so überzeugter Satanist, dass er darauf bestand, dass alle Mitglieder von Pikes Neuem und Reformiertem Palladianischen Ritus Satan als „Fürst dieser Welt" und als ihren Gott verehrten. Er ging sogar so weit, dass er seinen Freund, Bruder Carducci, eine Hymne an seine satanische Majestät mit dem Titel The Goddeal Mirror komponieren ließ, die Lemmi zum großen Ärger von Pike anordnete, bei allen Banketten des Palladianischen Ritus gesungen zu werden. Die Situation entwickelte sich so weit, dass Pike, um die Angelegenheit ein für alle Mal zu beenden, einen „Letter of Instruction" herausgab: Pike, der als Souveräner Pontifex des luziferischen Glaubensbekenntnisses sprach, machte diese sehr tiefgründige und aus christlicher Sicht „profane" Ankündigung. Er richtete sie an die Leiter der 26 Räte seines (Pikes) Neuen und Reformierten Palladianischen Ritus, die auf allen fünf Kontinenten als geheime Hauptquartiere derer eingerichtet waren, die er ausgewählt hatte, um ALLE Aspekte und Phasen der W.R.M. zu leiten.Damit der Kommunismus, der Nazismus, der Nihilismus und jeder andere Feind Gottes und seiner Geschöpfe benutzt werden konnte, um die geheimen Pläne derjenigen voranzutreiben, die die luziferische Verschwörung an der Spitze leiteten, heißt es in Pikes Brief auszugsweise: (Wir zitieren eine Übersetzung aus Seite 587 des Buches von A.C. DeRive, das sich mit diesem Thema beschäftigt, *La Femme et l'enfant dans la France-Maçonnerie Universelle.*

„Das, was wir der 'Menge' sagen müssen, ist: 'Wir verehren Gott' - aber es ist der Gott, den man ohne Aberglauben verehrt.... Die freimaurerische Religion sollte von uns allen, die wir in die hohen Grade eingeweiht sind, in der Reinheit der luziferischen Lehre aufrechterhalten werden... wenn Luzifer nicht Gott wäre, würden Adonay, dessen Taten seine Grausamkeit, seine Niedertracht und seinen Hass auf die Menschen, seine Barbarei und seine Abneigung gegen die Wissenschaft beweisen, ihn dann verleumden?

„Ja, Luzifer ist Gott. Und leider ist auch Adonai Gott. Denn das ewige Gesetz ist, dass es kein Licht ohne Schatten gibt; keine Schönheit ohne Hässlichkeit; kein Weiß ohne Schwarz; denn das Absolute kann nur als zwei Götter existieren.... DARUM IST DIE DOKTRIN DES SATANISMUS EINE LÜGE; (Hervorhebung hinzugefügt), und die wahre und reine philosophische Religion ist der Glaube an Luzifer, der Adonay gleich ist. Aber Luzifer, der Gott des Lichts und des Guten, kämpft für die Menschheit gegen Adonay, den Gott der Finsternis und des Bösen."

Wir möchten darauf hinweisen, dass der Brief von Pike, dem das obige Zitat entnommen wurde, von De Rive ins Französische übersetzt und dann ins Englische zurückübersetzt wurde. Da ich diese Angelegenheit aus vielen Blickwinkeln untersucht habe, glaube ich, dass das Wort „crowd" mit „Goyim" oder „Massen" hätte übersetzt werden müssen. Ich glaube auch, dass der Übersetzer das Wort „Freimaurerische Religion" verwendet hat, obwohl er hätte sagen sollen: „die Religion, wie sie in den Logen des Großen Orients und den Räten des Neuen und Reformierten Palladianischen Ritus praktiziert wird." Durch die Verwendung des Wortes „Freimaurer" kann man in die Irre geführt werden, denn das Studium der zeitgenössischen Literatur jener Zeit beweist, dass das Oberhaupt der britischen Freimaurerei die Großmeister der englischen Freimaurerlogen gewarnt hatte, dass sie und ihre Mitglieder sich unter keinem Vorwand und unter keinen Umständen den Freimaurern des Großen Orients anschließen oder mit ihnen verkehren sollten, geschweige denn mit dem Neuen und Reformierten Palladianischen Ritus von Pike.

Dom Paul Benoit, eine anerkannte Autorität auf diesem Gebiet und Autor von *La Cité Antichrétienne* (2 Teile) und *La France Maçonnerie* (2 Bände), sagt auf Seite 449 ff Vol. I. Von FM,

„Der reformierte palladianische Ritus hat eine grundlegende Praxis und einen grundlegenden Zweck: die Anbetung Luzifers. Er ist voll von allen Untugenden und allen Schandtaten der schwarzen Magie. Nachdem er in den Vereinigten Staaten (durch Pike) eingeführt wurde, hat er Europa erobert und macht jedes Jahr erschreckende Fortschritte. Ihr ganzes Zeremoniell ist voll... von Lästerungen gegen Gott und gegen unseren Herrn Jesus Christus."

Die List, die Gerissenheit und die Täuschung derjenigen, die die luziferische Verschwörung leiten, sind so groß, dass sie den Satanismus nicht nur dulden, sondern in den höchsten Graden fördern. Sie leiten ihre Agenten dazu an, der Öffentlichkeit die Idee zu vermitteln, dass die Freimaurerei, das Judentum, der römische Katholizismus, der Kommunismus, der Nationalsozialismus und alle anderen Organisationen mit internationalen Zielen die W.R.M. heimlich lenken, während die ganze Zeit dokumentarische Beweise und die Ereignisse der Geschichte beweisen, dass die Synagoge Satans, die von den Hohepriestern des luziferischen Glaubens an der Spitze kontrolliert wird, jede und alle Bewegungen benutzt, wann immer es möglich ist, um ihre eigenen teuflischen geheimen Pläne und Ambitionen zu fördern.

Lemmi gehörte, als er die Freimaurerei des Großorient in Italien und Frankreich leitete, auch dem Neuen und Reformierten Palladianischen Ritus von Pike an. Bevor er von Pike in das VOLLE GEHEIMNIS eingeweiht wurde, versuchte Lemmi, durch seine antiklerikalen Kampagnen die Zerstörung des Vatikans herbeizuführen.

Nach seiner Initiation, die von Pike persönlich durchgeführt worden sein soll, änderten sich seine Einstellung und seine Aktivitäten schlagartig. Zwar blieb er nach außen hin antiklerikal und antivatikanisch, doch befürwortete er nicht mehr den gewaltsamen Umsturz des Vatikans mit Gewalt. Pike tat mit Lemmi das, was Karl Rothschild etwas mehr als ein Jahrzehnt zuvor mit anderen Satanisten hatte tun müssen, als diese so viel Hass gegen den Vatikan schürten, dass die Regierungen Frankreichs und Italiens kurz davor standen, ihn zu zerstören. Karl Rothschild, ein Eingeweihter des Vollgeheimnisses, schaltete sich ein, um als „Friedensstifter" zwischen dem Vatikan und seinen Feinden zu vermitteln. Die Geschichte berichtet, wie sein Eingreifen den Vatikan „rettete" und Karl Rothschild zum „Freund" und „vertrauten Berater" des Papstes machte. Er organisierte die Angelegenheiten des Finanz- und des Außenministeriums neu.

Aber die Geschichte hat bewiesen, dass Karl Rothschild kein wahrer Freund des Vatikans war. Zwei Weltkriege, angezettelt von seiner Familie der Geldverleiher und ihren internationalen Partnern, die die W.R.M. leiten, haben Christen aller Konfessionen in gegnerische Lager gespalten und dazu gebracht, sich gegenseitig zu bekämpfen und zu töten, und zwar zu zig Millionen. Dies geschah, um Pikes Plan für den letzten sozialen Kataklysmus näher an die Verwirklichung zu bringen. Der Kommunismus wurde stärker, je mehr das Christentum geschwächt wurde, bis heute, wie es Pikes Plan vorsah, der Kommunismus die ganze Erde verdunkelt hat.

Es wäre zwar ungenau zu leugnen, dass es „schlechte" Päpste gab, so wie es auch „schlechte" Könige gab, aber es ist nur angemessen, darauf hinzuweisen, dass die „schlechten" Päpste und Könige nicht schlechter waren als einige der anderen Führer des Christentums, als sie Präsidenten von Republiken wurden. Der Luziferianismus verlangt, dass ALLE weltlichen und geistlichen Autoritäten wegen ihrer angeblichen Schlechtigkeit zerstört werden. Da der Kampf, in den wir verwickelt sind, gegen die geistigen Mächte der Finsternis geführt wird, liegt es auf der Hand, dass es in allen Bereichen des Lebens, auf allen Ebenen der Regierung und in allen Religionen gute und schlechte Menschen geben muss. Es ist typisch für alle, die der Sache des Teufels dienen, dass sie stets destruktive Kritik an den Autoritäten üben, um das Vertrauen und die Loyalität des Einzelnen gegenüber den übrigen staatlichen und religiösen Institutionen zu untergraben. Diese Politik hilft denjenigen, die die W.R.M. leiten, zunächst ALLE verbleibenden Regierungen und Religionen zu schwächen und dann zu zerstören. Wir sollten nie vergessen, dass am Christentum nichts falsch ist. Viele Dinge, die im Namen des Christentums getan wurden, wurden von Menschen getan, die wissentlich oder unwissentlich die geheimen Pläne der luziferischen Verschwörung gefördert haben. Was wir tun müssen, ist das Christentum zu reinigen und zu stärken, so wie Gott es möchte.

Die obigen Ausführungen werden veröffentlicht, um zu erklären, wie es kommt, dass die Satanisten immer die Päpste und den Vatikan angegriffen und ihre Zerstörung befürwortet haben, während die Hohepriester des luziferischen Glaubensbekenntnisses bis jetzt immer eingeschritten sind und dies verhindert haben. Das Eingreifen derjenigen, die die Synagoge des Satans an der Spitze kontrollieren, geschah nicht aus Liebe oder Respekt für den Papst des Vatikans. Sie griffen ein, weil sie in das VOLLSTÄNDIGE GEHEIMNIS eingeweiht waren und wussten, dass sie, wenn ihre Verschwörung ihr Endstadium erreicht hat, wenn alle weltlichen Mächte so weit geschwächt sind, dass sie keine Weltmächte mehr sind, wenn ein müdes und erschöpftes Volk in einen solchen körperlichen und geistigen Zustand versetzt wurde, dass es davon überzeugt ist, dass NUR eine Eine-Welt-Regierung Revolutionen und Kriegen ein Ende setzen und ihm Frieden geben kann, sie den Zusammenstoß zwischen Kommunismus und Christentum nutzen müssen, um ALLE verbleibenden religiösen Institutionen zu zerstören.

General Albert Pike enthüllte in seinem Brief an Mazzini vom 15. August 1871, wie dies geschehen sollte. Der Teil, der sich mit dieser besonderen Phase der Verschwörung befasst, lautet wie folgt,

„Wir werden die Nihilisten und Atheisten entfesseln und einen gewaltigen sozialen Kataklysmus auslösen, der in seiner ganzen Schrecklichkeit den Nationen (Menschen verschiedener Nationalitäten) die Auswirkungen des absoluten Atheismus, den Ursprung der Wildheit und des blutigsten Aufruhrs, deutlich vor Augen führen wird. Dann werden überall die Bürger, die gezwungen sind, sich gegen die Weltminderheit oder die Revolutionäre zu verteidigen, diese Zerstörer der Zivilisation ausrotten, und die vom Christentum desillusionierte Menge, deren deistische Geister von diesem Moment an ohne Kompass (Richtung) sein werden, die sich nach einem Ideal sehnt, aber nicht weiß, wo sie es anbeten soll, wird das WAHRE LICHT empfangen, durch die universelle Manifestation der reinen Lehre Luzifers, die schließlich in die Öffentlichkeit getragen wird, eine Manifestation, die sich aus der allgemeinen reaktionären Bewegung ergeben wird, die der Zerstörung des Christentums und des Atheismus folgen wird, die beide gleichzeitig besiegt und ausgerottet werden.‟

Wir bitten den Leser, jedes Wort dieses teuflisch inspirierten Dokuments zu studieren. Nach Pikes militärischem Plan, der zwischen 1859 und 1871 erstellt wurde, sollten drei globale Kriege und drei große Revolutionen die Hohepriester des luziferischen Glaubens in die Lage versetzen, die Weltmächte an sich zu reißen. Zwei Weltkriege wurden planmäßig geführt. Die russische und die chinesische Revolution sind erfolgreich verlaufen. Der Kommunismus wurde gestärkt und die Christenheit geschwächt. Der Dritte Weltkrieg ist nun im Entstehen begriffen. Wenn er ausbricht, werden alle verbleibenden Nationen weiter geschwächt, und der Islam und der politische Zionismus werden als Weltmächte zerstört. Der Leser darf nicht vergessen, dass die arabische Welt aus Millionen von Menschen besteht, von denen viele Christen sind; viele sind jüdischen Glaubens; viele sind Mohammedaner, aber alle bekennen sich zum Glauben an denselben Gott, den die Christen als den Schöpfer des Universums verehren. Der Koran des mohammedanischen Glaubens ist praktisch identisch mit der Bibel, mit der Ausnahme, dass die mohammedanische Religion zwar Jesus Christus als den GRÖSSTEN der Propheten Gottes vor Mohammed anerkennt, ihren Mitgliedern aber nicht erlaubt, an die Göttlichkeit Christi zu glauben.

Der Punkt, auf den wir hinauswollen, ist der folgende: Diejenigen, die die luziferische Verschwörung an der Spitze leiten, wissen nur zu gut, dass sie, bevor sie den letzten sozialen Kataklysmus herbeiführen können, zuallererst die Zerstörung des Islam als Weltmacht herbeiführen müssen, denn wenn der Islam nicht zerstört würde, würde er sich im Falle eines totalen Krieges mit dem Kommunismus zweifellos mit dem Christentum verbünden. In diesem Fall würde das Gleichgewicht der Kräfte vom Christentum gehalten, das mit dem Mohammedanismus verbündet ist, und es wäre sehr unwahrscheinlich, dass beide Seiten sich gegenseitig erobern und ausrotten würden.

Es ist von größter Wichtigkeit, dass diese Tatsachen, die die politischen Intrigen und Schikanen erklären, die jetzt im Nahen, Mittleren und Fernen Osten vor sich gehen, ALLEN politischen und religiösen Führern zur Kenntnis gebracht werden, damit sie Maßnahmen ergreifen können, um zu verhindern, dass die letzten Phasen der luziferischen Verschwörung in die Tat umgesetzt werden und die Vorhersage aus Kapitel 20 der Offenbarung in Erfüllung geht, nämlich dass Satan für tausend Jahre gebunden sein wird.

Die Ereignisse des letzten halben Jahrhunderts deuten darauf hin, dass wir uns rasch jenem Abschnitt der Weltgeschichte nähern, in dem ohne das Eingreifen Gottes „kein Fleisch überleben würde" (Mt 24,22; Mk 13,20). Es ist wichtig, dass die Öffentlichkeit das teuflische Schicksal kennt, das sich für die gesamte Menschheit anbahnt. Ich kann nicht mit einigen Geistlichen verschiedener Konfessionen übereinstimmen, mit denen ich dieses Thema ausführlich diskutiert habe,

> „Es ist besser, wenn die Öffentlichkeit über ihr bevorstehendes Schicksal im Unklaren gelassen wird. Ihnen die Wahrheit zu sagen, würde sie nur beunruhigen und in Panik versetzen".

Selbst einige Bischöfe, die eigentlich die Hirten ihrer Herde sein sollten, vertreten solche Ansichten. Das ist für mich nicht nachvollziehbar. Sie sind wie Ärzte, die dafür plädieren, einen Menschen, von dem sie annehmen, dass er im Sterben liegt, beim ersten Anzeichen von Schmerzen zu betäuben. Wenn die Öffentlichkeit die ganze WAHRHEIT erfährt, wird die Kenntnis der WAHRHEIT sicherlich die große Mehrheit der Menschen dazu bringen, sich mit der Rettung ihrer unsterblichen Seelen zu beschäftigen. Die Kenntnis der WAHRHEIT über die teuflisch inspirierte Verschwörung wird sie aufwecken; sie wird der Lethargie und Gleichgültigkeit ein Ende setzen.

Wie Christus uns sagte, wird uns die WAHRHEIT (geistig) von den Fesseln befreien, mit denen wir jeden Tag von den geistigen Mächten der Finsternis immer fester gebunden werden. Was macht es schon, wenn die Inkarnation des Teufels unseren Körper tötet, solange wir verhindern, dass sie uns täuscht und wir unsere unsterblichen Seelen verlieren? (Matthäus 10:28; Lukas 12:4).

Die WAHRHEIT ist, dass die Vereinigten Staaten im Falle eines Dritten Weltkriegs die einzige verbleibende Weltmacht sein werden. Entweder werden ALLE Menschen diese Macht anerkennen müssen, oder sie werden nach einer Weltregierung schreien und diese fordern. Und sie werden sie bekommen, wenn der luziferischen Verschwörung erlaubt wird, sich bis zu ihrem beabsichtigten Ende zu entwickeln. Dann wird unter der Schirmherrschaft der Vereinten Nationen oder einer ähnlichen Organisation ein Marionettenkönig zum Weltsouverän ernannt, der insgeheim unter dem Einfluss und der Leitung der Agenten der Synagoge Satans steht, die nicht gewählt, sondern zu seinen „Spezialisten", „Experten" und „Beratern" ernannt worden sind.

Die Hohepriester des luziferischen Glaubensbekenntnisses wissen, dass sie die Weltmacht nicht an sich reißen können, bevor die Vereinigten Staaten als letzte verbleibende Weltmacht ruiniert sind, also arrangieren diejenigen, die die W.R.M. an obersten Spitze leiten, die Dinge so, dass die Vereinigten Staaten, wie Lenin sagte, „in unsere Hände fallen wie eine überreife Frucht." So deuten die heutigen Ereignisse darauf hin, dass die Unterwerfung der Vereinigten Staaten von Amerika geplant ist.

Pikes Plan erfordert, dass der endgültige soziale Kataklysmus zwischen den vom atheistischen Kommunismus kontrollierten Massen und denjenigen, die sich zum Christentum bekennen, sowohl auf nationaler als auch auf internationaler Ebene ausgetragen wird. Das ist der Grund, und der einzige Grund, warum der Kommunismus in den verbleibenden sogenannten freien Nationen der Welt toleriert wird, während er unter Kontrolle gehalten wird. Ich habe in den höheren Ebenen der Regierung und in den Seestreitkräften in Positionen gedient, die es mir ermöglichten, zu erkennen, dass der Kommunismus in Kanada und in den Vereinigten Staaten toleriert und kontrolliert und eingedämmt wird, damit seine böse, zerstörerische Kraft sowohl auf nationaler als auch auf internationaler Ebene eingesetzt werden kann, wenn der endgültige soziale Kataklysmus von denjenigen ausgelöst wird, die die W.RM lenken. An der Spitze habe ich seit 1944, als ich im Stab des Marinehauptquartiers in Ottawa diente, versucht, diese große WAHRHEIT den Kabinettsministern nahe zu bringen. Der verstorbene Angus McDonald war damals Marineminister.

Admiral J.C. Jones war Chef des Marinestabs. Ich überzeugte diese beiden Chefs von der WAHRHEIT dessen, was hinter den Kulissen der Regierung in Kanada und den Vereinigten Staaten vor sich ging. Ich wurde angewiesen, diese Fakten in Form von Schriftsätzen vorzulegen, damit sie dem kanadischen Kabinett präsentiert werden konnten. Ich weiß, dass diese Angelegenheiten dem besagten Kabinett vorgelegt wurden, aber Mackenzie King hat sie beiseite geschoben. Oberst Ralston, Minister für das Heer, und Major „Chubby" Power, Minister für die Luftwaffe, waren wegen der Art und Weise, wie Mackenzie King seine autokratische Macht ausübte, so angewidert, dass sie beide aus seiner Regierung austraten, obwohl gerade Krieg war. Der Marineminister hat es mir persönlich erzählt,

> „Carr, das Kabinett ist voll von den Leuten, die Sie entlarven wollen. Ich habe die Absicht, bei der Marine zu bleiben, bis wir den Krieg gewonnen haben. Dann werde ich mich aus der Bundespolitik zurückziehen. Was hier vor sich geht, ist mehr, als ich ertragen kann...."

Als ich im Mai 1945 (nach dem Zusammenbruch Deutschlands) meine Entlassung beantragte, um mit dem Schreiben von „Pawns in the Game" und „Red Fog over America" beginnen zu können, schüttelte mir Admiral Jones zum Abschied die Hand und sagte: „Ich wünsche Ihnen viel Glück mit Ihren neuen Büchern. Die Veröffentlichung der WAHRHEIT, wie Sie sie dem Minister und mir erklärt haben, könnte mehr dazu beitragen, den Dritten Weltkrieg zu verhindern, als jeder auf

Rüstung basierende Verteidigungsplan." Beide Männer starben kurz darauf plötzlich.

1955 waren sechsmal so viele Mitglieder der RC.M.P und des F.B.I. erforderlich, um den Kommunismus in Kanada und den Vereinigten Staaten „einzudämmen", wie dies 1945 der Fall war. 1956 bat der kanadische Justizminister das Parlament um eine Aufstockung seines Haushalts um Millionen von Dollar mit der Begründung, dass nun sechs RC.M.P-Beamte erforderlich seien, um die Kommunisten unter Kontrolle zu halten, während zehn Jahre zuvor nur einer erforderlich gewesen sei. Dies war ein hervorragendes Beispiel für die Doppelzüngigkeit von Männern, die mit der W.R.M. zu tun haben. Der Minister sagte: „Um die Kommunisten zu kontrollieren."

Was er hätte sagen sollen, war: „Um den Kommunismus in Schach zu halten, bis die Zeit reif ist, ihn einzusetzen."

Ich kannte Inspektor John Leopold persönlich, der viele Jahre lang die Antisubversionsabteilung der RC.M.P. leitete. Die RC.M.P und das FBI konnten jeden Kommunisten in Kanada und den Vereinigten Staaten innerhalb von vierundzwanzig Stunden nach Erteilung des Befehls durch die Leiter der jeweiligen Justizministerien verhaften, vorausgesetzt, die Kommunisten wurden nicht vorher gewarnt. Es ist nicht übertrieben zu sagen, dass John Leopold jeden Abend einen seiner Agenten mit den kommunistischen Führern schlafen ließ.

Aber der Befehl, die zerstörerischste Waffe, über die die Führer der luziferischen Verschwörung verfügen, mit legalen Mitteln zu zerstören, wurde nicht erteilt, und John Leopold zog sich aus dem RC.M.P. zurück, als gebrochener Mann, körperlich, geistig und, wie ich leider sagen muss, auch geistig erschöpft, weil er einfach frustriert war.

Die Macht der Vereinigten Staaten kann nur von innen heraus zerstört werden. Die inneren Unruhen, die jetzt zwischen Bürgern verschiedener Ethnien, Hautfarben und Glaubensrichtungen geschürt werden, sind nicht so sehr das Ergebnis aggressiver Maßnahmen verschiedener Gruppen, sondern vielmehr das Ergebnis von Entscheidungen, die vom Obersten Gerichtshof getroffen wurden. Deren Zweck war es, Probleme und Unruhen zu schaffen, wo es vorher keine wirklichen Probleme oder Schwierigkeiten gab.

Ich sage mit allem Ernst und im vollen Bewusstsein der Ernsthaftigkeit dessen, was ich sage, dass, wenn der Tag kommen sollte, an dem die vom atheistischen Kommunismus Beherrschten denjenigen, die sich zum Christentum bekennen, auf internationaler Ebene wegen irgendeines echten oder erfundenen" Problems an die Gurgel gehen, dann werden die Kommunisten in jeder der verbleibenden so genannten freien Nationen von den Zügeln befreit, mit denen sie jetzt eingedämmt werden, und, wie Pike gegenüber Mazzini prahlte, werden die Menschen die schlimmste soziale Katastrophe erleben, die die Welt je erlebt hat. Was ich sage, stützt sich auf dokumentarische Beweise, die durch historische Fakten gestützt werden, Ereignisse, die seit der Ausarbeitung der Pläne stattgefunden haben. Alles, was Weishaupt zwischen 1770 und 1776 zur Förderung der luziferischen Verschwörung plante, hat sich GENAU so entwickelt, wie er es beabsichtigte. Alles, was Pike zwischen 1859 und 1871 plante, ist GENAU so eingetreten, wie er es beabsichtigte. Wir befinden uns jetzt am Rande des Dritten Weltkriegs und stehen kurz davor, in die erste Phase der Verschwörung einzutreten. Aber was noch viel wichtiger ist: Die Heilige Schrift bestätigt, was ich sage. Alles, was ein Mensch tun muss, um sich von dieser WAHRHEIT zu überzeugen, ist, Matthäus 24:1-35, Markus 13:1-30 und Lukas 21:25-33 zu lesen.

Welche Abscheulichkeiten könnte sich der menschliche Verstand vorstellen, die schlimmer sind als die, von denen wir aus Erfahrung wissen, dass sie passieren, wenn Menschen Bürgerkriege führen? Was könnte schlimmer sein als der Einsatz von Atomwaffen und Nervengas? Es hat den Anschein, als würden die Menschen zu leibhaftigen Teufeln, wenn sie Krieg führen, insbesondere einen Bürgerkrieg, weil sie sich gegenseitig alle Abscheulichkeiten antun, die Dante in seinem *Inferno* als in der Hölle praktiziert beschreibt.

Die luziferische Doktrin

Die luziferischen Dogmen und Lehren, wie sie von Pike und anderen, die zu irgendeiner Zeit Hohepriester des luziferischen Schilfs waren, dargelegt wurden, lassen sich in wenigen Worten zusammenfassen. Sie lehrt die „Umkehrung" der Gebote Gottes. Sie lehrt das genaue Gegenteil von dem, was nach der Heiligen Schrift Gottes Plan für die Herrschaft über das Universum war, bevor Luzifer die himmlische Revolte anführte. Wie können wir wissen, dass diese Aussage die WAHRHEIT ist?

Die Antwort ist einfach. Zu verschiedenen Zeiten sind Dokumente von höchst ernster Natur in andere als die beabsichtigten Hände gefallen, während sie von den Hohepriestern des luziferischen Glaubensbekenntnisses an diejenigen verteilt wurden, die sie als Leiter der Logen des Großen Orients und der Räte des Neuen und Reformierten Palladianischen Ritus ausgewählt hatten, die die geheimen Hauptquartiere der W.R.M. in der ganzen Welt waren. Ich nenne diese Vorfälle „Taten Gottes".

Bei Razzien in den Logen des Großorient und in den Räten des Neuen und Reformierten Palladianischen Ritus zwischen 1784 und 1924 wurden Dokumente und andere Beweise gefunden, die eindeutig das Fortbestehen der luziferischen Verschwörung zur Erlangung der Weltherrschaft belegen. Die von der bayerischen Regierung in den Jahren 1784-1785 durchgeführten Razzien erbrachten Dokumente, die unter dem Titel „*The Original Writings of the Order and Sect of the Illuminati*" veröffentlicht wurden.

Die Razzien, die die Polizei auf Befehl der ungarischen Regierung 1919 nach der Machtübernahme und der Absetzung von Bela Kun durchführte, sind ein typisches Beispiel für das, was wir meinen.

Weitere Beweise für das luziferische Komplott zur Zerstörung ALLER verbleibenden Regierungen und bestehenden Religionen finden sich in dem Buch „*Proofs of a Conspiracy to Destroy All Governments and Religions in Europe*" von Professor John Robison von der Universität Edinburgh aus dem Jahr 1797. Prof. Robison war von Weishaupt und seinen führenden Illuministen angesprochen und gebeten worden, ihnen dabei zu helfen, luziferische Ideen, getarnt als Illuminismus und Fortschritt, in Bildungseinrichtungen und die Logen der Freimaurerei in England und Schottland einzuschleusen. Er wurde gebeten, Europa zu bereisen, und als 32. Freimaurer des Schottischen Ritus wurde er führenden Illuministen vorgestellt, die in ganz Europa Logen des Großen Orients eingerichtet hatten. John Robison ahnte, dass etwas hinter dem Illuminismus steckte, wie man ihm erklärt hatte, behielt seinen Verdacht aber für sich. Ihm wurde ein Exemplar von Weishaupts überarbeiteter und modernisierter Ausgabe der uralten Verschwörung, wie sie von Zwack zusammengestellt worden war, zum Studium und für Kommentare anvertraut.

Als 1789 die Französische Revolution ausbrach, die Teil des revolutionären Programms der Verschwörer war, beschloss Professor Robison, die Informationen, die er besaß, zu veröffentlichen, um zu bestätigen, was die bayerische Regierung 1786 aufgedeckt hatte.[12]

Die Nachforschungen von Dutzenden von Historikern haben weitere Beweise zutage gefördert, die sie in den nationalen Archiven und denen der Universitäten gefunden haben. Es mangelt nicht an dokumentarischen und anderen Beweisen, die das belegen, was wir hier sagen werden.

Das wirklich Erstaunliche an der luziferischen Verschwörung ist die Art und Weise, wie diejenigen, die sie im Laufe der Jahrhunderte gelenkt haben, in der Lage waren, Beamte von Kirche und Staat dazu zu bringen, die Beweise beiseite zu schieben, selbst wenn sie ihnen von Männern vorgelegt wurden, deren Leben ihre Ehrlichkeit und Integrität und ihren Wunsch, Gott freiwillig zu dienen, bewiesen hatte. Die Tatsache, dass diejenigen, die die luziferische Verschwörung lenken, in der Lage sind, diese Kontrolle über Menschen in hohen Positionen in Politik und Religion auszuüben, bestätigt einfach die Worte unseres

---

[12] Da diese Ereignisse in *Pawns in the Game* ausführlich behandelt wurden, werden die Einzelheiten hier nicht wiederholt.

Herrn und Erlösers Jesus Christus. Sie veranschaulicht auf die deutlichste Weise die übernatürlichen Merkmale der Verschwörung. Es beweist, dass übernatürliche Wesen, „Engel", sowohl „Gute" als auch „Böse", einen großen Einfluss auf die Menschen ausüben, während wir hier auf Erden unsere Zeit der Prüfung durchmachen. Es beweist, dass die List, die Verschlagenheit, die Lügen und die Täuschungen der „gefallenen Engel" oft den Rat (die Eingebungen) der „guten Engel" negativ beeinflussen. Es beweist, dass unsere menschliche Natur aufgrund des Sündenfalls unserer ersten Eltern mehr zum „Bösen" als zum „Guten" neigt, bis wir geistig wiedergeboren werden.

Wir wollen uns nicht mit diesem Aspekt der W.R.M. abmühen, aber wir wollen es dem Mann auf der Straße leicht machen, zu verstehen, was vor sich geht. Denjenigen, die die Verschwörung leiten, ist es gelungen, ihre Existenz so sehr geheim zu halten, dass die Unkenntnis der Öffentlichkeit es ihnen ermöglicht, ihr Komplott bis zum beabsichtigten Ziel zu entwickeln und Millionen von Seelen von Gott abzubringen.

Dies ist das luziferische Glaubensbekenntnis:

1. Während Gott von einem Menschen verlangt, zu BEWEISEN, dass er ihn aus Respekt vor seiner unendlichen Vollkommenheit freiwillig für die Ewigkeit lieben und ihm dienen will, sagt Luzifer: „Ich werde die menschliche Ethnie in einer totalitären Diktatur versklaven und sie ihrer körperlichen und geistigen Freiheiten berauben und so ihre Fähigkeit, ihren Intellekt und ihren freien Willen so zu gebrauchen, wie Gott es beabsichtigt hat, zunichte machen." (Dies ist der Zweck der Weltgesundheitsorganisation der Vereinten Nationen und der Weltorganisation für geistige Gesundheit, beides internationale Bewegungen, die von Dr. Brock Chisholm aus Kanada gegründet wurden).

2. Wo die Gebote Gottes völlig klar machen, was er als Sünde betrachtet, lehren die Luziferianer und ihre Vertreter die Umkehrung der Gebote Gottes. Pike und andere Hohepriester des luziferischen Glaubensbekenntnisses erklären: „Alles, was Gott als ihm unangenehm bekannt gemacht hat, ist Luzifer angenehm."

3. Gottes Plan für die Schöpfung sah vor, dass alles unterschiedlich sein sollte. Es gibt keine zwei Blätter, die genau gleich sind! Keine zwei

Schneeflocken. Die luziferische Ideologie erfordert eine Reglementierung, damit alles zentralisiert und so gleich wie möglich gemacht werden kann. Die Integration ist das typischste Beispiel für die Umsetzung dieser Theorie in die Praxis. Integration bedeutet nicht einfach, dass die Öffentlichkeit den Grundsatz akzeptieren soll, dass Menschen anderer Ethnien, Hautfarben und Glaubensbekenntnisse die gleichen Privilegien und Rücksichtnahmen genießen sollen wie Weiße. Integration bedeutet: „Teile zusammenbringen, so dass sie ein Ganzes bilden" (d. h. „als Ganzes zusammensetzen und vervollständigen").

Die luziferische Ideologie verlangt, dass die menschliche Ethnie absolut integriert wird, so dass Rote, Schwarze, Gelbe und Weiße zu einer riesigen Ansammlung von Menschen ohne Unterscheidungsmerkmale, Kulturen, Rassenmerkmale oder andere Besonderheiten vermischt werden. (Der UNESCO-Mann.) 4. Gottes Plan sieht vor, dass es zahlreiche Welten geben soll. Die Heilige Schrift spricht vom siebten Himmel (2. Sam. 22:8; Spr. 8:27-29; 2. Kor. 12:2). Sie nennen die verschiedenen Chöre der Engel, ihre Natur, ihr Amt und ihre Eigenschaften.[13] Sie sagen uns, dass sogar in jedem Chor jeder Engel höher oder niedriger ist als ein anderer. Man sagt uns, dass es möglich ist, dass diejenigen, die in den untersten Chören sind, sich hocharbeiten, um durch Verdienste einen höheren Status zu erreichen, oder dass sie aufgrund mangelnder Verdienste in der Skala absteigen. Die luziferische Ideologie sieht vor, dass es nur zwei Klassen geben soll.

1. Diejenigen, die regieren, d.h. die „Hüter des Lichts" - die superintelligenten Wesen,[14] [15] und,

2. Diejenigen, die sie versklaven. Wo Gott individuelle Initiative zulässt, ermutigt und belohnt, duldet der Luziferianismus sie in keiner Form.

---

[13] In der Heiligen Schrift gibt es 22 Stellen, die sich mit ihrem Wesen befassen.

[14] Das ist der Grund, warum Weishaupt seine Organisation Illuminati nannte.

[15] Pike an Mazzini, 15. August 1871.

5. Gott besteht darauf, dass, um vollkommenen Frieden und Glück im Himmel zu gewährleisten, jede Seele, die er als eine seiner Auserwählten auswählt, bewiesen haben muss, dass sie ehrlich und aufrichtig, ohne Einschränkung oder Widerruf, den Wunsch hat, Gott aus Respekt vor seinen unendlichen Vollkommenheiten für ALLE Ewigkeit freiwillig zu lieben und zu dienen. Um den BEWEIS dieses Wunsches zu erbringen, werden wir Menschen so gründlich geprüft. Gott hat nicht die Absicht, dass es im Himmel eine zweite Revolte geben soll. Der Luziferianismus hingegen sagt, dass der permanente Friede durch den König-Despoten, der die absolute Willkür über seine Untertanen ausübt, sichergestellt werden soll. Die luziferischen Protokolle sagen: Die luziferische totalitäre Diktatur wird, wenn sie auf der Erde errichtet ist, an ihrer Spitze einen König-Despoten haben, dessen Wille durch satanische Willkür durchgesetzt werden soll.

6. Während Gottes Plan vorsah, dass „Liebe" die schöpferische und „Nächstenliebe" die regierende Kraft in der Natur sein sollte, besagt das luziferische Glaubensbekenntnis, dass „Lust" die schöpferische Kraft und „Recht oder Macht" die regierende Kraft sein soll.

7. Während Gott anordnete, dass jede Klasse seiner Geschöpfe auf dieser Erde sich vermehren soll, jeder nach seiner Art, verlangt die luziferische Ideologie, dass in der Endphase der Verschwörung nur die regierende Körperschaft die „Freiheit" haben soll, die „Lüste" des Fleisches zu genießen, und das „Recht", ihre fleischlichen Begierden zu befriedigen. Alle anderen sollen zu menschlichem Vieh gemacht und körperlich, seelisch und geistig versklavt werden, um dauerhaften Frieden und soziale Sicherheit zu gewährleisten.

Die Fortpflanzung wird strikt auf Arten und Zahlen beschränkt sein, die wissenschaftlich als ausreichend bestimmt wurden, um die Anforderungen des Staates (Gottes) zu erfüllen. Nach Bertrand Russell (S. 49-51 seines Buches *The Impact of Science on Society)* werden weniger als 5% der männlichen und 30% der weiblichen Gojim zu Zuchtzwecken ausgewählt, und die Fortpflanzung wird durch künstliche Befruchtung auf internationaler Ebene erfolgen. Untersuchungen haben ergeben, dass sowohl in Kanada als auch in den Vereinigten Staaten Experimente durchgeführt werden, um herauszufinden, ob der Samen menschlicher Männer nicht konserviert und auf unbestimmte Zeit fruchtbar gehalten werden kann, genauso wie der Samen von Preisbullen.

Jüngste Entdeckungen haben es möglich gemacht, den Samen von Bullen durch schnelles Einfrieren auf eine Temperatur von etwa 130° unter Null unbegrenzt aufzubewahren. Es wurden bereits riesige Banken eingerichtet, in denen mehrere Millionen Samenproben gelagert werden. Bestellungen für einen bestimmten Typ oder eine bestimmte Sorte können in jeden Teil der Welt geflogen werden. Kleinere Banken werden jetzt an geeigneten Orten eingerichtet, um den Bedarf der Rinderzuchtstaaten zu decken. Diese Aussage ist eine *Tatsache, keine Fiktion.*[16]

8. Nach Gottes Plan war und ist die Fortpflanzung der menschlichen Spezies dazu bestimmt, die heiligste und heiligste Funktion zu sein, die von einem Mann und einer Frau ausgeübt wird, die für die Dauer ihres sterblichen Lebens in einem Fleisch vereint sind. Nach Gottes Plan besteht das Hauptmotiv für den Geschlechtsverkehr darin, einen weiteren menschlichen Körper zu zeugen, in den Gott eine Seele einpflanzen kann, der er die Möglichkeit geben will, ihn kennen und lieben zu lernen und ihm freiwillig für alle Ewigkeit zu dienen.

Die Theologen räumen ein, dass Gott uns mit der Fähigkeit zur Fortpflanzung „nach seinem Willen" Kräfte verliehen hat, die nicht einmal den Engeln zustehen. Sie sind alle, sowohl „gute" als auch „böse", geschaffene Wesen. Die Kräfte, die Gott den Menschen gegeben hat, haben die Engel, die sich Luzifer angeschlossen hatten, eifersüchtig gemacht. Deshalb beschlossen Luzifer und/oder Satan, Gottes Plan für die Fortpflanzung der menschlichen Spezies zu „vereiteln". Das ist der Grund, warum Frauen sich nach der Geburt eines Kindes zur Reinigung melden mussten, seit wir in der Lage sind, sie zu erforschen. Aus diesem Grund wurde die Taufe als Sakrament eingeführt. Das erklärt, warum Frauen in der Kirche ihren Kopf bedecken müssen. Weil Satan den Plan Gottes durchkreuzt hat, sind die

---

[16] Der Autor hat diese Tiefkühlspermabanken gesehen und sich ihren derzeitigen Einsatz und Zweck erklären lassen. Er wurde auch über den Plan unterrichtet, den Bestand an verkrüppelten und kranken Menschen zu beseitigen, indem man auf ähnliche Fortpflanzungsmethoden zurückgreift, wie sie von den bestinformierten Viehzüchtern praktiziert werden.

Menschen, die von Adam und Eva abstammen, Kinder des Fleisches, bis sie geistig wiedergeboren werden.

9. Gottes Plan besagt, dass alle Menschen ihren Nächsten lieben und ihm gegenüber barmherzig sein sollen. Das Wort „Nächster", wie es von Christus verwendet wird, bedeutet „eine Person, die einem anderen keinen Schaden zufügt, sondern sich bemüht, ihm etwas Gutes zu tun, auch wenn der Empfänger ein Fremder ist". Die luziferische Doktrin besagt, dass diejenigen, die zur Herrschaft auserwählt werden, zuerst beweisen müssen, dass sie völlig frei von menschlichen Gefühlen sind, um absolute Macht durch satanische Willkür zu erlangen. Laut Albert Pike müssen die Männer, die zur Herrschaft auserwählt werden, so frei von menschlichen Gefühlen sein, dass sie nicht einmal Liebe, Sympathie oder irgendwelche sentimentalen Gefühle für Mitglieder des anderen Geschlechts empfinden. Pike entschied, dass Frauen, die in Adoptionslogen eingeweiht wurden, zu Gemeingut gemacht werden sollten. Er sagte, die Mitglieder des palladianischen Ritus sollten sie häufig und ohne Leidenschaft benutzen, sondern nur, um ihre sexuellen Triebe zu befriedigen, ohne Liebe oder Gefühle, „die so viele menschliche Herzen in die Irre führen", in ihre sexuellen Beziehungen einfließen zu lassen. „Auf diese Weise", sagt er, „sollen die Männer die Frauen fesseln und gleichzeitig die absolute Kontrolle über ihre eigenen menschlichen Schwächen erlangen." Wir sehen also, dass alles, was Gott für „gut" hält, für Luzifer „böse" ist. Alles, was Gott für „Charakterstärke" hält, halten die Luziferianer für „Charakterschwäche".

10. Gottes Plan verlangt, dass die Menschen sich um die Kranken, die Behinderten, die Gefangenen und die Alten kümmern.

Die luziferische Ideologie besteht darauf, dass ALLE Gojim, die unfähig oder untauglich werden, dem Staat effizient zu dienen, vernichtet werden sollen. *Dieses teuflische Prinzip wird in den Köpfen unschuldiger Menschen als „Gnadentötung"* - der wissenschaftliche Name dafür ist Euthanasie - *salonfähig gemacht.*

11. Gottes Plan für eine zivilisierte Gesellschaft beruht auf dem Grundsatz, dass zwei Menschen unterschiedlichen Geschlechts ein Heim gründen und eine Familie gründen sollen. Die Luziferianer sagen, dass die Zerstörung der Familie und des Heims für den Erfolg ihrer Verschwörung absolut notwendig ist.

12. Gottes Plan verlangte von den Eltern, dass sie für ihren Nachwuchs sorgen und ihn in Gottes heiligem Willen und den Tatsachen des Lebens erziehen. Luziferianer sagen, der Staat solle die Geburten regeln und die Kinder aufziehen, die als Ergebnis geplanter selektiver Zucht geboren werden. Sie bestehen darauf, dass NUR der Staat das Recht hat, diejenigen zu „erziehen" (verzeihen Sie den Gebrauch dieses Wortes durch solche Teufel in Menschengestalt), die dem Staat dienen sollen.

13. Gottes Plan sieht vor, die Würde des Menschen zu erhöhen, bis er einen hohen Grad an geistiger Vollkommenheit erreicht hat. Die Heilige Schrift sagt uns, dass wir uns für die höchsten freien Plätze im Himmel qualifizieren können.

Der Luziferianismus besteht darauf, dass jeder Mensch auf sein niedrigstes Niveau reduziert wird. Um diese teuflische Theorie voranzutreiben, trieben Cromwells „Levellers" den Spaltpilz ein.

Heute ist es so weit gekommen, dass die Frauen das „Recht" fordern, die gleichen unmoralischen Verhaltensweisen wie die Männer anzunehmen; das Recht zu rauchen, alles zu tun, was sie nicht über den Dreck, den Schmutz und den Schleim der dekadenten menschlichen Natur erhebt. Gott erhebt Keuschheit zur Tugend; Luzifer sagt, wir müssen promiskuitiv sein, um unsere Göttlichkeit zu beweisen. Christus bewies durch seine Hingabe, Liebe und Achtung für seine irdische Mutter Maria, dass Gott die Mutterschaft als die größte aller Berufungen vorgesehen hat. Die Beziehung Christi zu seiner irdischen Mutter und die Liebe und Hingabe Marias zu ihrem Sohn sollten uns sagen, dass er trotz des Sündenfalls von Eva will, dass die Frau ein Wesen von Schönheit, Charme und Anmut, voller Liebe, Nächstenliebe und Zuneigung ist. Er will, dass die Frauen echte Mütter sind und nicht nur menschliche Brutkästen, die durch menschliches Versagen zufällig schwanger werden. Der Luziferianismus ist entschlossen, die Frau in die Gosse hinabzuziehen und auf das Niveau des natürlichen Zustands der niederen Tiere der Schöpfung zu stellen.

14. Gott hat alles, was wir brauchen, zu unserem Nutzen und Vorteil bereitgestellt. Er ordnete an, dass wir ALLE Dinge in Maßen gebrauchen. Die luziferische Ideologie besagt, aber beabsichtigt nicht, dass der Mensch ein Gesetz für sich selbst sein und tun soll, was ihm gefällt.

15. Gottes Schöpfungsplan hat alles, was er geschaffen hat, in ein perfektes Gleichgewicht gebracht. Diejenigen, die die luziferische Verschwörung zu ihrem endgültigen Ziel entwickeln, tun ihr Bestes, um Gottes Schöpfung aus dem Gleichgewicht zu bringen, und die menschliche Ethnie zahlt die Strafe für die „Sünden der Anmaßung", die von den Luziferianern begangen wurden.

Wir könnten immer so weitermachen und beweisen, dass der Luziferianismus Gottes Plan für die Herrschaft über die Schöpfung diametral entgegengesetzt ist. Wir hoffen, dass wir diesen Punkt deutlich gemacht haben: Die luziferische Ideologie wurde entwickelt, um Menschen anzusprechen, die sich für intellektuelle Größen halten. Luzifer weiß, dass seine totalitäre Ideologie falsch ist. Als er den höchsten Thron im Himmel besetzte und Gott allein unterstellt war, überzeugte ihn sein Stolz, dass, wenn er sein eigenes Reich errichtete und es mit absoluter Willkür regierte, jeder Aspekt und jede Phase seiner Herrschaft friedlich, effizient und wirtschaftlich funktionieren müsste.

Er benutzte seine übernatürlichen Kräfte, um den allmächtigen Gott zu zwingen. Da Gott nur an denjenigen seiner Geschöpfe Gefallen findet, die es lieben, ihm freiwillig zu dienen, weil sie seine unendlichen Vollkommenheiten respektieren, musste er Luzifer in seine ewige Verdammnis gehen lassen oder das Prinzip ändern, auf dem er seine Herrschaft errichtet hatte.

Dass Luzifer seinen großen Fehler eingesehen hat, kann nicht bezweifelt werden. Aber sein 'Stolz' erlaubt es ihm nicht, dies zuzugeben. Wie viele, viele Menschen handeln heute in dieser Hinsicht wie Luzifer? Die Hitlers, die Mussolinis, die Roosevelts, die Rockefellers, die Rothschilds, die Churchills - all jene, die den Luziferianismus von ihren Sitzen auf den höchsten Ebenen unserer Zivilisation aus verbreiten. Wie viele unserer unteren Schichten ahmen sie nach und folgen ihnen? Sie führen uns, wie Luzifer so viele der himmlischen Heerscharen, in unser Verderben!

Nachdem ich dieses Thema nun so lange und aus so vielen Blickwinkeln studiert habe, fällt es mir nicht schwer zu verstehen, wie Luzifers übernatürliche Fähigkeit, Gott, seinen Schöpfer, zu LIEBEN, sich in die gleiche Fähigkeit verwandelte, Gott, alle Geschöpfe Gottes und seine gesamte wunderbare Schöpfung zu HASSEN. Ich finde es nicht schwer zu verstehen, dass, nachdem Luzifer seine totalitäre

Ideologie in seinem Reich der Finsternis, das wir als Hölle bezeichnen, in die Praxis umgesetzt hatte und herausfand, dass das, was er in der Theorie als PERFEKT ansah, in der Praxis nicht so funktionierte, wie er es erwartet hatte, seine Enttäuschung dazu führte, dass sein Hass immer größer wurde, bis er astronomische Dimensionen erreichte, die jenseits des Verständnisses des menschlichen Verstandes lagen.

Es fällt mir nicht mehr schwer, die Definition der Hölle zu akzeptieren, wie sie uns in der Offenbarung gegeben wird. Tatsächlich fällt es mir leicht zu verstehen, dass nach dem Endgericht jeder der gefallenen Engel und jede menschliche Seele, die von Luzifer und seinen anderen Fürsten der Finsternis dazu verführt wurde, sich von Gott abzuwenden, zwangsläufig nicht nur Luzifer und seine regierenden Fürsten hassen muss, sondern auch sich selbst und ihre Nächsten. Wenn es wahr ist, dass selbstsüchtiger, törichter Stolz die große Mehrheit der Menschen in der Hölle zu ihrer eigenen Verdammnis geführt hat, ist es nicht schwer zu verstehen, WARUM die Bedingungen in der Hölle von absolutem HASS, Chaos und Verwirrung geprägt sind. Wenn es wahr ist, dass die Bewohner der Hölle dort sind, weil sie die Umkehrung der Gebote Gottes akzeptiert und praktiziert haben, dann sollte es für eine Person mit durchschnittlicher Intelligenz nicht schwierig sein zu verstehen, dass alle Abscheulichkeiten, die die luziferische Verschwörung, die auf diese unsere Erde gebracht wurde, in der Hölle praktiziert werden und für alle Ewigkeit andauern werden.

Es kann kein Zweifel daran bestehen, dass diese unsere Welt von dämonischen Kräften in eine „kleine Hölle" verwandelt worden ist. Aufgrund der Tatsache, dass wir uns mit blinder Sturheit weigern, Gottes Gesetz zu akzeptieren und seinen Plan auf dieser Erde in die Tat umzusetzen, sind die Bedingungen schon schlimm genug, und es besteht kein Zweifel daran, dass, wenn wir der WAHRHEIT gegenüber blind bleiben und uns hartnäckig weigern, unseren Wunsch, Gott freiwillig zu lieben und ihm für alle Ewigkeit zu dienen, zu BEWEISEN, sich die Bedingungen zwangsläufig verschlechtern müssen, bis sie, wie die Bibel sagt, einen Punkt erreichen, an dem kein Mensch überleben würde, wenn Gott nicht eingreifen würde. Matthäus 24:22; Markus 13:20.

Dass die Bedingungen hier und in der Hölle so sind, wie sie sind, ist nicht der Wille oder die Absicht Gottes. Sie existieren aufgrund von Luzifers selbstsüchtigem, törichten Stolz und seiner Entschlossenheit, sich selbst zu genügen. Er hat sich von Gott abgewandt. Er hat viele andere mitgenommen. Es ist nur logisch anzunehmen, dass, nachdem er seinen Fehler erkannt hatte, sein Hass ein solches Ausmaß annahm, dass er entschlossen war, sich weiterhin an Gott zu rächen, indem er seine Geschöpfe täuschte. Gott wollte die von Luzifer und seinen Engeln hinterlassenen Lücken füllen. Luzifer kümmert sich nicht darum, was denen widerfährt, die er betrügt, und auch nicht darum, was ihm selbst widerfährt. Dieser völlige Mangel an weiterem Interesse an irgendetwas ist echte Verzweiflung!

Künstler, Prediger, Schriftsteller und andere haben die Hölle und ihre Bewohner so übertrieben dargestellt, dass sie, anstatt die Menschen an sie glauben zu lassen, ungezählte Millionen Menschen, insbesondere in den letzten beiden Jahrhunderten, dazu gebracht haben, ihre Existenz zu verleugnen. Diese so genannten Intellektuellen haben der luziferischen Sache einen guten Dienst erwiesen, denn wenn man Gott ablehnt, lehnt man automatisch auch die Idee von Himmel und Hölle ab.

Satanismus vor und nach der Ankunft Christi

Meine persönliche Erfahrung hat gezeigt, dass ich nicht in der Lage war, die vielen tausend Informationen und Beweise, die ich seit 1918 über die Weltrevolutionäre Bewegung (W.R.M.) gesammelt hatte, zusammenzufügen, bis ich 1943 ganz „zufällig" eine Bibel in die Hand nahm und anfing, sie durchzublättern, weil ich, wie ich jetzt beschämt gestehen muss, gelangweilt in einem Krankenhausbett lag und keine andere Literatur in Reichweite hatte, die ich nicht schon gelesen hatte.

Seit diesem Tag bin ich davon überzeugt, dass das, was die große Mehrheit der Menschen als „Unfälle" oder bloße Zufälle bezeichnet, in Wirklichkeit „Taten Gottes" sind. Ich gehe nicht so weit zu sagen, dass der Schöpfer dieses Universums uns persönlich Dinge antut, die, wenn wir darauf achten, unser Leben ernsthaft beeinflussen, aber ich glaube, dass er will, dass solche Dinge geschehen, und dass seine Engel, die mit dieser unserer Welt verbunden sind, seinen göttlichen Willen in die Tat umsetzen.

Wie dem auch sei. Als ich die Bibel durchblätterte, konnte ich nicht umhin festzustellen, dass viele Aussagen in direktem Zusammenhang mit geschichtlichen Ereignissen und Ereignissen standen, die in diesem 20. Das hat mein Interesse geweckt. Weitere Studien überzeugten mich, dass in der Bibel der „Schlüssel" zu finden war, der das Geheimnis lüften würde, das das umgibt, was so viele Autoren in der Vergangenheit als *„Die geheime Macht"* bezeichnet haben, die hinter den Kulissen ALLER Regierungen regiert und sie veranlasst, eine Politik zu verfolgen, die letztlich zu ihrer eigenen Zerstörung führt. Deshalb begann ich, in der Bibel nach einer Erklärung für menschliche Ereignisse zu suchen, mit denen ich zwar vertraut war, aber die „URSACHE" oder den „GRUND" für ihr Geschehen nicht ergründen konnte. Mit dieser Erklärung werde ich fortfahren, den „Satanismus", wie ich ihn verstehe, zu erklären.

Der Satanismus ist das Handbuch, das die luziferische Verschwörung auf dieser Erde in die Tat umsetzt. Das Alte Testament, auf seine größte Einfachheit getrimmt, ist nicht mehr und nicht weniger als die „Geschichte des Satanismus". Es erzählt uns, wie er sich seit dem Sündenfall unserer ersten Eltern bis zur Ankunft Christi entwickelt hat, der uns von den Fesseln des Satanismus befreien wollte, mit denen das Menschengeschlecht von Generation zu Generation fester gebunden war. Die Heilige Schrift spricht siebenundsechzigmal von Satan und nur dreiundsechzigmal von Christus. Aber was uns am meisten beschäftigt, ist die Tatsache, dass die Heilige Schrift uns sagt und beweist, dass „Satan der Fürst dieser Welt ist" (Johannes XII:31; XIV:30; XVI:II). Da Satan der „Widersacher" Gottes und seiner menschlichen Geschöpfe ist, muss er als „Fürst dieser Welt" mit der W.R.M. in Verbindung gebracht werden.

Das Wort „Welt" hat zugegebenermaßen unterschiedliche Konnotationen. Wir können das Wort in einem „günstigen" oder „neutralen" Sinn definieren und es für „die Erde, auf der die Menschen wohnen" oder in einer Metonymie für „die Menschen selbst" verwenden. (Johannes I. 9-10; III. 16,17,19;)G. 27. usw.)

Das Wort „Welt" kann auch im ungünstigen Sinne verwendet werden, um „die Herrschaft des Bösen auf Erden" zu bezeichnen. Diejenigen, die die „Herrschaft des Bösen" bilden, sind die Synagoge des Satans. Was sie inspirieren und tun und getan haben, steht dem WILLEN GOTTES diametral entgegen; sie errichten eine Barriere zwischen dieser Welt und Christus und seinen Nachfolgern. Um dies zu veranschaulichen, wird Christus von Johannes mit den Worten zitiert: „Ich bin nicht von dieser Welt... Ich bete nicht für diese Welt... mich hasst sie." Und zu seinen Jüngern: „Ihr seid nicht für die Welt... die Welt hasst euch", und so weiter. (Johannes VIII. 23; XVII. 9; VII. 7; XV 19; usw.; vgl. I Johannes III. 13,14).

So können wir verstehen, dass der Satanismus seit der Ankunft Jesu Christi einen immerwährenden Krieg geführt hat, um Gottes Kinder auf dieser Erde daran zu hindern, Gottes Plan für die Herrschaft des gesamten Universums auf dieser Erde in die Tat umzusetzen. Indem er uns daran hindert, Gottes Plan in die Tat umzusetzen, und indem er uns daran hindert, „den Weg des Lebens" zu leben, wie er uns von Christus gelehrt und in den Worten des „Vaterunsers" zusammengefasst wurde, hindert der Satanismus die Massen daran, Gottes Willen auf Erden so zu tun, wie er im Himmel getan wird.

Damit sind wir bei der Auslegung des Vaterunsers angelangt. Die Präambel und der Mittelteil bedürfen keiner Erklärung, wohl aber die Worte „Und führe uns nicht in Versuchung, sondern erlöse uns von dem Bösen". Wie können wir uns vorstellen, dass Gott die Mitglieder des menschlichen Geschlechts in Versuchung „führen" würde? Er kann es zulassen, und das tut er zweifellos auch, dass wir versucht werden durch diejenigen, die den Satanismus leiten oder ihm dienen. Die Heilige Schrift sagt uns, dass Gott nicht zulässt, dass wir über unsere Widerstandskraft hinaus in Versuchung geführt werden. Die Versuchung ermöglicht es uns also zu BEWEISEN, ob wir „für" oder „gegen" Gott sind.

Ich habe, wie die große Mehrheit der Christen, das Vaterunser täglich wiederholt, seit ich sprechen kann.

Aber ich habe die Worte nie studiert, bis ich 1943 mit einer gebrochenen Wirbelsäule auf dem flachen Rücken lag. Nachdem ich die Worte in ihrer Beziehung zum Satanismus und zur W.R.M. studiert hatte, kam ich zu dem Schluss, dass die Worte eine bessere Beziehung gehabt hätten, wenn die Übersetzung ins Englische „And let us not be ledged into temptation; but deliver us from the Evil One (Satan)." gewesen wäre. Ich war erfreut, lange danach zu entdecken, dass die griechischen Väter des frühen Christentums, die alten römischen Väter und mehrere Liturgien die maskuline statt der neutralen Verwendung der Worte „A malo" stark befürworteten. Die Bedeutung dieser Frage liegt in der Tatsache, dass, wenn wir sagen würden „Aber erlöse uns von dem Bösen (Satan)", dies automatisch bedeuten würde, dass Christus den Satanismus als Urheber ALLER Versuchungen und allen Übels (der Sünde), das wir begehen können, ansieht und gleichzeitig als Leiter aller Übel, die wir erleiden müssen, um uns vom Glauben an Gott abzubringen.

Diese Gedanken veranlassten mich zu weiteren Nachforschungen, und ich fand im Neuen Testament und in den Texten der „Wüstenväter", dass Satan und die Mitglieder der Synagoge des Satans eine allgemeine Leitung oder Aufsicht über ALLES Böse, zeitlich und geistig, ausüben, das in dieser Welt begangen oder erlebt wird.

Zur Untermauerung dieser sehr interessanten Offenbarung - soweit es die W.R.M. betrifft - stellen wir fest: „Wer Sünde begeht, ist vom Teufel" (1. Johannes III. 8), und nach den Evangelien und den Briefen des Johannes und des Paulus ist es das Reich Satans, das Christus zu stürzen kam, und Satan und seine Agenten (agenturs) sind die Wurzel und die Ursache allen Übels, sowohl des geistlichen als auch des weltlichen, das die Menschheit heimsucht. Augustinus unterstützt diese Argumentation, wenn er das, was in der Welt vor sich geht, mit der Stadt der Sünde, dem Teufel, vergleicht, der als Ergebnis der Ablehnung Gottes (durch unsere ersten Eltern) geboren wurde und sich in ewigem Gegensatz zur „Stadt Gottes" befindet. Der heilige Thomas ist mit dieser eindeutigen und exakten Interpretation nicht ganz einverstanden, und so ist es, wie so oft, nur ein weiterer Fall, in dem jeder nach seinem eigenen Geschmack handelt.

Aber wenn wir die W.R.M. in ihrer Beziehung zum Satanismus, wie er auf dieser Erde praktiziert wird, studieren, ist es wichtig, sich daran zu erinnern, dass, wenn Satan oder seine Agenten in menschlicher Gestalt die Entscheidungen von Individuen beeinflussen können und dies auch tun, so dass sie Sünde begehen, es einleuchtend ist, dass einzelne Menschen, die so beeinflusst werden, Satans Macht für das Böse über das Kollektiv ausweiten können und dies auch tun. Daher fand ich, dass meine Argumentation auf einer soliden Prämisse beruhte, als ich in *Pawns in the Game* und *The Red Fog Over America* feststellte, dass Individuen, die wissentlich oder unabsichtlich der Sache des Satanismus dienen, dafür verantwortlich sind, Zwietracht zu schüren, die es ihnen ermöglicht, die Massen in politische, rassische, soziale, wirtschaftliche, religiöse und andere Fragen in gegnerische Lager zu spalten, damit sie dann bewaffnet und dazu gebracht werden können, Kriege und Revolutionen in immer größerem Ausmaß zu führen, so dass, wenn diese zerstörerische Politik fortgesetzt wird, sie zur endgültigen Zerstörung ALLER Formen der verbleibenden Regierungen und Religionen führen muss und somit das Feld weit offen lässt für diejenigen, die die Synagoge Satans bilden, um die luziferische totalitäre Diktatur über das, was von der menschlichen Ethnie übrig geblieben ist, zu verhängen.

Dies bringt uns zu einer weiteren sehr wichtigen Frage. Wir könnten uns fragen, wie es so viele Priester und Geistliche tun,

> „Wenn die Pforten der Hölle die Kirche Christi nicht überwältigen können und wenn Gott Satan und seine Anhänger nach dem Endgericht in die Hölle hinabwerfen wird, worüber sollte man sich dann Sorgen machen?"

Meiner bescheidenen Meinung nach gibt es keinen „Grund zur Sorge",
aber es bleibt noch viel zu tun, bevor dieses gesegnete Ereignis eintritt,
um so viele Seelen wie möglich davor zu bewahren, zum Abfall von
Gott verführt zu werden.

Wir können als Einzelne beweisen, dass wir ehrlich und aufrichtig den
Wunsch haben, Gott freiwillig und für alle Ewigkeit zu lieben und zu
dienen. Wir müssen unermüdlich daran arbeiten, andere Seelen dazu zu
bringen, sich uns in diesem Wunsch anzuschließen. Mit anderen
Worten, wir müssen, wie Christus uns ermahnt hat, echte Soldaten Jesu
Christi und aktive Feinde der Synagoge des Satans werden. Wenn
Lügen und Täuschungen das Handwerkszeug der Mächte des Bösen
sind, dann müssen wir den Teufel beschämen und seine schurkischen
Tricks vereiteln, indem wir die WAHRHEIT sagen, so weit, so weit und
so schnell wie möglich. Wenn individuelle Attentate und Massenmord
(Kriege und Revolutionen) die Mittel sind, mit denen die satanischen
Kräfte alle Hindernisse aus dem Weg räumen, die sie daran hindern, die
absolute Weltherrschaft an sich zu reißen, dann müssen wir alle legalen
Mittel einsetzen, um Kriege und Revolutionen zu verhindern.

Warum arbeitet der Satanismus daran, eine Eine-Welt-Regierung zu
schaffen, deren Macht er an sich reißen will?

Heute ist die Macht der Synagoge des Satans weder allgemein, noch
vollständig, noch absolut. Die Mächte des Bösen verschwören sich, um
ihre Macht zu verabsolutieren, damit sie das, was von der menschlichen
Ethnie übrig geblieben ist, absolut versklaven können, mit Körper,
Geist und Seele. Der Satanismus glaubt an keine halben Sachen. Wenn
es darum geht, Lügen und Täuschungen einzusetzen, um unsere
unsterbliche Seele für Luzifer zu gewinnen, arbeiten sie nach dem
Prinzip: „Der Gewinner bekommt alles."

Die Heilige Schrift in der Offenbarung sagt uns genau, wie das
Endergebnis aussehen wird. Aber die Synagoge Satans akzeptiert die
Heilige Schrift nicht als das inspirierte Wort Gottes. Deshalb werden
diejenigen, die der Synagoge des Satans dienen, die luziferische
Verschwörung weiter ausbauen, in dem Glauben, dass sie eine totalitäre
Diktatur errichten können. Sie glauben, dass sie, wenn sie die
Weltherrschaft an sich reißen können, die physische Kontrolle über
unsere Körper erlangen können. Sie glauben, dass diese physische
Kontrolle es ihnen ermöglichen wird, auch die geistige Kontrolle zu
erlangen (Psychopolitik).

Sie glauben, dass die mentale Kontrolle sie in die Lage versetzen wird, jegliches Wissen über Gott aus dem menschlichen Verstand zu löschen und somit Luzifer die Kontrolle über unsere Seelen für alle Ewigkeit zu geben.

Damit sind wir an dem Punkt angelangt, der offenbart, was mit dem Satz gemeint ist (der so oft von kommunistischen Autoren verwendet wird, oder ich sollte sagen, von satanistischen Autoren, die schreiben, um kommunistische und andere subversive Bewegungen zu fördern), „der Kampf, der im Gange ist, ist für den Verstand der Menschen". Dies beweist, dass das ultimative Ziel der W.R.M. nicht materialistisch ist, wie allgemein angenommen wird, sondern eindeutig spirituell, was so wenige Autoren und Historiker vermutet zu haben scheinen.

Wenn wir diesen Gedankengang weiterverfolgen, werden wir verstehen, dass die Worte „Weltrevolutionäre Bewegung" nur die trügerischen Worte sind, die Satanisten benutzen, um die Existenz der fortwährenden luziferischen Verschwörung zu verschleiern. Sie lassen die große Mehrheit der Menschen, ordinierte Geistliche ebenso wie christliche Laien, glauben, dass der Kommunismus die Wurzel allen Übels ist, dass er atheistisch und materialistisch ist und dass die Kontrolle der weltlichen Macht das ultimative Ziel ist. Diese Halbwahrheit ist die größte Lüge, die je von denen verbreitet wurde, die dem Vater der Lüge dienen. Die WAHRHEIT wird in Epheser 6,10-17 offenbart, wo es unter anderem heißt: „Unser Ringen (Kampf) ist NICHT gegen Fleisch und Blut, sondern gegen Fürstentümer und Mächte, gegen die Weltbeherrscher dieser Finsternis und gegen die GEISTIGEN Mächte der Bosheit in der Höhe." Die andere Hälfte der Wahrheit, die der breiten Öffentlichkeit verborgen bleibt, ist die Tatsache, dass die Synagoge Satans die zerstörerische Kraft des Kommunismus kontrolliert und benutzt, um ihre geheimen Pläne zur Erlangung der Weltherrschaft voranzutreiben. Die Fürstentümer und die Mächte sind Teile des himmlischen Heeres, aus dem Luzifer zweifellos viele Anhänger rekrutiert hat.

Der Weltherrscher der Finsternis ist die Synagoge des Satans, die von den „geistigen Mächten der Bosheit in der Höhe" inspiriert wird, um die fortgesetzte luziferische Verschwörung in die Tat umzusetzen. So können wir genau verstehen, womit wir es zu tun haben. Während wir unsere Zeit der Prüfung auf dieser Erde durchleben, müssen wir uns damit auseinandersetzen:

1. Die Hohepriester des luziferischen Glaubensbekenntnisses. Wir werden beweisen, dass Menschen, die an der Spitze des Priestertums standen, zugeben, dass sie die Macht hatten, mit Mitgliedern der himmlischen Welt, die sich Luzifer in seiner Revolte gegen die absolute Vorherrschaft Gottes angeschlossen hatten, Kontakt aufzunehmen und sie zu konsultieren.

2. Die Synagoge des Satans, die die luziferische Verschwörung in die Tat umsetzt.

3. Die Geheimgesellschaften, die an den Satanismus glauben und ihn praktizieren und deren Mitglieder die „Agentur" sind, die der Synagoge des Satans dient.

4. All jene, die aufgrund der Lügen derjenigen, die die „Weltherrscher dieser Finsternis" bilden, von Gott abgewichen sind und einer „zerstörerischen" Lebensweise folgen, im Gegensatz zu der „konstruktiven" Lebensweise, die Christus uns als Gottes heiligen Willen gelehrt hat.

Wir werden nun den Satanismus studieren, wie er in dieser Welt praktiziert wird. Die überwiegende Mehrheit der Menschen kann sich aufgrund der Art und Weise, wie sie gelehrt wurden, nicht vorstellen, dass der Satanismus tatsächlich auf dieser Erde praktiziert wird. Lassen Sie uns diesen guten Menschen eine ganz einfache Frage stellen: „Wie könnte Satan Fürst dieser Welt sein, wenn er keine Regierung und keine Mittel hätte, Millionen und Abermillionen von Menschen zu täuschen, damit sie ihm dienen und seine Absichten unterstützen?"

Sie scheinen nicht in der Lage zu sein, zu begreifen, dass Christus auf die Erde kam, um die Existenz der fortwährenden luziferischen Verschwörung aufzudecken, wie sie auf dieser Erde von Satan und von denen, die ihm dienen und in Wirklichkeit Teufel in Menschengestalt sind, betrieben wird. Christus machte dies sehr deutlich, als er zu seinen Aposteln sagte: „Habe ich nicht alle zwölf von euch erwählt? Und einer von euch ist ein Teufel." (Johannes 6,70) Und lesen wir nicht beim letzten Abendmahl: „Der Teufel hatte es schon in das Herz des Judas, des Sohnes Simons, des Ischariot, gelegt, ihn zu verraten", und wenig später: „Als der Bissen gegeben war, fuhr der Satan in ihn hinein; und Jesus sagte zu ihm: „Beeile dich auf deinem Weg." Judas wurde von der Synagoge des Satans benutzt, nicht vom jüdischen Volk, und indem er die dreißig Silberstücke annahm, öffnete er die Tür seines Herzens, und der Satan drang in es ein.

Interessant sind auch die Worte, die Christus bei seiner Verhaftung gebrauchte. Er sagte: „Dies aber ist eure Stunde und die Stunde der Macht der Finsternis." (Satan und/oder Luzifer) - (Lukas 22:53).

Es hat mich sehr verwirrt, herauszufinden, ob wir uns in der Phase der luziferischen Verschwörung befinden, in der Satan für tausend Jahre gebunden werden soll, oder ob Satan, wie in der Offenbarung erwähnt, zur Zeit des Todes Jesu Christi und durch diesen Tod für tausend Jahre gebunden wurde. Wie ich bereits dargelegt habe, haben die Worte „Tag" und „Jahre" mehr als eine Bedeutung; so könnten die Worte „Tausend Jahre" einfach „ein Zeitraum oder eine lange Zeitspanne" bedeuten, wie es in dem allgemeinen Sprichwort „Nicht in tausend Jahren" zum Ausdruck kommt.

Wenn die Worte „tausend Jahre" „eine Zeitspanne" bedeuten, dann sagt uns die Heilige Schrift ganz sicher, dass wir uns schnell der Zeit nähern, in der Gott für seine Auserwählten eingreifen wird. Das bedeutet, dass auch der Tag des Endgerichts schnell näher rückt.

Wir können davon ausgehen, dass der Tod unseres Herrn und seine triumphale Auferstehung bedeuten: „Das Urteil über diese Welt (das Fürstentum Satans) ist gefällt; jetzt ist die Zeit gekommen, in der der Fürst dieser Welt (Satan) ausgetrieben werden muss." (Johannes 12:31 usw.) Und auch wenn diejenigen, die die luziferische Doktrin akzeptieren, nicht zustimmen, versichert uns die Heilige Schrift, dass Christus seine Mission erfolgreich erfüllt hat. Und dann kommen wir zu einer außergewöhnlichen Sache, die die Bibel betrifft. Der Teil, der den Sieg Christi über Satan, den Fürsten dieser Welt, erklären und erläutern sollte, scheint stark vermasselt worden zu sein. Ich beziehe mich auf Kolosser 2:14. Übersetzer wie Douay, Westminster, Knox - wie autorisierte und revidierte Versionen zeigen werden - geben den ursprünglichen Worten unterschiedliche und in gewisser Weise widersprüchliche Bedeutungen, die meiner Meinung nach die WAHRHEIT am besten so interpretieren, wie Paulus sie verstanden wissen wollte. Indem er vom Triumph Christi über die Mächte des Bösen sprach, die diese Welt bis zu seinem Erscheinen beherrschten, korrigierte er die falschen Lehren derjenigen, die Bildung und Religion lehrten; er deckte Gesetze und Verordnungen auf, die dem Gesetz Gottes und/oder den Naturgesetzen widersprachen; er lüftete den

Vorhang, hinter dem die Synagoge Satans die luziferische Verschwörung lenkte, und er deckte die Lügen und Täuschungen auf, mit denen sie die Menschen dazu brachten, sich von Gott abzuwenden. Er „nagelte die Wahrheit ans Kreuz", für alle, die es sehen wollen. Pfarrer Bernard Flemming übersetzt in seinem Artikel „Der Widersacher" Kolosser 2-14 wie folgt: „Christus... hat die Handschrift, die gegen uns war, mit ihren Verordnungen ausgelöscht; er hat sie weggenommen und ans Kreuz genagelt und hat die Fürstentümer und Mächte beraubt, sie zu offener Schande gebracht und sie im Triumph durch das Kreuz weggeführt."

Die Aufgabe, die wir zu erfüllen versuchen, besteht darin, die Öffentlichkeit davon zu überzeugen, dass der Satanismus eine sehr reale und aktive Kraft auf dieser Erde ist, deren Ziel es ist, Gottes Plan für die Herrschaft der Schöpfung zu vereiteln, der auf dieser Erde verwirklicht wird.

Wir versuchen zu beweisen, dass Christus die luziferische Verschwörung hier besiegt hat, wie er es im Himmel getan hat. Wir bieten Beweise an, die darauf hinweisen, dass wir in der Periode der Weltgeschichte leben, in der Satan die Fesseln zerbrach oder von ihnen befreit wurde, mit denen Christus ihn für „tausend Jahre" gebunden hatte. Er benutzt jetzt die Synagoge Satans, um Kriege, Revolutionen und andere Gräuel herbeizuführen, die, wenn sie nicht durch das Eingreifen Gottes im Namen seiner Auserwählten aufgehalten werden, alles Fleisch vernichten würden. Atom- und H-Bomben, Nervengas und andere Geheimwaffen, die in jüngster Zeit von denjenigen entwickelt wurden, die an chemischer und bakteriologischer Kriegsführung forschen, haben es einem teuflisch gesinnten, satanisch kontrollierten Geist ermöglicht, uns mit einem einfachen Knopfdruck in die von Pike geplante letzte soziale Katastrophe zu stürzen. Wir nennen das „Krieg auf Knopfdruck".

Und um meinen Lesern zu versichern, dass diejenigen, die die WAHRHEIT bezeugen, wie Gott sie in der Heiligen Schrift offenbart hat und wie Christus sie uns erklärt hat, zu den Auserwählten gehören, zitieren wir Apok. 12,9-12: „Und der große Drache, die Schlange der Urzeit, wurde auf die Erde hinabgeworfen, der, den wir den Teufel oder Satan nennen, den Verführer der ganzen Welt, und seine Engel mit ihm. Dann hörten wir eine Stimme, die laut im Himmel rief: Die Zeit ist gekommen; jetzt sind wir gerettet und stark gemacht, unser Herr regiert, und die Macht gehört Christus, seinem Gesalbten; der Verkläger unserer Brüder ist besiegt. Tag und Nacht stand er vor Gott und verklagte sie; aber um des Blutes des Lammes willen und um der Wahrheit willen, die sie bezeugten, triumphierten sie über ihn und hielten ihr Leben billig, bis der Tod sie nahm. Freue dich darüber, Himmel, und alle, die du im Himmel wohnst."

Die Tatsache, dass das Reich Satans in dieser Welt von Dunkelheit (Geheimhaltung) umgeben ist, wie das luziferische Reich in der himmlischen Welt, und die weitere Tatsache, dass die Hohepriester des luziferischen Glaubensbekenntnisses und die Mitglieder der Synagoge Satans ihre Identität und ihren wahren Zweck vor den Massen verbergen; und die weitere Tatsache, dass sie Satan anbeten und ihre teuflisch inspirierten Zeremonien in geheimen Kammern in Logen des Großen Orients und Räten des Neuen und Reformierten Palladianischen Ritus abhalten, schmälert nicht im Geringsten ihre Macht und ihren Einfluss auf die Angelegenheiten dieser Welt und ihrer Menschen. Im Gegenteil, die Tatsache, dass diejenigen, die die luziferische Verschwörung an der Spitze leiten, ihre Identität und ihre letztendliche Absicht, das, was von der menschlichen Ethnie übrig ist, an Körper, Geist und Seele zu versklaven, geheim halten können und dies auch tun, trägt zum Erfolg ihrer bösen Pläne bei.

Die Tatsache, dass Christus die Synagoge des Satans, ihre Existenz, ihren bösen Einfluss und ihr Ziel in dieser Welt entlarvt und verurteilt hat, ist von Theologen und Religionsführern nie bestritten worden. Aber die Macht Satans ist so groß, dass er verhindert hat, dass ein wahrer und realistischer Eindruck auf den menschlichen Geist entsteht. Dem Durchschnittsmenschen wurde beigebracht, sich den Teufel als die schrecklichste Kreatur vorzustellen, die man sich vorstellen kann; man hat ihm beigebracht zu glauben, dass die Hölle ein Abgrund oder eine Grube ist, die mit Feuer und Schwefel gefüllt ist, in der Luzifer, seine gefallenen Engel und verlorene menschliche Seelen bis in alle Ewigkeit schmoren und brutzeln, ohne jemals verzehrt zu werden. Diese irreführende Lehre darüber, was die Hölle, Luzifer und seine gefallenen Engel ausmacht, hat dazu geführt, dass viele Menschen von Gott abtrünnig wurden und in genau der Hölle landeten, die ihnen als Mythos vorgegaukelt wurde.

Obwohl die Väter der frühen christlichen Kirche sich der Feindschaft zwischen Christus und Satan voll bewusst waren und wussten, dass der Satanismus weiterhin im Dunkeln arbeiten und Lügen und Täuschungen einsetzen würde, um die Menschen von Gott abzubringen, damit ihre Seelen verdammt würden, schienen sie nicht in der Lage zu sein, die WAHRHEIT in dieser so wichtigen Angelegenheit den Massen des Volkes zu vermitteln. Sie lehrten die „Größe und Vollkommenheit" Gottes und die „Güte und Sanftmut" von Jesus Christus. Sie erzählten von der Bosheit Satans und des Teufels, aber sie machten sich nicht die Mühe zu erklären, wie die Kräfte des Bösen auf dieser Erde seit dem Sündenfall unserer ersten Eltern gewirkt haben. So kam es, dass der Satanismus, der sich auf tausend Arten verkleidete und unter hundert verschiedenen Namen operierte, immer stärker wurde, ohne dass die Allgemeinheit wusste, was wirklich hinter den Kulissen all das Böse verursachte, das sie erleiden musste.

Wir wollen uns mit dieser Frage nicht weiter beschäftigen, aber es gibt Anhaltspunkte dafür, dass Satan nach dem Tod und der Auferstehung Jesu Christi in die Hölle zurückgeworfen wurde und dort, was seine Rolle als Fürst dieser Welt betrifft, für tausend Jahre gebunden ist. Wir glauben nach dem Apostolischen Glaubensbekenntnis, dass Christus unmittelbar nach dem Tod seines sterblichen Leibes in die Hölle hinabgestiegen ist. Könnte es nicht sein, dass dies geschah, um dafür zu sorgen, dass Satan in Sicherheit gebracht wurde, und um die Seelen der Gerechten zu befreien, die in dem Teil der Hölle, der Vorhölle genannt wird, zurückgehalten wurden, bis Christus sie erlöst hatte?

Andererseits scheint die luziferische Verschwörung auf dieser Erde von der Zeit, als Christus uns verließ, bis etwa 1.000 n. Chr. eine sehr schlechte Führung gehabt zu haben. Das Christentum hatte seine Blütezeit. Es machte Fortschritte, Kirche und Staat versuchten, miteinander auszukommen. Die Kirche beriet die Herrschenden in Bezug auf Gottes Plan für die Herrschaft über das Universum, und die Herrschenden versuchten anscheinend, diesen Plan in die Tat umzusetzen. Das Heidentum starb einen natürlichen Tod unter dem Licht der Heiligen Schrift. Doch als die tausend Jahre zu Ende gingen, brach das Satanismus mit all seiner teuflischen Kraft und Wut wieder aus, und Satan wurde erneut Fürst dieser Welt. Er und seine Agenten ließen „gute" Menschen mit guten Absichten, die nie in die Tat umgesetzt wurden, ihren Weg zur Hölle ebnen. Sie spalteten die christliche Religion in tausend Fragmente. Sie brachten Kirche und Staat dazu, sich gegenseitig zu bekämpfen. Sie brachten die Menschheit dazu, sich zu spalten und gegenseitig zu bekämpfen, bis sich die Oberhäupter von Kirche und Staat in einem Punkt einig zu sein schienen: Der Satanismus war die Wurzel allen Übels, das der Welt und ihren Bewohnern zugefügt wurde.

Der Satanismus war so offensichtlich die Ursache allen Übels, dass der Papst im 13. Jahrhundert die Inquisition einführte, in der Hoffnung, die Inquisitoren würden das Böse ausrotten können. Wie muss sich der Hohepriester des luziferischen Glaubensbekenntnisses vor dämonischem Gelächter gekrümmt haben! Sie lehnten sich zurück und sahen zu, wie die Fürsten der christlichen Kirche und die Könige der christlichen Länder die Menschen mit den Qualen der Verdammten quälten, und sie taten diese teuflische Aufgabe im süßen und heiligen Namen von Jesus Christus. Alles, was die Inquisition tat, war, Hunderte von Menschen zu foltern und zu töten, die, wenn sie nicht von Gott abtrünnig geworden wären, bevor sie in die Hände der Inquisitoren fielen, mit ziemlicher Sicherheit ihren Glauben an Ihn verloren hätten, bevor der Tod ihre Leiden beendete, wenn man bedenkt, dass ihre Folterungen im Namen Gottes zugefügt wurden.

Kann jemand mit gesundem Verstand glauben, dass Gott will, dass seine Priester solche Gräueltaten wie die Inquisition begehen?

Die Inquisition war dämonisch inspiriert. Sie diente der luziferischen Sache insofern, als sie es den Satanisten ermöglichte, Tausende von Menschen von der Kirche Christi abzuwenden. Die Inquisition ermöglichte es den Feinden Christi, die Kirche Christi weit zu spalten; sie ermöglichte es dem Satanismus, die vereinte Macht von Kirche und Staat zu spalten. Sie war der Ursprung der Dinge, die zur Reformation führten, und von der Reformation an ermöglichte es der Satanismus, die christliche Religion in mehr als 400 verschiedene Konfessionen zu spalten. Die Inquisition ermöglichte es denjenigen, die die W.R.M. AT THE TOP leiteten, ihr Prinzip „erst teilen und dann erobern" in vollem Umfang umzusetzen.

Was für ein Unterschied wäre es gewesen, wenn sich die Oberhäupter von Kirche und Staat zusammengetan hätten, anstatt ein paar tausend Menschen zu verfolgen, die der Ketzerei und/oder der Zauberei beschuldigt wurden, und die Massen über die WAHRHEIT in Bezug auf den Satanismus, seine teuflische Richtung und sein Ziel aufgeklärt hätten. Wenn die Massen von ihren Priestern und Machthabern darüber aufgeklärt worden wären, dass der Zweck der luziferischen Verschwörung darin besteht, die gesamte menschliche Ethnie mit Körper und Geist zu versklaven, um ihre unsterblichen Seelen zu ruinieren, hätte der Satanismus auf der Stelle sein Ende gefunden. Eine vollständig informierte Öffentlichkeit könnte nicht von einem Übel zum anderen geführt werden. Ein vollständig informiertes Volk hätte nicht in Kriege und Revolutionen geführt werden können.

Aber die Macht und List des Teufels ist so groß, dass diejenigen, die ihm dienten, die Oberhäupter von Kirche und Staat veranlassten, diejenigen zu foltern und zu töten, die des Satanismus für schuldig befunden wurden, anstatt die Einzelheiten der luziferischen Verschwörung öffentlich bekannt zu machen und so den Agenten des Teufels die Möglichkeit zu nehmen, ein leichtgläubiges und unwissendes Volk zu täuschen.

Im 16. Jahrhundert hatte der Satanismus eine so große Kontrolle über das Denken und Handeln der führenden Politiker der Welt erlangt, dass zwischen 1484 und 1682 zweiunddreißig kirchliche und zwölf zivile Maßnahmen gegen den Satanismus erlassen wurden.

Die Macht derjenigen, die die luziferische Verschwörung an der Spitze leiten, kann voll und ganz gewürdigt werden, wenn darauf hingewiesen wird, dass trotz des Wissens und des Bewusstseins der Führer des Christentums, sowohl der kirchlichen als auch der weltlichen, die Synagoge Satans in der Lage war, die Inquisition auf Personen zu beschränken, die der Hexerei oder der Zauberei beschuldigt wurden. So wurden zwischen 1532 und 1682 in der ganzen christlichen Welt 400 Personen der Ausübung des Satanismus beschuldigt, darunter auch in Nemesis, Carolina, USA. Viele der Beschuldigten wurden von Feinden verraten. Sie wussten nicht mehr über den Satanismus, wie er an der Spitze praktiziert und gelenkt wird, als ihre Richter und Henker.

Im Jahr 1776 bestand die Synagoge Satans aus Männern mit großem Intellekt - geistigen Giganten -, die aufgrund ihres erworbenen Reichtums oder ihrer Leistungen in den Bereichen Finanzen, Wissenschaft, Literatur, Kunst und Industrie buchstäblich „SO STOLZ WIE LUCIFER" wurden, den sie insgeheim als ihren Gott anbeteten. Diese bösen Tycoons kontrollierten den Satanismus an der Spitze. Sie schmiedeten Pläne, wie sie die Massen am besten nutzen könnten, um die ultimative Weltherrschaft in ihre Hände oder in die Hände ihrer luziferischen Nachfolger zu legen. Während einzelne Satanisten, darunter Hexen und Zauberer, damit beschäftigt waren, schwachsinnige, rückgratlose Opfer in die Hölle hinabzuziehen, schmiedeten die wahren Führer des Satanismus Pläne, um die Massenkontrolle über Körper und Geist der menschlichen Ethnie zu erlangen, damit sie sie ihrer gottgegebenen Gaben des Intellekts und des freien Willens berauben konnten.

Diejenigen, die die Verschwörung lenkten, warfen so manchen Hasen den Hunden der Justiz vor, so dass sie einen einzelnen Hasen jagten und den wahren Massenfeind übersahen. Die Verschwörer opferten gerade so viele Juden und Heiden, wie nötig waren, um ihre eigene Identität zu schützen und ihre eigenen teuflischen Absichten zu verbergen. Die Mächte des Bösen veranlassten sogar kirchliche und zivile Behörden, sich an der Verfolgung unschuldiger Kinder zu beteiligen. Diese Fälle brachten sowohl kirchliche als auch zivile Behörden in Verruf. Sie förderten die geheimen Pläne der Verschwörer, die Zerstörung aller Regierungs- und Religionsformen herbeizuführen.

Die Macht des Satanismus ist so groß, dass sie sich nicht nur auf die bürgerlichen Regierungen erstreckt, sondern leider auch auf die religiösen Regierungen. Sie erstreckt sich auf Geheimgesellschaften, die Industrie, das Finanzwesen, die Wissenschaft, die Berufe, usw. usw. Während er selbst unsichtbar bleibt, übt er eine Kontrolle aus, die kaum spürbar, aber absolut beherrschend ist, wie Mazzini so treffend sagte.

Der Satanismus kontrolliert auch alles Böse in dieser Welt: alles, was den negativen Zwecken des Teufels dient. Nehmen Sie den Drogenhandel! Nur die Dealer, niemals diejenigen, die ihn an der Spitze kontrollieren, werden strafrechtlich verfolgt. Satanisten könnten den illegalen Verkehr und Handel nicht kontrollieren und diese Kontrolle nutzen, um Tausende von Opfern zu versklaven und andere Tausende von einflussreichen Menschen zu erpressen, wenn der Verkehr und Handel nicht von vornherein illegal gemacht worden wäre.

Was wir damit sagen wollen, ist Folgendes: Wären die Gesetze, die angeblich zum Schutz der Menschheit vor den Mächten des Bösen erlassen wurden, nicht erlassen worden, würden einige wenige Personen, denen es an Selbstbeherrschung mangelt, die Folgen ihrer Unmäßigkeit erleiden.

Aber sobald die Gesetzgebung den Verkauf oder Besitz einer Ware zu einem Verbrechen macht, kann die Synagoge des Teufels Syndikate bilden, die die Ziele der Justiz vereiteln und gleichzeitig Millionen von Dollar Profit für sich selbst machen. So dehnen sie ihre Macht von Einzelpersonen auf Organisationen, Gesellschaften und Regierungen aus. Ich weiß, dass einige Leser dies für eine schreckliche Aussage halten werden, aber Verbotsgesetze sind gegen Gottes Plan.

Alles, was er geschaffen hat, kann zu unserem Nutzen verwendet werden. Wenn wir das, was er uns gegeben hat, missbrauchen, zahlen wir die Strafe. Es ist eine Tatsache, dass niemand jemals per Gesetz in den Himmel gekommen ist oder jemals kommen wird. Die Gesetzgebung hat noch nie einen Satanisten aus der Hölle herausgehalten.

Die Prohibition ermöglichte es der Synagoge des Satans, eine Regierung innerhalb einer Regierung zu errichten. Die Synagoge des Satans errichtete ein Königreich in der Unterwelt. Sie ermöglichte es denen, die die W.R.M. an der Spitze leiten, Milliarden von Dollar zu verdienen, während sie ihre Kontrolle über die Gesellschaft und die Unterwelt aller großen Städte ausbauten. Heute sind die Fürsten der Unterwelt die Herren der Gesellschaft, genau wie es in den Protokollen steht. Ehemalige Bandenchefs besitzen jetzt märchenhafte Resorts und legalisierte Glücksspielpaläste in den Zufluchtsorten, in denen sich die S.O.S. im Falle eines Krieges und/oder einer Revolution zu verstecken gedenken. Sie geben den Takt und die Mode in der so genannten Gesellschaft vor. Das richtige Verfahren sollte darin bestehen, dass die zuständige Behörde Personen, die gegen Gott sündigen, in dem Maße verhaftet und zurückhält und versucht, sie zu heilen, dass ihre Handlungen sich als gefährlich oder schädlich für die Gesellschaft erweisen.

Wenn Gott Adam und Eva nicht verboten hätte, von der Frucht des Baumes des Lebens zu essen, hätten sie nicht sündigen können. Aber Gott hat es Adam und Eva ermöglicht zu sündigen, damit sie beweisen konnten, dass sie ihn aufrichtig lieben und ihm freiwillig in alle Ewigkeit dienen wollten. Der Tod als Strafe passte ihr Verbrechen. Satan veranlasste Eva zur Sünde, weil sie ihm glaubte, als er versprach, sie in das Geheimnis der Fortpflanzung einzuweihen und sie ihrem und seinem Schöpfer an Macht gleichzustellen. Eva lernte, sich fortzupflanzen, aber Gott bewies, dass nur er Geschöpfe erschaffen kann, die ewig leben. Deshalb müssen wir, die Kinder von Adam und Eva, sterben. Deshalb müssen wir aus dem Geist wiedergeboren werden, bevor wir mit Gott wiedervereint werden können.

Geheimbünde und subversive Bewegungen

Nesta Webster veröffentlichte ein Buch mit dem Titel „*Secret Societies and Subversive Movements*" *(Geheimgesellschaften und subversive Bewegungen)*, um aufzudecken, wie diese zur Förderung der W.R.M. benutzt wurden. Sie sagte jedoch nicht direkt: „Die geheime Macht", die alle Geheimgesellschaften und subversiven Bewegungen kontrolliert, ist die Synagoge des Satans. Sie bringt ihr Thema nicht über seine materialistischen und zeitlichen Merkmale hinaus.

Sie warf viel Licht auf das geheime Leben von Adam Weishaupt. Sie schreibt ihm zu, der Verfasser der Originalschriften des Ordens und der Sekte der Illuminaten und der Gründer der Illuminaten zu sein. Mit diesen Aussagen kann ich nicht einverstanden sein.

Meine Studien und Nachforschungen haben mich davon überzeugt, dass Weishaupt die Protokolle der Luziferischen Verschwörung nur überarbeitet und modernisiert hat, um die Synagoge Satans in die Lage zu versetzen, die Fortschritte in der angewandten Wissenschaft und die sich rasch verändernden sozialen, politischen, wirtschaftlichen und religiösen Bedingungen voll auszunutzen. Er hat den Illuminismus nicht erfunden!

Die Illuminaten bedeuten einfach „Bewahrer des Lichts", so wie das Wort „Protokolle" bedeutet: „Ursprünglicher schriftlicher Entwurf eines Plans, der dazu bestimmt ist, ein bestimmtes erklärtes Ziel zu erreichen." Die Illuminaten gibt es, seit Kain sich von Gott abgewandt hat. Die Protokolle wurden geschrieben, sobald der Mensch die Kunst beherrschte, seine Gedanken auszudrücken und seine Pläne für die Zukunft festzuhalten, indem er sie auf Material schrieb, das sich aufbewahren ließ. Die Protokolle wurden geschrieben, lange bevor man je von Zion gehört hat.

Adam Weishaupt war im Alter von 28 Jahren Professor für Kirchenrecht an der Universität Ingolstadt. Er war ein geistiger Riese, der in Bildungskreisen großen Respekt genoss. Weil er von Jesuiten ausgebildet wurde, behaupten viele Nichtkatholiken, die Jesuiten seien „die geheime Macht", die den Plan des Papstes von Rom, die Weltherrschaft zu erlangen, in die Tat umsetzt. Dieser Argumentation folgend behaupten die Feinde der römisch-katholischen Kirche, dass diese religiöse Institution „das Geheimnis, Babylon die Große, die Mutter der Huren und der Gräuel auf Erden" ist. (Offb. 17:5)

Meine Studien haben mich davon überzeugt, dass der Illuminismus unter dem Namen „Perfektionismus" innerhalb des Jesuitenordens praktiziert wurde, lange bevor Weishaupt von Gott abfiel und Luziferianer wurde. Beide Bewegungen, Illuminismus und Perfektionismus, wurden ins Leben gerufen, um die Menschen zu ermutigen, so perfekt wie möglich zu werden. Es gibt ein altes Sprichwort: „Der Weg zur Hölle ist gepflastert mit den guten Absichten derer, die sie nicht in die Tat umgesetzt haben."

Der Jesuitenorden war im 17. und 18. Jahrhundert der größte Lehrorden. Die Synagoge Satans hat natürlich ihre Agenten in den Orden eingeschleust, so wie sie jede Ebene der Gesellschaft infiltriert. Ihre Agenten verbargen ihre wahre Identität. Sie waren klug genug, sich nicht offen kritisch über den Lehrplan der Jesuiten zu äußern. Sie rieten denjenigen, die den Lehrplan aufstellten, einfach, nicht zu viel über die Existenz der luziferischen Verschwörung zu lehren oder den Schülern zu sagen, wie und warum sie gelenkt wurde.

Damit die Katholiken nicht wegen meiner Enthüllungen über diesen Aspekt der Verschwörung, die wir „Verschwörung des Schweigens" nennen, in Feindschaft geraten, möchte ich sie daran erinnern, dass sogar die Päpste die rasche Entwicklung des Satanismus darauf zurückgeführt haben, dass die Priester es versäumt haben, ihre Gemeindemitglieder über dieses wichtige Thema zu informieren.

Die Bulle „Summis Desiderantes" von Papst Innozenz VIII. vom 6. Dezember 1484 galt lange Zeit als päpstliche Kampfansage an die Hexerei, die nur ein anderes Wort für Satanismus ist. Warum die geweihten Amtsträger der christlichen Religionen die Dinge nicht beim Namen nennen, wenn es um den Satanismus und seinen eigentlichen Zweck geht, ist schwer zu verstehen. Liegt es daran, dass auch sie an der Spitze von Satanisten kontrolliert werden, die darauf bestehen, dass sie die Worte „Hexerei" und „Zauberer" verwenden? Aber wenn wir gründlich studieren, was dieser Papst gesagt hat, stellen wir fest, dass er dem Thema Satanismus nichts Neues hinzugefügt hat. Er hat sicherlich keine dogmatische Entscheidung getroffen. In dieser Meinung werde ich von Emile Brouette in seinem „Sechzehnten Jahrhundert und der Satanismus" und einem Dutzend anderer katholischer Priester und Autoren unterstützt. Diese päpstliche Bulle erinnert zunächst daran, dass die Seelsorge die ständige Sorge der Seelsorger sein sollte. Der Papst drückt sein Bedauern darüber aus, dass die Vernachlässigung seitens der Seelsorger viele Gläubige in den rheinischen Diözesen dazu veranlasst hat, von ihrer Religion abzufallen und den Satanismus anzunehmen, einschließlich fleischlicher Beziehungen zu Teufeln. Der zweite Teil befasst sich ausführlich mit der Hexerei; der dritte Teil ermächtigt die Inquisitoren Sprenger und Institoris, Verstöße mit „der Strenge der kirchlichen Justiz" zu verfolgen. Dieses Dokument blieb weit hinter den Dekreten von Papst Johannes XXII. zurück.

Da Weishaupt eine so wichtige Rolle bei der Modernisierung der luziferischen Verschwörung gespielt hat, ist es ratsam, dem Leser einige Fakten an die Hand zu geben, damit er versteht, wie und warum ein brillanter junger Gelehrter dazu gebracht werden kann, sich von Gott abzuwenden und seine Seele buchstäblich an den Teufel zu verkaufen.

Der 1748 geborene Adam Weishaupt wurde 1776 Professor der Rechtswissenschaften an der Universität Ingolstadt, Bayern, Deutschland. Er spezialisierte sich auf Kirchenrecht, das Gesetz, das das Christentum auf dem geraden und schmalen Pfad der WAHRHEIT halten soll.

Er wurde von falschen Freunden umschwärmt. Er wurde von so genannten Intellektuellen und Modernisten eingeschärft: Er wurde gelehrt, „realistische liberale Ideen" zu akzeptieren. Dann griff Satan in Form seiner eigenen Schwägerin ein. Entweder verführte er sie, oder sie verführte ihn. Diese sexuelle Perversion wurde ihm zum Verhängnis. Aus seiner Korrespondenz geht hervor, dass er so verzweifelt war, als er erfuhr, dass seine Schwägerin schwanger war, dass er sich verzweifelt an seine so genannten Freunde wandte. Er flehte sie an, ihm zu helfen, eine Abtreibung zu veranlassen, bevor die Geburt des Kindes ihn mit Schande überhäufen würde.

Weishaupts Briefe beweisen, dass er buchstäblich so stolz wie Luzifer war. Er war nicht reumütig, weil er gegen Gott gesündigt, seinen Bruder verraten und sein Keuschheitsgelübde gebrochen hatte. Oh nein! Seine Briefe beweisen, dass seine Panik von der Angst herrührte, dass die Entlarvung ihn von dem Gipfel der Gelehrsamkeit stürzen würde, zu dem er in so jungen Jahren erhoben worden war.

Weishaupt fand, dass er viele „Freunde" hatte. Aber diejenigen, die auf seinen verzweifelten Hilferuf reagierten, ließen ihn den vollen Preis zahlen. Unter dem Deckmantel der Freundschaft brachten sie ihn mit einem Facharzt zusammen; sie versorgten ihn mit all dem Geld, das er brauchte: Wahrlich, die Wege des Teufels... erst sexuelle Verderbtheit, dann Gold! Dann wurde er unter den Einfluss des neu gegründeten Hauses Rothschild gebracht. Er wurde beauftragt, die uralten luziferischen „Protokolle" zu überarbeiten und zu modernisieren. Sein Stolz wurde weiter aufgeblasen, als er gebeten wurde, die Illuminaten zu organisieren, um die überarbeitete Version der fortlaufenden luziferischen Verschwörung in die Tat umzusetzen, oder es wurde vorgeschlagen.

Weishaupt schrieb viele Bücher und Pamphlete, die sich mit den Illuminaten und der „Neuen Ordnung" befassten, dem irreführenden Namen, den die Modernisten dem „Totalitarismus" gaben, der nur ein anderer Name für den Luziferianismus ist. In seinem „Kodex des Illuminismus" gibt er detaillierte Anweisungen, die von Anwerbern zu befolgen sind, die beauftragt sind, gelehrte, reiche und einflussreiche Männer in die Illuminaten zu bringen. Die Menschen fragen sich oft, WARUM Juristen in der Politik dominieren. Wir werden es erklären. Weishaupt sagte seinen Anwerbern, dass der Erfolg der Bewegung (Verschwörung) von ihrer Fähigkeit abhänge, die „Eroberung" von Fachleuten, insbesondere Anwälten, zu bewerkstelligen, die die Fähigkeit haben, Reden zu halten, und die scharfsinnig und aktiv sind. Um seine eigenen Worte zu zitieren, sagte Weishaupt denen, die er anwarb:

> „Diese Leute (Anwälte) sind wahre Dämonen, die sehr schwer zu handhaben sind; aber ihre Eroberung ist immer gut, wenn sie erreicht werden kann."

Er empfahl als nächstes auf ihrer Eroberungsliste „Lehrer, Universitätsprofessoren und die Vorgesetzten von Seminaren, wann immer es möglich ist." Erklärt dies nicht die Kontrolle, die die Mächte des Bösen jetzt über unsere Bildungseinrichtungen, einschließlich unserer Seminare, erlangt haben? Wenn Studenten, die für den Dienst der christlichen Religion studieren, die WAHRHEIT vorenthalten werden kann, und ordinierte Geistliche, die die WAHRHEIT lernen, von ihren Vorgesetzten zum Schweigen gezwungen werden können, hat der Teufel enorme Fortschritte bei der Entwicklung der luziferischen Verschwörung zu ihrem endgültigen Ziel gemacht.

Um zu beweisen, dass Lügen und Täuschungen das Handwerkszeug der Agenten der Illuminaten sind, sagte Weishaupt zu seinen Anwerbern: „Wenn es irgendeinen Mann von großem Ansehen gibt, der sich durch seine eigenen Verdienste auszeichnet, soll man glauben, dass er einer von uns ist."

Dieser Rat wurde im Fall von General George Washington befolgt. Er wurde von den Illuministen als Freimaurer des höchsten Grades bezeichnet, nachdem der Illuminismus in Amerika eingeführt worden war. Diese Behauptung hat sich als eine trügerische Lüge erwiesen. Die Illuministen haben behauptet, aber nie bewiesen, dass sogar Päpste in ihren Orden eingeweiht worden sind.

Es ist bedauerlich, aber es muss zugegeben werden, dass es viele Beweise gibt, die darauf hindeuten, dass eine Reihe von Priestern und Geistlichen christlicher Konfessionen jetzt in die Illuminaten, die Logen der Großorient-Freimaurerei oder den Neuen und Reformierten Palladianischen Ritus von Pike eingeweiht werden. In einem Brief, den ich am 11. November 1958 von einem Mitglied der römisch-katholischen Hierarchie erhielt, gibt er freimütig zu, dass ihm Dinge an seinen Mitarbeitern aufgefallen sind, die darauf hindeuten, dass diese Aussage eine Tatsache ist.

Weishaupt schrieb auch „The Cause". Er betont die Bedeutung der Eroberung von Amtsträgern, damit diese dazu benutzt werden können, öffentliche Ämter zu monopolisieren und eine Zentralisierung der Regierungen zu erreichen. Ist es nicht genau das, was heute in den so genannten Freien Nationen geschieht?

Selbst Könige und Fürsten werden von Weishaupt als bevorzugte Ziele betrachtet. Als Mazzini 1834 unter dem Deckmantel des „Direktors der politischen Aktion" die Leitung von Weishaupts Programm für Kriege und Revolutionen übernahm, wiederholte er, was Weishaupt in dieser

Hinsicht gesagt hatte, und wir zitieren: „Die Hilfe der Einflussreichen ist eine unentbehrliche Notwendigkeit, um in einem feudalen Lande Reformen herbeizuführen." Im Jargon der W.R.M.-Führer bedeutet dieses Wort „Reform" „Unterwerfung". Heute sind Prinz Bernhard der Niederlande und Prinz Philip von England bei den Bilderbergern und anderen internationalen Gruppen aktiv.

Heute wird Weishaupts überarbeitete und modernisierte Version der luziferischen Verschwörung von den Intellektuellen vorangetrieben, die den kontrollierenden Einfluss in der Bilderberger-Gruppe, der Weltföderalisten-Bewegung und dem Rat für Auswärtige Beziehungen mit Sitz im Henry Pratt Bldg. in New York ausmachen. Diese Druckgruppen zwingen die verbleibenden nationalen Regierungen und ihre Vertreter in der Organisation der Vereinten Nationen, die Idee einer „EINEN WELTREGIERUNG" voranzutreiben, deren Macht die Luziferianer, nicht die Kommunisten oder die politischen Zionisten, an sich zu reißen beabsichtigen.

Damit gute Christen besser beurteilen können, welche ihrer geistlichen Berater echte Soldaten Jesu Christi sind und welche Wölfe im Schafspelz, werden wir beweisen, dass das Eindringen des Satanismus in den Klerus ALLER Religionen und religiösen Orden nichts Ungewöhnliches oder Modernes ist.

Im Jahr 1500 schrieb Papst Alexander VI. an den Prior von Klosterneuburg und an Institoris und bat um Informationen über die Entwicklung der Zauberei (Satanismus) in Böhmen und Mähren. Dieser Brief ist wichtig, denn Deutschland und Böhmen waren lange Zeit Hauptsitze des Satanismus und blieben es bis nach Weishaupts Tod im Jahr 1830.

Der Satanismus lebte unter dem Einfluss der Lehren Nietzsches wieder auf. Die Konzile von Köln 1536 und 1550 zeigen, dass Mitglieder des Klerus vom Glauben an Gott abgewichen waren und Satanismus lehrten und praktizierten. Die Mitglieder dieser Konzile ordneten die Exkommunikation dieser Geistlichen an.

Im Jahr 1583 exkommunizierte das Konzil von Reims die Zauberer: „die einen Pakt mit dem Teufel schließen; die sexuelle Beziehungen pervertieren; die Teufeleien praktizieren und vorgeben, durch die Kräfte des Satans zu heilen".

Von 1580 bis 1620 wurde in den disziplinarischen und dogmatischen Versammlungen der protestantischen Religion häufig die Frage der Zauberei und des Satanismus erörtert, und zwar sowohl in Bezug auf die individuelle als auch auf die allgemeine Ausübung dieser Praktiken.

Aber um auf Weishaupt und seine Schriften zurückzukommen und zu beweisen, dass er vom Christentum abfiel und den Satanismus annahm, als er die „Protokolle" überarbeitete. Er beendete diese Aufgabe im Jahr 1776. Er kündigte dies den Illuminaten für den 1. Mai an. Das ist der wahre Grund, warum der 1. Mai seither jedes Jahr von revolutionären Organisationen und sogar von Arbeiterorganisationen gefeiert wird, ohne dass die große Mehrheit der Mitglieder die Wahrheit auch nur ahnt. Aus diesem Grund ist der 1. Mai 1776 auf amerikanischen Ein-Dollar-Scheinen unter der großen Pyramide abgedruckt. Auf der Spitze der Pyramide befindet sich das alles sehende Auge der Illuminaten.

Weishaupt gründete die Logen des Großen Orients in den wichtigsten Städten Europas und machte sie zum Hauptquartier der Illuminaten, die er neu organisierte, um die überarbeitete und modernisierte Version der luziferischen Verschwörung in die Tat umzusetzen. Die Zahl der Mitglieder der Illuminaten war zunächst auf etwa 2.000 beschränkt. Es handelt sich um Männer, die aufgrund ihrer außergewöhnlichen geistigen Fähigkeiten in ihren jeweiligen Bereichen an die Spitze des menschlichen Schaffens gelangt waren. Es handelte sich um Finanziers wie die Rothschilds und die mit ihnen verbundenen internationalen Finanziers, um Wissenschaftler wie Scheel und um Pädagogen und Enzyklopädisten wie Voltaire. Die Mitglieder der Synagoge des Satans nahmen alle Spitznamen an, um ihre Identität zu verbergen. Der Begriff „Nick- name" wurde zum ersten Mal verwendet, um einen Mann zu bezeichnen, der einen anderen Namen annahm oder sich einen anderen geben ließ, um die Tatsache zu verbergen, dass er ein Anbeter des Teufels geworden war, der oft als „Old Nick" bezeichnet wird.

Wir wollen diesen Punkt nicht weiter ausführen. Es genügt zu sagen, dass die Männer, die ausgewählt wurden, um Adepten des Satanismus zu werden, Mitglieder der Illuminaten waren, die durch ihr Leben, ihre Worte und ihre Taten bewiesen, dass sie sich von Gott abgewandt hatten.

Einige waren bekennende Atheisten. Aber die Mehrheit akzeptierte bereitwillig den „Totalitarismus" (die luziferische Ideologie), wie er ihnen von Weishaupt präsentiert wurde, als ihr Glaubensbekenntnis.

Nur ein Narr kann ein überzeugter Atheist sein. Nur ein Narr kann glauben, dass das Universum und alles, was es beinhaltet, einfach so entstanden ist. Selbst Evolutionisten mit Verstand geben zu, dass die Evolution Teil von Gottes Schöpfungsplan sein könnte, nach dem sich die Geschöpfe auf eine höhere Ebene entwickeln oder auf eine niedrigere Ebene verfallen können.

Die Illuminaten haben eines gemeinsam: Sie waren sich einig, dass diejenigen, die ihren Verstand einsetzen, um in dieser Welt Erfolg zu haben, das „RECHT" haben, über andere mit weniger Verstand zu herrschen, mit der Begründung, dass die Gojim (die Masse oder das gemeine Volk) einfach nicht wissen, was gut (am besten) für sie ist. Wie Voltaire in einem Brief an einen Illuministenkollegen so klar feststellte, müssen diejenigen, die die Verschwörung lenken, denen, die sie kontrollieren, befehlen zu lügen, um den Pöbel aus seiner derzeitigen Unterdrückung in eine neue Unterwerfung zu führen,

> „nicht schüchtern oder nur für eine Weile, sondern wie der Teufel selbst, kühn und immer..." Von Voltaire ist auch überliefert, dass er den Illuministen, mit denen er in Verbindung stand, riet, sie sollten hochtrabende Phrasen verwenden, wenn sie sich an die Gojim wenden, und ihnen großzügige Versprechungen machen. Er fügte hinzu: „Das Gegenteil von dem, was gesagt und versprochen wird, kann hinterher getan werden... das ist nicht von Bedeutung."

Die Gojim wurden ermutigt, die bestehenden Regierungen und Religionen zu zerstören, um Demokratien zu errichten. Demokratien wurden (irreführend) als Regierung und Religion des Volkes, durch das Volk und für das Volk definiert.

So versteht die große Mehrheit auch heute noch das Wort Demokratie. In Wirklichkeit bedeutet das Wort „Demokratie" dämonische oder Mob-Herrschaft. Diejenigen, die die luziferische Verschwörung an der Spitze leiten, benutzen den „Mob", um die Kämpfe zu führen und ihre Regierungen und Religionen zu zerstören, dann unterwerfen sie den Mob.

Für die Hohepriester des luziferischen Glaubensbekenntnisses spielt es keine Rolle, ob Amerikaner und Briten die Regierungen anderer Länder zerstören, solange die Bürger anderer Länder letztlich die Regierungen Großbritanniens und der USA durch Kriege und Revolutionen zerstören. Nach dem luziferischen Prinzip führen Kriege immer zu

Revolutionen. Deshalb haben die kommunistischen Führer den luziferischen Slogan angenommen: „Revolution zur Beendigung aller Kriege". Die luziferische Politik lautet: Kriege, um Regierungen zu schwächen; Revolutionen, um ihre Zerstörung zu vollenden.

Nach jeder Revolution erklären die Revolutionsführer ihren Anhängern, dass es notwendig sei, eine „proletarische Diktatur" zu errichten, um Recht und Ordnung wiederherzustellen. Dann wird zu gegebener Zeit die sozialistische Republik kommen. Das ist eine weitere Lüge. Die so genannte proletarische Diktatur verwandelt sich IMMER in eine absolute Diktatur. Als Lenin gefragt wurde: „Wie lange wird es dauern, bis eure absolute Diktatur einer sowjetischen (Arbeiter-)Regierung weicht?"

Er antwortete: „Diese Frage kann ich nicht beantworten. Wer weiß, wie lange es dauern wird, bis die Arbeiter, die 'Gojim', genug gelernt haben, um sich selbst effizient regieren zu können. Leider weiß die 'Mafia' nicht, was das Beste für sie ist." „Pöbel" ist kommunistischer Jargon; „Gojim" ist luziferisch. Es gibt wirklich keinen Unterschied. Alle geringeren Wesen werden als „menschliches Vieh" betrachtet.

Damit die Illuminaten die Kontrolle über die Gojim erlangen und sie dazu bringen konnten, Kriege und Revolutionen zu führen, um die geheimen Pläne derjenigen voranzutreiben, die die luziferische Verschwörung an der Spitze lenken, wurde Karl Marx angewiesen, die Bücher *Das Kapital* und das *Kommunistische Manifest* zu schreiben. Er befürwortete den Atheismus. Weishaupt und Hecht und andere Luziferianer predigten mit der Zunge in den Backen über die Gleichheit der Menschen, die Freiheit, die Brüderlichkeit usw. Hecht musste seine Unterstützung für die atheistischen Kommunisten seinen Mitarbeitern erklären, indem er ihnen sagte, dass der Kommunismus, wie der Nationalsozialismus, nur eine vorübergehende Phase der allgemeinen Bewegung zur Weltmacht sei.

Der Satanismus wurde in den unteren Graden der von Weishaupt gegründeten Großorient-Logen gefördert, ebenso wie in den unteren Graden des Neuen und Reformierten Palladianischen Ritus, der von Albert Pike fast hundert Jahre später organisiert wurde, als er die Leitung der luziferischen Verschwörung übernahm. Der Satanismus wurde und wird immer noch bei der Schwarzen Messe zelebriert. Sie wurde oft als „Hexensonntag" bezeichnet. Die Schwarze Messe verewigt Sataris Einweihung Evas in die Freuden des

Geschlechtsverkehrs und das Geheimnis der Fortpflanzung. Die Adepten werden daran erinnert, dass Satan dem Menschengeschlecht damit die größtmögliche Wohltat erwiesen hat.

Bei der Schwarzen Messe stellt der Zelebrant den Satan und eine junge Priesterin die Eva dar. Die Verführung und Besessenheit Evas wird vor den Augen der Gläubigen vollzogen. Im zweiten Teil der Schwarzen Messe wird die Niederlage Christi durch Satan verewigt. Die Adepten werden gelehrt, dass Satan der älteste Sohn Gottes (Adonay) und der Bruder des heiligen Michael ist. Das luziferische Dogma lehrt, dass der heilige Erzengel Michael ein und dasselbe himmlische Wesen wie Jesus Christus ist, und besagt, dass Gott (Adonay) den heiligen Michael in der Gestalt Jesu Christi auf die Erde gesandt hat, damit er der luziferischen Verschwörung auf dieser Erde Einhalt gebieten kann, so wie er es im Himmel getan hatte. Wir haben in den vorangegangenen Kapiteln bewiesen, wie falsch und trügerisch diese Lehren wirklich sind.

Die luziferische Lehre lässt nicht zu, dass St. Michael Luzifer im Himmel besiegt hat. Sie behauptet, dass Luzifer seine Unabhängigkeit von Gott erlangt hat und nun seinen eigenen Teil des Universums regiert. Pike sagte, „Luzifer" sei Gott (Adonay) gleichgestellt. Wir werden uns an anderer Stelle ausführlicher mit diesem Thema befassen. Die Schwarze Messe veranschaulicht, wie Satan bei Christus vorstellig wurde und versuchte, sich mit ihm anzufreunden, indem er ihm sogar die Herrschaft über diese Welt anbot, wenn er sich der luziferischen Sache anschließen würde. Sie schildert, wie die Weigerung Christi seine Vernichtung unumgänglich machte. Bei jeder Adonaizid-Messe wird ein Opfer dargebracht, um die Opferung Christi auf Betreiben der Synagoge Satans zu symbolisieren. Das Opfer kann je nach den Umständen und dem damit verbundenen Risiko ein Mensch, ein Geflügel oder ein Tier sein. Die Forschung hat dokumentarische Belege dafür gefunden, dass im Mittelalter mehrere hundert Jugendliche, die in Mitteleuropa verschwanden, bei der Feier der Schwarzen Messen als Opfer verwendet wurden. Das Rosenkreuzertum war eng mit diesen rituellen Morden an männlichen und weiblichen Jugendlichen verbunden. Aber das Rosenkreuzertum und der Illuminismus werden nun der breiten Öffentlichkeit als Bewegungen vorgestellt, die auf den höchsten Idealen beruhen.

In jüngerer Zeit haben britische, französische, deutsche und sogar amerikanische Polizeibehörden ähnliche Verbrechen untersucht, bei denen die Leichen eindeutig mit symbolischen Figuren gebrandmarkt waren, die in Ritualen satanischer Riten verwendet wurden.

Der dritte Teil der Messe besteht aus der Entweihung einer Hostie, die von einem Priester der römisch-katholischen Kirche geweiht wurde. Wenn ein geweihter Priester angeheuert oder erpresst werden kann, eine Hostie zu konsekrieren, wird er für seine Dienste gut bezahlt. Im Jahr 1513 wies Papst Julius den Inquisitor von Cremona an, die Priester zu verfolgen, die die Eucharistie mit den Praktiken der Hexerei (Satanismus) missbrauchten und den Teufel verehrten.[17]

In den letzten Jahren wurde in römisch-katholische Kirchen eingebrochen, um geweihte Hostien für diesen teuflischen Zweck zu beschaffen. Ein Satanist in Amerika zwang seine Frau, an der Kommunion in katholischen Kirchen teilzunehmen und die Hostie, die sie bei der Kommunion erhielt, für ihn aufzubewahren, um sie zu benutzen. Sie gestand dies einem Freund von mir, bevor sie starb.

Nach einer Schwarzen Messe feiern die Gläubigen, Männer wie Frauen, eine Orgie. Die Frauen, die an diesen Orgien teilnehmen, sind Mitglieder so genannter „Adoptionslogen". Sie werden von den Mitgliedern der männlichen Organisation als gemeinsames Eigentum benutzt.

Es gibt verschiedene Arten von Schwarzen Messen, so wie es im römisch-katholischen Gottesdienst und in der Kirche von England Hoch- und Tiefmessen gibt. Der Satanismus umfasst auch eine Vielzahl von Sexualorgien, die zu dem Zweck organisiert werden, einflussreiche Personen, die sie kontrollieren wollen, in eine belastende Situation zu bringen.

Ein Mann erzählte mir, dass er sich bei diesen Orgien sogar übergeben musste. Der Satanismus wird bei Junggesellenabschieden in Form eines so genannten „Zirkus" eingeführt. Diese Zirkusse sind in den meisten Großstädten recht verbreitet.

---

[17] Mag. Mun BULL. ROM. Vol. I, S. 617: Pratt op. cit.; Hansen op. cit.

Sie beschäftigen zwischen einem Mann und einer Frau bis hin zu zwanzig Männern und Frauen, die jede Form von sexueller Ausschweifung und Perversion betreiben. Der Satanismus wird auf heimtückische Weise durch die Verbreitung von Filmen verbreitet, in denen alle Formen sexueller Abscheulichkeiten gezeigt werden, die Teufel in Menschengestalt begehen können.

Der Satanismus wird von den so genannten Modernisten, die sich als Psychiater ausgeben und ihren Studenten unter dem Deckmantel des Modernismus Freudsche Theorien beibringen, in unsere Schulen, Hochschulen und Ausbildungseinrichtungen eingeführt. So wird Medizinstudenten und Mädchen, die die Kunst der Krankenpflege erlernen, weisgemacht, dass Masturbation und Homosexualität völlig normale Praktiken in der Entwicklung des menschlichen Körpers sind und dem Individuum gut tun.[18]

Der Satanismus wird heute durch eine millionenschwere Produktion von pornografischer Literatur und obszönen Bildern pro Jahr gefördert. Der Verkauf dieses geisteszerstörenden Schmutzes steigt von Jahr zu Jahr stetig an.

Der Satanismus wird auf Partys für Delegierte von Kongressen in Großstädten und in einigen Privathäusern gefördert, wo Bacchanalien heute wie zu Zeiten des heidnischen Roms praktiziert werden.

Aber die Öffentlichkeit, die dazu verleitet wird, die sexuellen Randgruppen des Satanismus zu besuchen, darf nicht wissen, dass die Synagoge des Satans an der Spitze all der vielen Phasen dieses abscheulichen Teils der Verschwörung steht.

Sie dürfen nicht einmal ahnen, dass die Synagoge des Satans selbst von den Hohepriestern des luziferischen Glaubensbekenntnisses an der Spitze kontrolliert wird. Zunächst bringen diejenigen, die für den Satanismus werben, ihre beabsichtigten Opfer dazu, aus Neugierde sexuellen Handlungen beizuwohnen. Dann bringen sie sie dazu, den Satanismus zu praktizieren, indem sie sie davon überzeugen, dass es in

---

[18] Wir haben die Nachweise von Studenten, die Kurse in Kanada besucht haben, um diese Aussage zu belegen.

der Natur nichts Falsches gibt. Ihre Opfer sündigen also, weil sie gerne sündigen. Durch diese Vorgehensweise wird das Gewissen des Opfers zunächst abgestumpft und dann abgetötet. Wenn das Opfer richtig gefesselt ist, wird es benutzt, um den teuflischen Zwecken des Satanismus zu dienen.

Die Auswirkungen des Satanismus sind auf so genannten Partys überall zu sehen und zu hören. Schmutzige Geschichten werden jetzt bei jeder Gelegenheit von und zu Mitgliedern beider Geschlechter erzählt. Sprache, die den Namen Jesus Christus mit unaussprechlichen Wörtern mit vier Buchstaben in Verbindung bringt, ist weit verbreitet. Die Jugendkriminalität wird durch Satanisten und Satanismus gefördert.

Satan kümmert sich nicht um Männer und Frauen, die ihm gut dienen. Normalerweise belohnt er international ausgerichtete Totalitaristen mit genügend Reichtum und Macht, um ihre selbstsüchtigen materialistischen Ambitionen zu befriedigen. Der Punkt, den man sich merken sollte, ist folgender. JEDE Form des Internationalismus, JEDE totalitäre Idee, JEDE Gaunerei, JEDE negative Organisation und Bewegung dient dazu, die geheimen Pläne derjenigen zu fördern, die die luziferische Verschwörung ganz oben leiten.

Viele große Männer, darunter Seine Eminenz Kardinal Caro Y Rodreguez von Chili, bezeichnen diese beiden Geheimgesellschaften als „Freimaurerei" und sogar als „Freimaurerei", wenn sie den Satanismus, wie er in den Logen des Großen Orients und den Räten des Neuen und Reformierten Palladianischen Ritus praktiziert wird, entlarven. Dies veranlasst uninformierte Menschen zu glauben, dass viele Freimaurer des Schottischen Ritus (auch bekannt als „Blaue" oder „Kontinentale Freimaurerei") ebenfalls Satanisten sind. *Das ist unwahr und sehr irreführend!*

Nicht einmal die Mitglieder der unteren Grade des Grand Orient und des Neuen Palladianischen Ritus praktizieren den Satanismus. Selbst die Mitglieder, die ausgewählt werden, um als Adepten in den Satanismus eingeweiht zu werden, erfahren nicht das VOLLSTÄNDIGE Geheimnis, d.h. dass der Satanismus an der Spitze von den Hohepriestern des luziferischen Glaubensbekenntnisses kontrolliert wird. Nur denjenigen, die in den höchsten Grad eingeweiht sind, wird „das wahre Licht der reinen Lehre Luzifers" gezeigt und von ihnen wird verlangt, ihn als ihren einzigen Gott zu verehren. Nur sehr wenige, sorgfältig ausgewählte Kandidaten dürfen wissen, dass es die luziferische totalitäre Ideologie ist, die dem, was von der menschlichen Ethnie übrig geblieben ist, aufgezwungen werden soll, nachdem der letzte soziale Kataklysmus, der die kommunistisch kontrollierten Menschen mit dem Rest der Welt verbindet, beendet ist.

Weishaupt und Pike waren beide Hochgradfreimaurer, aber nicht einer von zehntausend Freimaurern ahnte, dass sie auch Hohepriester des luziferischen Glaubensbekenntnisses waren. Mazzini leitete die W.R.M. von 1834 bis 1871, bevor Pike ihn mit dem VOLLEN Geheimnis vertraut machte.

Kein einziger Freimaurer unter Tausend ahnt, dass die Freimaurerei zusammen mit ALLEN anderen Geheimgesellschaften in der Endphase der Verschwörung vernichtet werden soll, zusammen mit allen anderen Religionen, so dass nur noch das wahre Licht der reinen Lehre Luzifers zur Beeinflussung des menschlichen Geistes verwendet wird.

Belen de Sarraga, die in Iquique Mitglieder des Großorient in den Satanismus einführte, erklärte ihnen, dass Satan der „gute" Gott ist, der Engel des Lichts, der kam, um Eva das Geheimnis zu lehren, wie man den Menschen Gott gleich macht. Sarraga lehrte, dass Satan Eva fleischlich besaß, ein Wissen, das sie anschließend mit Adam teilte und an die Menschheit weitergab.

Benoit erzählt uns, dass die Eingeweihten des 25. Grades der Ritter der ehernen Schlange die Schlange (Symbol des Satans) anbeten müssen, die der Feind Gottes (Adonay) und der Freund des Menschen ist, der mit seinem Triumph die Menschen nach Eden zurückkehren lassen wird.

Benoit sagt auch, dass im 20. Grad desselben Ordens vom Eingeweihten verlangt wird, zu sagen: „Im heiligen Namen Luzifers vertreibe den Obskurantismus." (Benoit zitiert ein unter den Freimaurern des Großen Orients verbreitetes Flugblatt, in dem es heißt, dass Johannes Ziska und Johannes Huss, als sie den Satanismus in Böhmen verbreiteten, Satan als das unschuldige Opfer einer despotischen Macht (Gott Adonay) darstellten, die ihn (Satan) zum Gefährten aller Unterdrückten in Ketten machte. Die beiden ersetzten die uralte Redewendung „Gott sei mit dir" durch die folgende Formulierung: „Möge der, dem Unrecht geschieht, dich bewahren".

Von Proudhon, einem weiteren Satanisten, ist überliefert, dass er den Satan mit den Worten anrief: „Komm Satan, von den Priestern verbannt, aber gesegnet sei (in) meinem Herzen." (Benoit F.M.I. S. 460-62.)

Dom Benoit sagt, dass der Neue und Reformierte Palladianische Ritus von Albert Pike als grundlegende Praxis und Zweck die Anbetung Luzifers hat... er ist voll von allen Untugenden und Schandtaten der Schwarzen Magie. Nachdem er sich in den Vereinigten Staaten etabliert hat, ist er nach Europa eingedrungen und macht jedes Jahr erschreckende Fortschritte. Ihr ganzes Zeremoniell ist voll von Lästerungen gegen Gott und unseren Herrn Jesus Christus. (F.M.I. S. 449-454.) Domenico Margiotta schrieb das Leben von Adriano Lemmi unter dem Titel „Adriano Lemmi Chef Supreme des Franc-Maçons". Lemmi war auch Oberhaupt der italienischen Freimaurer des Grand Orient. Nur wenige scheinen zu wissen, dass er ein überzeugter Satanist war und von Pike auserwählt wurde, nach Mazzinis Tod Oberster Direktor der W.R.M. zu werden. Lemmi wird der Öffentlichkeit auf von der kontrollierten Presse als großer italienischer Patriot präsentiert. Wenn man jedoch in sein privates und geheimes Leben eintaucht, wird man feststellen, dass er ein Idol auf tönernen Füßen ist, wie Pike und Mazzini, Lord Palmerston, Churchill, ED. Roosevelt und viele andere.

Margiotta sagt: „Adriano Lemmi hat seine Anbetung des Satans nicht verheimlicht. In Italien wussten alle, dass er ein Satanist war. Im Namen Satans pflegte er seine Rundschreiben zu verschicken, auch wenn er sich manchmal der Meinung der *unvollkommenen* Eingeweihten anpasste, aber es genügt, in der Sammlung seines Tagebuchs (das den Freimaurern des Großen Orients vorbehalten ist) zu blättern, um seine Ansichten über den Okkultismus und die Schlechtigkeit dessen, der sich dem Teufel ausgeliefert hatte, zu erfahren. „Ja, als Satanist organisierte er die antiklerikalen Bewegungen und brüstete sich ab 1883 damit!"

In seinem offiziellen Organ „The Revista Della Massoneria Italiana" (Bd. I des Freimaurer-Jahrbuchs vom 1. März 1883 bis 28. Februar 1884, S. 306) gibt er diese zynische Erklärung ab:

> „Der Papst hat gesagt: 'Vecilla Regis Prodcunt Inferni'. Ja, in der Tat, die Standarten des Königs des Infernos rücken vor, und es gibt keinen einzigen bewussten Menschen, der die Freiheit liebt; es gibt keinen, der sich nicht unter diesen Standarten einschreiben würde."

So benutzte er, wie alle anderen revolutionären Führer, das Wort Freiheit, während er die ganze Zeit daran arbeitete, die Massen in die „Neue Ordnung" zu führen, was der höfliche, aber irreführende Name ist, den sie der luziferischen totalitären Diktatur geben, unter der sie beabsichtigen, die menschliche Ethnie mit Körper, Geist und Seele zu versklaven.

Lemmi fährt fort:

> „Ja! Ja! Die Standarten des Königs des Infernos sind auf dem Vormarsch, denn die Freimaurerei, die durch ihren Grundsatz, ihre Institution und ihren Instinkt immer alles bekämpft hat und immer bekämpfen wird, was die Entwicklung der Freiheit, des Friedens und des Glücks für die Menschheit behindern kann, muss heute energischer und offener als je zuvor alle Machenschaften der klerikalen Reaktion bekämpfen."

> (Margiotta, Adriano Lemmi, S. 168-169.)

Hier sehen wir, dass Lemmi das Wort „Freimaurerei" anstelle von Luziferianismus einfügt. Er spricht wieder von Freiheit, während er und seinesgleichen beabsichtigen, den „Gojim" mit absoluter Willkür ihren Willen aufzuzwingen, wie es Lenin 1917 in Russland tat, während des ersten großen Experiments, das dazu diente, die luziferischen Theorien in der Praxis zu testen.

Copin Albancelli, eine weitere Autorität auf dem Gebiet des Satanismus in der heutigen Zeit, sagt, er habe eindeutige Beweise dafür erhalten, dass bestimmte Gesellschaften, die sich zur Freimaurerei bekennen, Luzifer verehren: „Sie verehren Luzifer als den wahren Gott und sind so sehr von einem unerbittlichen Hass gegen den Gott der Christen beseelt, den sie für einen Betrüger halten, dass sie eine Formel haben, die ihren Geisteszustand auf den Punkt bringt. Sie sagen nicht mehr: „Zur Ehre des großen Baumeisters des Universums", sondern: „Ruhm und Liebe für Luzifer! Haß! Haß! Hass! Gott sei Verdammnis! Verdammnis! Verdammnis!" Copin-Albancelli fährt fort: „Man bekennt in diesen Gesellschaften, dass alles, was der christliche Gott anordnet, Luzifer unangenehm ist, dass im Gegenteil alles, was er verbietet, Luzifer angenehm ist, und dass es daher notwendig ist, alles zu tun, was der christliche Gott bekämpft hat, und sich vor allem zu hüten, was er anordnet, als ob es Feuer wäre. Copin-Albancelli sagt und ich zitiere: „Ich wiederhole, ich habe den Beweis für all dies in meinen

Händen gehalten. Ich habe Hunderte von Dokumenten gelesen und studiert, die zu einer dieser Gesellschaften gehören, Dokumente, die ich nicht veröffentlichen darf, und die von Mitgliedern, Männern und Frauen der fraglichen Gruppe stammen. Ich konnte beweisen, dass dies Luzifer gefällt, *auch dass dort Mord praktiziert wird* (die Schwarze oder Adonaizid-Messe), immer weil es dem christlichen Gott missfällt und Luzifer gefällt." (Copin, S.O. 291-292.) Margiotta berichtet, dass Pike Lemmi für seinen rasenden Satanismus tadelte und verfügte, dass der Gott der Freimaurerei (der Neue und Reformierte Palladianische Ritus) nur den unaussprechlichen Namen Luzifer tragen dürfe.

Auf dem Internationalen Kongress von Brüssel 1886 rief La Fargus aus: „Krieg gegen Gott! Hass auf Gott! Darin liegt der Fortschritt. Es ist notwendig, den Himmel zu zertreten, als wäre er ein Stück Papier." (Der Weltkongress in Brüssel 1958 war eine der gottlosesten Ausstellungen, die je veranstaltet wurden. Man konnte den Satanismus überall finden.) Ein luziferischer Adept Bruder Lanesan (Solstisches Fest der Freundschaftsloge Clemens am 13. März 1880) lästerte mit diesen Worten: „Wir müssen den Schändlichen zermalmen. Aber dieser Schändliche ist nicht der Klerikalismus, dieser Schändliche ist Gott." (International Review of Secret Societies, Nr. 17, 1924, S. 309-310.) Wir haben nur ein paar unabhängige Autoren zitiert, die in der zweiten Hälfte des 19. Jahrhunderts Wahrheiten herausfanden, die ich als Ergebnis meiner eigenen Forschung in der ersten Hälfte des 20. Diejenigen, die die luziferische Verschwörung leiten, können diese Informationen unter Verschluss halten, weil sie die Presse und alle Wege der öffentlichen Information kontrollieren. Aber ist es nicht seltsam, dass die Geistlichen der christlichen Religion nicht darauf bestehen, diese Wahrheiten von ihren Kanzeln aus zu verkünden, die sie in ihren angeblichen christlichen Kirchen - den Gotteshäusern - eingerichtet haben?

Um denjenigen, die versuchen, die Öffentlichkeit glauben zu machen, dass ALLE Freimaurer mit der gleichen Bürste „Satanismus" und/oder Luziferianismus geteert werden, den letzten Nagel in den Sarg zu schlagen, möchte ich darauf hinweisen, dass sowohl Weishaupt als auch Pike besondere Sorgfalt darauf verwendet haben, die totale Zerstörung der Freimaurerei, zusammen mit allen anderen Geheimgesellschaften, in den letzten Phasen der Verschwörung vorzusehen.

In den Vorlesungen über die „Protokolle" der luziferischen Verschwörung, die von Marsden in Kapitel und Paragraphen unterteilt wurden, sagte der Vortragende, dass Freimaurer und Freimaurerei wie folgt zu behandeln seien: (Kap. IV. Abs. 2) „Wer und was ist in der Lage, eine unsichtbare Macht zu stürzen? Und genau das ist unsere Kraft.

Die nichtjüdische Freimaurerei dient uns und unseren Zielen blindlings als Schirm, aber der Aktionsplan unserer Truppe, ja sogar ihr Aufenthaltsort, bleibt für das ganze Volk ein unbekanntes Geheimnis." Da dieses Exemplar der Vorträge dazu benutzt werden sollte, den Antisemitismus in Russland zum Siedepunkt zu bringen, wurde das Wort „nichtjüdisch" eingeführt.

Kap. IX:2

Die freimaurerischen Losungsworte „Freiheit, Gleichheit und Brüderlichkeit" werden, wenn wir in unser Königreich kommen, so verändert werden, dass sie „das Recht auf Freiheit, die Pflicht zur Gleichheit, das Ideal der Brüderlichkeit" bedeuten - so werden wir es ausdrücken.

Der Dozent fährt dann fort zu erklären: „Wenn heutzutage irgendwelche Staaten einen Protest gegen uns, die Satanisten und Luziferianer, die die W.R.M. an der Spitze leiten, erheben, so geschieht dies nur proforma nach unserem Ermessen und auf unsere Anweisung hin (denn sie kontrollieren die Politik ALLER Regierungen hinter den Kulissen)." Es gibt auch eine Aussage, die sich auf „das Management unserer geringeren Brüder" bezieht. Diese Aussage deutet darauf hin, dass die Direktoren der luziferischen Verschwörung beabsichtigen, Freimaurer niedrigeren Grades zu benutzen, so wie sie die geringeren jüdischen Brüder benutzen, um ihren eigenen geheimen Plänen zu dienen und so viele wie nötig zu opfern, um ihren eigenen teuflischen Zielen zu dienen.

Kap. XI: 5-7, sagt:

„Wir werden immer wieder versprechen, (dem Volk) alle Freiheiten zurückzugeben, die wir ihm genommen haben, sobald wir die Feinde des Friedens niedergeschlagen und alle Parteien gezähmt haben. Es lohnt sich nicht, etwas darüber zu sagen, wie lange man sie auf die Rückgabe ihrer Freiheiten warten lassen wird.

„Zu welchem Zweck haben wir denn diese ganze Politik erfunden und sie den „Gojis" untergeschoben, ohne ihnen die Möglichkeit zu geben, ihren tieferen Sinn zu prüfen? Wozu denn, wenn nicht, um auf Umwegen zu erreichen, was für unseren verstreuten Stamm auf dem direkten Weg unerreichbar ist?"

Das ist die Grundlage für unsere Organisation der GEHEIMEN MASONIE, die nicht bekannt ist und deren Ziele nicht einmal von diesen GOY-Viechern vermutet werden, die von uns in die „SHOW"-Armee der Freimaurerlogen gelockt werden, um ihren Mitmenschen Staub in die Augen zu streuen."

Das oben Gesagte liest sich so, als ob Juden die Verschwörung lenkten, aber wir müssen uns daran erinnern, dass wir es mit den Hohepriestern der Synagoge Satans zu tun haben, den Meistern der Täuschung, von denen uns Christus sagte, sie seien diejenigen, die sagen, sie seien Juden, es aber nicht sind. Diejenigen, die überall auf der Welt dem Satanismus dienen und das Verderben der Seelen anstreben, sind genauso „der zerstreute Stamm" wie die Juden (Hebräer).

Kap. XV erzählt, was mit allen Geringeren, Freimaurern, Juden, Christen usw. usw. geschehen wird, „wenn wir (die Hohepriester des luziferischen Glaubensbekenntnisses) endlich mit Hilfe eines „Staatsstreiches", der überall für ein und denselben Tag vorbereitet wird, endgültig in unser Reich kommen, nachdem die Wertlosigkeit aller bestehenden Regierungsformen endgültig anerkannt worden ist."

Dieser Vortrag wurde zwischen 1873 und 1901 gehalten. Der Vortragende sagte seinen Zuhörern, dass es ein Jahrhundert dauern könnte, um diejenigen, die die Verschwörung lenkten, dort zu platzieren, „wo KEINE Macht oder Gerissenheit uns daran hindern kann, die unbestrittene Weltherrschaft an sich zu reißen. „Er sagt seinen Zuhörern, dass sie, sobald sie an der Macht sind, die folgenden Schritte unternehmen werden, um sicherzustellen, dass sie an der Macht bleiben:

1. Wir werden ohne Gnade ALLE töten, die sich unserem Einzug in unser Reich mit Waffen widersetzen.

2. Die Zugehörigkeit zu einer Art Geheimbund wird mit dem Tod bestraft.

3. Diejenigen, die Geheimgesellschaften angehörten und der S.O.S. gedient haben, sollen aufgelöst und ins Exil geschickt werden. (Genau so wurde es in Russland gemacht und wird es jetzt in China gemacht.) Der Vortragende fügt hinzu, „auf diese Weise werden wir mit Freimaurern verfahren, die zu viel wissen."

4. Der Tod wird die Strafe für alle sein, die unsere Angelegenheiten behindern. Wir richten die Freimaurer so hin, dass niemand außer der Bruderschaft jemals Verdacht schöpfen kann, nicht einmal die Opfer selbst, die unserem Todesurteil zum Opfer fallen. Sie werden alle sterben, wenn es nötig ist, als ob sie an einer normalen Krankheit leiden würden.

Die Freimaurer des Schottischen Ritus täten gut daran, zu untersuchen und zu entlarven, wer unter ihnen insgeheim zur „Synagoge des Satans" gehört. An ihren Früchten sollt ihr sie erkennen.

Weil Christus uns gesagt hat, dass Luzifer der „Vater der Lüge" und „der Meister der Täuschung" ist, werden wir General Albert Pike, einen angeblichen Patrioten und einen der größten Doktoren der freimaurerischen Wissenschaft, im Licht seiner eigenen Worte untersuchen, die nie das Licht der Welt erblicken sollten. Er sagte:

„Die Blauen Grade sind nicht mehr als die äußere Tür des Tempelportals. Ein Teil der Symbole wird dem Eingeweihten hier erklärt, aber er wird absichtlich mit falschen Interpretationen getäuscht! Es ist nicht beabsichtigt, dass er sie versteht, sondern dass er sich einbildet, sie zu verstehen. Ihre wahre Deutung ist den Eingeweihten, den Fürsten der Freimaurerei, vorbehalten."

„Die Freimaurerei", fährt Pike fort, „verbirgt wie alle Religionen, alle Mysterien, die Hermetik und die Alchemie Geheimnisse vor allen außer den eingeweihten Weisen oder Auserwählten und bedient sich falscher Erklärungen und Auslegungen ihrer Symbole, um diejenigen zu täuschen, die es verdienen, getäuscht zu werden, und um die Wahrheit, die LICHT genannt wird, vor ihnen zu verbergen und sie von ihr zu trennen.""[19]

Erst wenn wir die obige Aussage mit den Informationen vergleichen, die in Pikes Briefen an Mazzini und andere, die „Eingeweihte" und „Auserwählte" des luziferischen Glaubensbekenntnisses wurden, enthalten sind, können wir die schreckliche Wahrheit verstehen und schätzen, die sich hinter den oben zitierten Worten verbirgt. Das Wort LICHT, das er betonte, bedeutet nachweislich „das WAHRE LICHT der reinen Lehre Luzifers", wie er Mazzini in seinem Brief an ihn vom 15. August 1871 erklärte.

Ich zähle viele Freimaurer zu meinen Freunden. In den 1930er Jahren hatte ich die Ehre und das Privileg, Gastredner in zahlreichen Freimaurerlogen zu sein. Die Ionische Loge von Hamilton, Ontario (die älteste Loge Kanadas), hat mir diese Ehre bei mehreren Gelegenheiten zuteil werden lassen. Mit Gefühlen der Liebe und Nächstenliebe enthülle ich, dass sie belogen und betrogen werden und dass ihre Gesellschaft als Deckmantel benutzt wird, um die wahre Identität und den Zweck der Mitglieder der Synagoge des Satans zu verbergen, die ihre Tempel als ihr geheimes Hauptquartier benutzen, damit sie heimlich und mysteriös im Dunkeln arbeiten können, um den Satanismus zu fördern und die luziferische Verschwörung zu leiten.

Ich weiß, dass die Freimaurer in der Blauen Freimaurerei auf die Bibel schwören, wenn sie ihre Eide ablegen. Das beweist, dass die große Mehrheit an Gott (Adonay) als den Schöpfer des Himmels und der Erde glaubt, den sie den großen Architekten des Universums nennen.

Ich weiß, dass die große Mehrheit der Lehrlinge jedes Wort, das sie sagen, ernst meint, wenn sie bei Gott schwören, dass sie die Geheimnisse niemals preisgeben werden; und ich weiß, dass der Gott, bei dem sie schwören, der Gott ist, den sie für das übernatürliche Wesen halten, das Luzifer und seine Mitrebellen aus dem Himmel und in die Hölle vertrieben hat. Ich weiß, dass von der riesigen Zahl der Freimaurer in der ganzen Welt nur wenige, und zwar sehr wenige, so weit verkommen, dass sie als „würdig" angesehen werden, in den

---

[19] Zur Bestätigung des obigen Zitats siehe Preuse AF S. 12-13.

Satanismus eingeweiht zu werden; ich weiß, dass noch weniger ausgewählt werden, um Mitglieder der Auserwählten Luzifers zu werden. Was meine Studien betrifft, so glaube ich, dass der heimtückische Zweck hinter der luziferischen Infiltration der Freimaurerei und aller anderen Religionen darin besteht, sie zu täuschen, damit sie direkt und indirekt die „Idee" einer Eine-Welt-Regierung und Religion fördern. Wie ich bereits gesagt habe, wiederhole ich es noch einmal: „Kein einziger Freimaurer unter zehntausend ahnt, dass diejenigen, die alle Aspekte der luziferischen Verschwörung lenken, beabsichtigen, die Macht der ersten Weltregierung an sich zu reißen und die luziferische Ideologie dem aufzudrängen, was von der Menschheit noch übrig ist."

Ich weiß, dass einige der sehr guten Freimaurer, die ich mit Stolz als meine Freunde bezeichnen darf, heftig krank werden würden, wenn sie aufgefordert würden, die Lästerungen gegen den Gott, den sie anbeten und verehren, auszusprechen und an den Abscheulichkeiten teilzunehmen, die bei einer von Pikes modernisierten Schwarzen Messen praktiziert werden, denen er den Namen Adonaizid-Messe gab.

Adam Weishaupt

Mit Täuschung als ihrer Hauptwaffe haben diejenigen, die die luziferische Verschwörung leiten, die Katholiken dazu gebracht zu glauben, dass die Freimaurerei das Hauptinstrument des Teufels ist, um sie und das Christentum zu zerstören. Mit genau der gleichen Täuschung wird den Freimaurern beigebracht, dass der römische Katholizismus ein verkappter Luziferianismus ist. Ebenso wird den Kommunisten beigebracht, dass sie die Verfechter der „Demokratie" sind, während die Menschen in den sogenannten verbleibenden demokratischen Nationen davon überzeugt werden, dass der Kommunismus die Wurzel allen Übels und die Hauptbedrohung für die Zerstörung ihrer Regierungen und Religionen ist. So halten diejenigen, die die luziferische Verschwörung leiten, die Gojim untereinander gespalten. Sie schieben die Schuld für ihre eigenen Sünden gegen Gott und ihre Verbrechen gegen die Menschheit dorthin, wo sie es am bequemsten finden. Auf höchst bemerkenswerte Weise, die nur durch die Macht des Teufels erklärt werden kann, gelingt es ihnen, den Finger des Verdachts, wenn er auf sie gerichtet ist, auf andere zu lenken, und im Allgemeinen bewahren sie die Geheimhaltung ihrer Motive und Identität.

Die Synagoge des Satans leitet die luziferische Verschwörung. Die Geschichte beweist, dass die S.O.S. ALLE internationalistischen Bewegungen, die seit Anbeginn der Zeit organisiert wurden, benutzt hat, um ihre eigenen geheimen Pläne zu fördern. Die Bibel sagt uns, dass die „Idee" einer Ein-Welt-Regierung Salomon zehn Jahrhunderte vor Christi Geburt vorgestellt wurde.

Wie im Falle des Nationalsozialismus werden alle internationalen Bewegungen dazu gebracht, sich selbst zu zerstören, sobald sie der luziferischen Sache gedient haben. So nähern sich die wenigen, die die Weltrevolutionäre Bewegung leiten, friedlich der Errichtung eines totalitären Staates. Sie bringen diejenigen, die sie zu unterjochen gedenken, dazu, sich gegenseitig zu bekämpfen und zu zerstören, ihre Regierungen und Religionen, weil sie ihnen im Wege stehen.

Die „Protokolle" sind der ursprüngliche Entwurf des Plans, mit dem die Synagoge des Satans die unangefochtene Weltherrschaft erlangen will. Die Protokolle sind, wie das Sprichwort sagt, so alt wie das Seine. Weishaupt hat sie einfach überarbeitet und modernisiert, damit diejenigen, die die Synagoge Satans bilden, die sich rasch verändernden Bedingungen und die Fortschritte der angewandten Wissenschaft voll ausnutzen können. Die Art und Weise, in der die Entdeckung der Atomenergie benutzt wird, um die Massen zu erschrecken, damit sie die „Idee" akzeptieren, dass eine Eine-Welt-Regierung die einzige Lösung für die vielen Probleme der Welt ist, ist typisch für das, was ich meine. Diejenigen, die die Verschwörung leiten, verbergen sorgfältig vor denjenigen, die sie benutzen, um ihren teuflischen Zwecken zu dienen, die Tatsache, dass sie in der letzten Phase der Verschwörung beabsichtigen, die Macht der ersten zu errichtenden Weltregierung an sich zu reißen und dann die luziferische Ideologie dem Rest der menschlichen Ethnie aufzuzwingen. Sobald die One Worlders in dieser Hinsicht aufgeklärt sind, werden sie den Internationalismus in jeder Form ablehnen.

Weishaupt organisierte die Illuminaten, um seine überarbeitete Version der Verschwörung in die Tat umzusetzen. Er richtete auch die Logen der Großorient-Freimaurerei als geheimen Sitz der Illuminaten ein. Wenn Mitglieder der Illuminaten in andere Geheimorganisationen eindrangen, einschließlich der kontinentalen oder blauen Freimaurerei, organisierten sie ihre eigene Geheimgesellschaft innerhalb der Logen der Geheimgesellschaft, in die sie eingedrungen waren. Die gewöhnlichen, „unvollkommenen" Mitglieder wurden und werden bis heute in Unkenntnis dieser Tatsache gehalten.

Die bekanntesten Satanisten oder Luziferianer, die mit Weishaupt zusammenarbeiteten, waren der berühmte deutsche Schriftsteller Zwack, Baron Knigge, Baron Bassus-in-Sandersdorf, der Marquis Constanza und Nicolai. Um ihre Identität und ihre wahren Absichten zu verbergen, benutzten Weishaupt und seine Leutnants Decknamen. [20] Weishaupt war „Spartacus"; Zwack war „Cato"; Baron Knigge war „Philo"; Bassus war „Hannibal"; der Marquis Constanza war „Diomedes"; und Nicolai, der größte Spötter ALLER Religionen, die den Glauben an einen anderen Gott als Luzifer lehren, wurde „Lucian".

Städte, in denen Großorientalische Logen eingerichtet wurden, um als geheime revolutionäre Hauptquartiere der Verschwörer zu dienen, erhielten ebenfalls Codenamen. So wurde München zu „Athen", Wien zu „Rom" usw. Es war ein Zufall oder eine „höhere Gewalt", die diese Geheimnisse aufdeckte. Zwack hatte Weishaupts Aufzeichnungen in eine geordnete Manuskriptform gebracht, um sie zur Information der revolutionären Führer in der ganzen Welt zu veröffentlichen. Exemplare dieser luziferischen Bibel wurden in die Hände sorgfältig ausgewählter Treuhänder gegeben, um sicherzustellen, dass einige überleben würden, falls Regierungsbehörden andere Exemplare beschlagnahmen würden. Ein Exemplar wurde der Obhut von Prof. John Robison von der Universität Edinburgh anvertraut.

1784 wurde ein weiteres Exemplar von Frankfurt am Main in Deutschland an Mirabeau in Paris, Frankreich, geschickt. Er war von Weishaupt ausgewählt worden, um die für 1789 geplante Französische Revolution anzuzetteln.

Nur sehr wenige Historiker scheinen erkannt zu haben, dass die so genannten „Internationalisten" schon früh in den 1700er Jahren, lange bevor Weishaupt von dem neu gegründeten Haus Rothschild beauftragt wurde, die uralte Verschwörung zur Schaffung einer EINEN WELTREGIERUNG zu überarbeiten und zu modernisieren, nach Amerika eingedrungen waren. Die Werke jener Historiker, die diese Tatsache erwähnen, wurden unterdrückt. Es gibt dokumentarische Beweise, die belegen, dass diese Subversiven bereits 1746 aktiv waren. Sie feierten den 1. Mai 1776 als den Tag, an dem Weishaupt die Überarbeitung der jahrhundertealten Verschwörung beendete und denjenigen, die zur Leitung der Verschwörung auserwählt wurden, den

---

[20] Diese Praxis setzt sich bis heute fort, wie die Geschichte der geheimen Treffen auf der Insel Jekyl und der *Insel* St. *Simon* zeigt, *die in* Pawns in the Game *und* The Red Fog Over America *veröffentlicht wurde.*

Namen „Illuminaten" gab und seine überarbeiteten Pläne in die Tat umsetzte. Millionen und Abermillionen von Menschen haben seither den 1. Mai gefeiert, weil sie ihn für den Jahrestag des Tages hielten, an dem Amerika und die Arbeiterschaft ihre Unabhängigkeit erlangten. Die Massen (Gojim) hätten sich nie träumen lassen, dass der 1. Mai 1776 ein epochaler Tag in der Geschichte der luziferischen Verschwörung war, die wir als Weltrevolutionäre Bewegung bezeichnen. Es war der Tag, an dem die Illuminaten Großbritannien in den Rücken fielen, als Teil ihres Programms, das Britische Empire zusammen mit ALLEN anderen verbleibenden Regierungen und Religionen zu zerstören.

Der 1. Mai wurde von der römisch-katholischen Kirche seit Jahrhunderten als Festtag der Mutter Jesu Christi gefeiert. Aus diesem Grund wählte Weishaupt, ein abtrünniger Jesuit, diesen Tag, um seinen Satanisten- und Luziferianerkollegen seinen überarbeiteten Plan zur Zerstörung des Christentums und zur Herbeiführung dessen, was Nietzsche später als „Tod Gottes" bezeichnete, zu verkünden.

Aber zurück zu unserer Geschichte. Als der Kurier der Illuminaten auf dem Weg nach Paris, um Mirabeau sein Exemplar von Weishaupts überarbeiteten Plänen zu überbringen, durch die Stadt Regensburg ritt, wurde der Kurier durch einen Blitzschlag getötet.

Dieses Ereignis ereignete sich im Jahr 1784. Die Polizei übergab die bei der Leiche gefundenen Dokumente den bayerischen Regierungsbehörden. Die Untersuchung ergab, dass es sich um die „Protokolle" des Ordens und der Sekte der Illuminaten handelte. Das Wort *„Protokoll"* bedeutet: „Abschrift des Originalentwurfs eines Plans zur Erreichung eines bestimmten Zwecks und eines klar definierten Ziels".

Die bayerische Regierung war in den Besitz der Protokolle der luziferischen Verschwörung gelangt, die Adam Weishaupt zwischen 1770 und 1776 überarbeitet hatte. Sie wussten, wie Weishaupt mit dem „Orden und der Sekte der Illuminaten" seine modernisierten Pläne in die Tat umsetzen wollte. Die Dokumente enthüllten auch, dass die Logen des Großen Orients als geheime Hauptquartiere derjenigen genutzt werden sollten, die die Verschwörung zur Zerstörung aller verbleibenden Regierungen und Religionen auf der ganzen Welt leiteten. Sie enthüllten auch, dass die Illuminaten beabsichtigten, in alle anderen Geheimgesellschaften einzudringen, insbesondere aber in die kontinentale (blaue) Freimaurerei, um mit wohlhabenden und einflussreichen Personen in Kontakt zu treten, über die sie die Kontrolle erlangen wollten, um sie für die geheimen Pläne der Illuminaten zu benutzen, eine Eine-Welt-Regierung zu schaffen.

Der „Kurfürst von Bayern" befahl der Polizei, die Wohnungen und Treffpunkte von Weishaupt und seinen engen Vertrauten zu durchsuchen. Diese Razzien fügten eine Fülle zusätzlicher Beweise zu dem hinzu, was bereits aus den Dokumenten hervorging, die bei der Leiche des Kuriers gefunden worden waren.

Die bayerische Regierung war sehr gründlich. Bis 1786 hatte sie alle verfügbaren Beweise geprüft. Sie veröffentlichten die Informationen in einem Buch mit dem Titel (englische Übersetzung) *Original Writings of the Order and Sect of the Illuminati*. Zwacks Manuskript, das Weishaupts überarbeitete Version der uralten luziferischen Verschwörung enthielt, trug den Titel *Einige Originalschriften*. Kopien der Verschwörung wurden von der bayerischen Regierung an ALLE Kirchen- und Staatsoberhäupter in Europa gesandt. Die Geschichte beweist, dass diese Warnungen ignoriert wurden, weil Weishaupts Illuminaten bereits in Schlüsselpositionen hinter den Kulissen der Regierung, sowohl der weltlichen als auch der religiösen, als „Experten" und „Berater" eingesetzt worden waren. Sie denunzierten die Beweise als „Fälschung". Sie behaupteten, es handele sich um einen großen Scherz, der von denjenigen begangen wurde, die die Oberhäupter von Kirche und Staat lächerlich machen wollten. Doch die Französische Revolution brach planmäßig aus, und die Geschichte beweist, dass sich die Verschwörung seit 1776 GENAU so entwickelt hat, wie Weishaupt es beabsichtigte. Heute befindet sie sich in der Halbfinalphase.

Der Kurfürst von Bayern verbannte Weishaupt. Er verlor seinen „Lehrstuhl" an der Universität Ingolstadt, wo er „Kanonisches Recht" lehrte. Er zog nach Regensburg in der Schweiz, wo er seine Illuminaten reorganisierte. Die Schweiz wurde zu einer neutralen Nation gemacht und blieb der Hauptsitz der Direktoren der Weltrevolutionären Bewegung, bis die Organisation der Vereinten Nationen von den Rockefellers in New York ins Leben gerufen wurde. Dann zogen die „Gehirne", die das Programm ausarbeiten, um die Verschwörung zu ihrem Endziel zu bringen, in das Harold Pratt Building in New York.

Zwei Italiener, der Marquis Constanza und der Marquis Savioli, schlossen sich Weishaupt in der Schweiz an. Dies erklärt, warum der Italiener Guiseppe Mazzini 1834 zur Leitung des weltrevolutionären Programms auserkoren wurde. 1872, als Mazzini starb, wurde er von einem anderen Italiener, Adriano Lemmi, abgelöst. Mit teuflischer Gerissenheit ließen Weishaupt und seine Mitverschwörer die Verantwortlichen glauben, die Illuminaten seien 1786 eines natürlichen Todes gestorben. Die Wahrheit ist, dass das Komplott, die Überreste der menschlichen Ethnie unter eine totalitäre Diktatur zu bringen, nie beendet wurde. Sie blühte unter neuen Namen und Verkleidungen in allen Teilen der Welt auf. Es ist die W.R.M., wie wir sie heute kennen.

Weishaupt selbst sagt uns, dass er schon lange vor 1786 geplant hat, wie er das Risiko einer möglichen Entdeckung und Enttarnung abwenden kann. Diejenigen, die von Gott (Adonay) abtrünnig werden, werden zunächst Satanisten, und nach langen Jahren der Prüfung und Erprobung werden einige Satanisten für die Aufnahme in die luziferische Priesterschaft ausgewählt. Aus diesen werden die Hohepriester und der Universale Souveräne Pontifex des luziferischen Glaubensbekenntnisses ausgewählt. Weishaupt (Spartacus) strebte danach, Souveräner Pontifex zu werden. In einem Brief, den er am 6. Februar 1778 an „Cato" (Zwack) schrieb, sagte er: „Die Allegorie, auf der ich die Mysterien der höheren Orden gründen werde, ist die 'Feueranbetung der Heiligen Drei Könige' (Anbetung Luzifers). Wir müssen irgendeine Anbetung haben, und keine ist so passend - 'Es werde Licht'. Dies ist mein Motto, und dies ist mein Grundprinzip."

Im März desselben Jahres schrieb Weishaupt erneut an seinen Freund „Cato" (Zwack). Er sagte:

„Ich habe den ganzen Kreis der menschlichen Untersuchungen durchlaufen. Ich habe Geister exorziert.[21] Ich habe Geister erweckt,

---

[21] Das Wort „exorziert" bedeutet, den Teufel oder die Teufel von einer besessenen Person auszutreiben. Die Heilige Schrift erzählt uns, wie Christus die Teufel austrieb. Aber Satanisten laden Teufel ein, in ihre Medien einzutreten und von ihnen Besitz zu ergreifen, um durch sie zu denen zu sprechen, die Wissen oder Rat von Satan und/oder Luzifer suchen. Nachdem das Medium seinen Zweck erfüllt hat, treiben die Hohepriester der Synagoge des Satans die Teufel aus dem Körper der betreffenden Person aus, und sie wird wieder normal. Diese Praxis veranlasste die Synagoge des Satans, die Christus in Verruf bringen wollte, ihn zu beschuldigen, er treibe die Teufel

Schätze entdeckt, die Cabale befragt;[22] Ich habe niemals Metalle umgewandelt. Ich hätte noch viel größere Dinge vollbracht, wenn nicht die Regierung (seine Vorgesetzten in der luziferischen Verschwörung zu jener Zeit) immer gegen meine Bemühungen gewesen wäre und andere in Situationen gebracht hätte, die meinen Talenten entsprachen."

Weishaupt war buchstäblich so stolz wie Luzifer. Er war entschlossen, der souveräne Pontifex des luziferischen Glaubensbekenntnisses zu werden. Er war entschlossen, höher gestellt zu werden als jede andere Person in dieser oder der himmlischen Welt, mit Ausnahme nur seines geliebten Luzifers. Diese Aussage wird durch einen Brief belegt, den er 1778 an „Cato" (Zwack) schrieb. Er teilte seinem Freund mit: „Durch diesen Plan werden wir die ganze Menschheit lenken. Auf diese Weise und mit den einfachsten Mitteln werden wir alles in Bewegung und in Flammen setzen. Die Berufe müssen so verteilt und geplant werden, dass wir im Geheimen alle politischen „Transaktionen" beeinflussen können..... Ich habe alles bedacht und so vorbereitet, dass, wenn der Orden heute zugrunde gehen sollte, ich ihn in einem Jahr glänzender denn je wiederherstellen werde." Hier haben wir den Schlüssel zum Geheimnis. Die bayerische Regierung entdeckte und enthüllte die Existenz der andauernden Verschwörung, aber Weishaupt baute sie auf und machte sie stärker als je zuvor. Alles, was die bayerische Regierung tat, war, den Baum des Bösen zu beschneiden und ihn stärker werden zu lassen. Sie hätten ihn bei den Wurzeln ausgraben und verbrennen

---

im Namen und durch die Kräfte des Teufelsfürsten Beelzebub aus und nicht durch die Macht Gottes. (Lukas 11:14-15)

[22] Die Kabale (oft anders geschrieben), auf die sich Weishaupt bezieht, bedeutet „Die geistigen Mächte, die von Luzifer in der himmlischen Welt angeführt werden": Die Heilige Schrift bezeichnet sie als „die geistigen Mächte der Finsternis". Menschen, die die luziferische Sache leiten, konsultieren oft ihre geistigen Führer in der himmlischen Welt, genauso wie Millionen von Christen an die Gemeinschaft der Heiligen glauben und zu ihnen beten, damit sie in ihrem Namen bei Gott Fürsprache einlegen und geistige Einsicht und Segen erlangen. Mackenzie King versuchte während seiner Zeit als Premierminister von Kanada wiederholt, Rat und Führung von Menschen zu erhalten, die bereits aus dem Leben geschieden waren. Auch von Pike ist überliefert, dass er dies wiederholt getan hat; das am besten dokumentierte Beispiel ist sein eigener Bericht über die Séance, die er persönlich in St. Louis durchführte, wie an anderer Stelle berichtet wird. Wir sehen also, dass die „Wahrheit" viel seltsamer ist als jede Fiktion, die je geschrieben wurde.

sollen, wie es die Heilige Schrift vorschreibt, wenn wir die geistigen Mächte der Finsternis vernichten wollen, die in dieser Welt umherwandern und die Zerstörung der Seelen anstreben (Matthäus 7, 15-24). Hätten die Oberhäupter von Kirche und Staat im Jahr 1786 den Rat der Heiligen Schrift befolgt und den Baum des Bösen, von dem die Illuminaten nur einer von vielen Zweigen sind, gefällt und verbrannt, dann „hätte ihn (Weishaupt) der Mutterleib vergessen; der Wurm hätte sich an ihm satt gefressen; man hätte seiner nicht mehr gedacht, und die Bosheit wäre zerbrochen wie ein böser Baum." (Hiob 24:20) Bevor Weishaupt 1786 verbannt wurde, hatten seine 2.000 gut ausgebildeten, sorgfältig ausgewählten, brillant denkenden, wohlhabenden und wohlerzogenen Illuministen eine oder mehrere Logen des Großen Orients in München, Ingolstadt, Frankfurt, Echstadt, Hannover, Braunschweig, Calbe, Magdeburgh, Cassel, Osnabrück, Wiemar, Sachsen, Heidelbergh, Mannheim, Straßburg, Spire, Worms, DüsseldorfF, Köln, Bonn, Livland, Courtland, Franendahl, Elsass, Wienne, Deuxponts, Hessen, Cousel, Buchenwerter, Treves, Montpelier, Aachen, Stuttgart, Barschied, Carlsruhe, Hahrenberg, Anspach, Neuweid, Mentz, Rom, Neapel, Ancona, Turin, Florenz, Warschau und Dresden. Es gab Logen in Obersachsen, Westfalen, der Schweiz, Frankreich, Schottland, Holland und nicht zuletzt in Amerika.

Viele sogenannte Autoritäten haben seit 1786 versucht, die Oberhäupter von Kirche und Staat in Amerika und anderswo davon zu überzeugen, dass der Illuminismus tot ist wie der Dodo-Vogel. Diese Luziferianer produzieren, was sie behaupten, dokumentarische Beweise, um zu beweisen, dass das, was sie sagen, die WAHRHEIT ist, aber sie sind sorgfältig darauf bedacht, die Beweise zu verbergen, die beweisen, dass Albert Pike den Palladianischen Ritus zwischen 1859 und 1889 reorganisierte, um die Leitung der luziferischen Verschwörung von den Illuminaten zu übernehmen. Sie verschweigen sorgfältig die Beweise, die belegen, dass der Illuminismus in der Nase der ehrlichen Amerikaner zu stinken begann. In den frühen 1800er Jahren gaben 45.000 Freimaurer des Schottischen Ritus ihre Chartas aus Protest gegen die Art und Weise, wie der Illuminismus in ihre Logen eingedrungen war, zurück. Nur wenige Amerikaner wissen, dass Pike sechsundzwanzig Räte (Dreiecke) dieses Neuen und Reformierten Palladianischen Ritus in jeder großen Stadt der Welt einrichtete, um die luziferische Verschwörung zu lenken, wie es Weishaupt beabsichtigte. Wie dieses Komplott funktionierte, erklären wir in einem anderen Kapitel.

Wir erwähnten, dass Professor John Robison von der Universität Edinburgh einer derjenigen war, denen eine Kopie von Zwacks Originalmanuskripten anvertraut wurde, die sich mit Weishaupts überarbeiteter und modernisierter Version der uralten luziferischen Verschwörung befassen.

Robison war Mitglied des 33. Grades des Schottischen Ritus der Freimaurerei. Als solches besuchte er die meisten Freimaurerlogen in europäischen Städten und nahm an deren Ritualen und Einweihungen teil. Er lehrte Naturphilosophie an der Universität Edinburgh. Er war Sekretär der Royal Society. Weishaupt war besonders darauf bedacht, Robisons Mitarbeit zu gewinnen, damit die „IDEE" einer Eine-Welt-Regierung in ALLE Bildungseinrichtungen eingeführt werden konnte. Dieses Ziel wurde inzwischen erreicht, wie alle Eltern von Kindern im Schulalter zugeben müssen. Weishaupt befahl seinen Illuministen, Robison zu bewirten und ihn in die besten europäischen Bildungskreise einzuführen. Er wurde geschmeichelt und als einer der größten Pädagogen seiner Zeit gepriesen. Doch all die List und Tücke der Diener des Teufels konnten John Robison nicht täuschen. Er erkannte, dass hinter der geschickten Darstellung der Illuminaten, dass eine Eine-Welt-Regierung all unsere politischen, sozialen, wirtschaftlichen und religiösen Probleme lösen könnte, die wahre Absicht derjenigen, die die Illuminaten ganz oben kontrollierten, darin bestand, die Macht der ersten zu gründenden Weltregierung an sich zu reißen und dann dem, was von der menschlichen Ethnie übrig blieb, eine totalitäre luziferische Diktatur aufzuerlegen.

Nachdem sich die Oberhäupter von Kirche und Staat geweigert hatten, die Warnungen der bayerischen Regierung von 1786 zu beherzigen, und die Französische Revolution wie geplant 1789 ausbrach, veröffentlichte John Robison sein gesamtes Wissen über die Illuminaten und diejenigen, die sie an der Spitze kontrollierten, in einem 548 Seiten umfassenden Buch. Es trägt den Titel *Proofs of a Conspiracy Against all Religions and Governments of Europe*. Auf dem vorderen Einband steht die zusätzliche Information „Carried on in the secret meetings of Freemasons, Illuminati, and Reading Societies." Exemplare dieses Buches gibt es immer noch, trotz der verzweifelten Bemühungen derjenigen, die die Verschwörung leiten, alles zu vernichten, was veröffentlicht wurde. Ich habe die schriftliche Aussage eines Freundes, der ein Exemplar besitzt, dass Vertreter der Rockefeller-Stiftung ihm sagten, er könne den Preis für sein Exemplar selbst bestimmen. Er lehnte das Angebot ab.

Eine weitere authentische Informationsquelle ist M. Barruel, der seine *Memoiren über den Jakobinismus* geschrieben hat. Dies ist ein Begleitwerk zu *Proofs of a Conspiracy*. Wie ich in *Pawns in the Game* erwähnt habe, veröffentlichte Sir Walter Scott auch zwei Bände zu diesem Thema unter dem Titel *Life of Napoleon*, die beide unterdrückt wurden. Dieses großartige Werk ist in den meisten Bibliotheken nicht einmal als eines seiner Werke aufgeführt.

Aber wiederum ein Zufall, „eine höhere Gewalt", ermöglichte es einem Freund von mir, Originalexemplare beider Bände von einem Antiquar in den USA für den lächerlichen Preis von 17,50 Dollar zu erwerben. In dem Glauben, diese seltenen Bücher in meinem persönlichen Besitz zu haben und sie beim Schreiben dieses Buches als Nachschlagewerk verwenden zu können, raubten mir Diebe in der ersten Nacht, in der ich im November 1957 in Clearwater, Florida, ankam, um mit dem Schreiben dieses Buches zu beginnen, alle Bücher und Unterlagen, die ich bei mir hatte. Das war ein schwerer Rückschlag. Es verzögerte meine Arbeit um ein Jahr, aber es hat mich nicht aufgehalten.

Damit gute Christenmenschen auf die Tiefen der Täuschung aufmerksam gemacht werden, die von den Agenten der S.O.S. benutzt werden, zitieren wir die Aussage in einem Brief, den Weishaupt an Philo (Knigge) schrieb: „Wir müssen das gemeine Volk in jedem Winkel gewinnen (beherrschen). Dies wird vor allem durch die Schulen erreicht werden. In gleicher Weise müssen wir versuchen, die Militärakademien, die Druckereien, Buchhändler, Läden, Kapitel, kurz, alle Ämter zu erlangen und zu beeinflussen oder sogar den Geist des Menschen zu lenken; Malerei und Gravur sind unserer Sorge sehr wert.

„Ihre (der Illuminaten) erste Aufgabe und ihr unmittelbares Ziel ist es, in den Besitz von Reichtum, Macht und Einfluss zu gelangen, ohne dass sie dafür arbeiten müssen; und um dies zu erreichen, wollen sie das Christentum abschaffen; und dann werden ihnen unzüchtige Sitten und allgemeine Verschwendung die Gefolgschaft aller Gottlosen verschaffen und sie in die Lage versetzen, alle zivilen Regierungen Europas zu stürzen; danach werden sie an weitere Eroberungen denken und ihre Operationen auf die anderen Viertel des Erdballs ausdehnen, bis sie die Menschheit zu einer ununterscheidbaren chaotischen Masse reduziert haben."

Um die Art von Menschen zu erreichen, die die Illuminaten für ihre eigenen geheimen Pläne benötigten, organisierte Weishaupt eine

Lehrlingsklasse für die an Internationalismus interessierten Anwerber der Illuminaten. Dieser Lehrlingsstand wurde „Die Minervalen" genannt. Diese wurden den „Zweiundzwanzig Vereinigten Brüdern" vorgestellt und unter deren Einfluss gebracht. Oberflächlich betrachtet handelte es sich dabei um eine Art Schriftstellerclub, wie es ihn heute in allen großen Städten und organisierten Gemeinschaften gibt. Aus ihnen gingen die „Lesegesellschaften" hervor. Diese lenkten die Gedanken der Mitglieder in Bahnen, die sie davon überzeugten, dass die „Idee" einer Eine-Welt-Regierung wirklich etwas wert ist. Das Gleiche wird heute getan, um die Öffentlichkeit in ihrem Glauben an den Wert einer Eine-Welt-Regierung und die universelle Bruderschaft der Menschen zu bestärken. Die Organisation der Vereinten Nationen ist nicht mehr und nicht weniger als eine trügerische Fassade, die sich den Anschein von Seriosität gibt, um die Aktivitäten derjenigen zu verschleiern, die planen, die Macht der ersten Weltregierung an sich zu reißen.

Die „Zweiundzwanzig Vereinigten Brüder" erklärten den Minervalen: „Wir haben uns zusammengeschlossen, um das Ziel des erhabenen Gründers des Christentums zu erreichen, nämlich die Erleuchtung der Menschheit und die Entthronung des Aberglaubens und des Fanatismus durch eine geheime Verbrüderung aller, die das Werk Gottes lieben."

Die Angabe dieses scheinbar idealistischen Ziels erwies sich als bewusste Täuschung, als ein Teil der geheimen Korrespondenz sowohl von Weishaupt als auch von Pike in fremde Hände geriet. Diese Korrespondenz beweist, dass die Luziferianer, wenn sie sagen, dass sie „dem erhabenen Gründer des Christentums" dienen wollen, ihre Zunge in der Backe haben. Was sie wirklich meinen, ist, dass sie Luzifer dienen. Pike sagte den Leitern der Konzile des palladianischen Ritus, dass sie die Worte „wir verehren Gott" benutzen sollten, wenn sie sich an die Massen wenden, obwohl „wir Luzifer verehren". Dieser Aspekt der Verschwörung wird an anderer Stelle behandelt.

Viele herausragende Studenten, Berufstätige (insbesondere Rechtsanwälte) und Beamte der höheren Regierungsebenen ließen sich dazu verleiten, sich als Minervale einweihen zu lassen. So wurden sie als Eingeweihte in eine Position gebracht, in der sie einen Eid ablegen und schwören mussten, dass sie unter Androhung des Todes niemals etwas preisgeben würden, das sie durch ihre Aufnahme in die Geheimgesellschaft kennengelernt hatten.

Warum ein Mensch, der Gott lieben und ihm dienen will, einen feierlichen Eid ablegt, keine Informationen über Dinge preiszugeben, von denen er keine persönliche Kenntnis hat, ist nicht zu verstehen. Warum ein aufrichtiger Christ einem Geheimbund beitreten und im Dunkeln, hinter den Kulissen, arbeiten möchte, anstatt in der Öffentlichkeit das LICHT DER WAHRHEIT, wie es von Jesus Christus offenbart wurde, zu verbreiten, ist ebenfalls schwer zu verstehen, aber nur etwa einer von einem Dutzend erwachsener Männer gehört der Freimaurerei an, während fast ebenso viele anderen Geheimbünden angehören. Die Heilige Schrift warnt uns, dass wir unser Licht nicht unter den Scheffel stellen dürfen. Menschen, die ehrlich und aufrichtig sind und keine Hintergedanken haben, tauchen nicht unter. Sie stehen auf, um angezählt zu werden, und tragen die Konsequenzen, weil sie wissen, dass die Agenten Luzifers sie schlimmstenfalls töten können. (Mt 10,28; Lk 12,4) Die Wahrheit, wie sie aus Geheimdokumenten hervorgeht, ist, dass Minervale, die bewiesen haben, dass sie hohe moralische Prinzipien haben und unbestechlich sind, in die Geheimgesellschaft aufgenommen und für ihre feinen Ideale gelobt wurden; aber nur diejenigen, die sich als unmoralisch und offen für Bestechung und/oder Korruption erwiesen haben, wurden in die höheren Grade befördert. Die Guten wurden als „Weltverbesserer", „Reformer" und andere Arten von Werkzeugen eingesetzt; diejenigen, die ihre Seele an den Teufel verkauft hatten, wurden als Instrumente der Zerstörung benutzt. Das erklärt, warum so viele Geistliche dazu verleitet werden, „Werkzeuge des Teufels" zu werden, ohne zu merken, dass sie der luziferischen Sache dienen.

Wenn diejenigen, die die luziferische Verschwörung an der Spitze leiten, die Mehrheit derer, die sie dazu überreden, Geheimgesellschaften, Sozial- und Dienstleistungsclubs beizutreten, dazu bringen können, die IDEE zu akzeptieren, dass der Nationalismus veraltet und das Christentum schwach und schlecht geführt ist, haben sie ihr Ziel erreicht. Ihre Agenten in den Gesellschaften und Clubs suggerieren dann, dass der Nationalismus uns in Kriege führt und Revolutionen verursacht; sie suggerieren, dass das Christentum sich als unwirksam und unfähig erwiesen hat, diese Kriege und Revolutionen zu verhindern. Die Geheimagenten propagieren dann die IDEE, dass eine Eine-Welt-Regierung über die Organisation der Vereinten Nationen und eine Eine-Welt-Religion die vielen und unterschiedlichen Probleme lösen könnten, die die Menschheit heute plagen. Was die Agenten der Synagoge Satans sorgfältig verschweigen, ist die Tatsache, dass ihre Herren bereit sind, die Macht der ersten Weltregierung an sich zu reißen, so wie sie im Oktober 1917 die Macht in Russland an sich gerissen haben. Nachdem sie die Macht an sich gerissen haben, werden sie der Menschheit die luziferische Ideologie aufzwingen, indem sie satanischen Despotismus einsetzen, um ihren Willen durchzusetzen und ALLE Geheimgesellschaften, ALLE Religionen und ALLE, die sich ihrem Willen widersetzen, zu vernichten, wie es in den Protokollen so klar dargelegt ist.

Wie die Synagoge des Satans in hohen Positionen arbeitet

Die „Idee" einer Eine-Welt. Regierung kann auf eine Weise präsentiert werden, die sie vernünftig, praktisch und sogar wünschenswert erscheinen lässt. Clevere Agenten der Illuminaten, die Klubs und Gesellschaften angehören, dienen dem Zweck der Synagoge Satans, indem sie denjenigen, die sie zum Zuhören überreden können, scheinbar stichhaltige Argumente für eine Eine-Welt-Regierung präsentieren. Nur sehr wenige der einfachen Mitglieder der Clubs und Gesellschaften ahnen, dass sich hinter dem Ende des Primelpfades des Liberalismus und der sozialen Sicherheit, der zu einer Eine-Welt-Regierung führt, ein Abgrund befindet, über den wir in den Abgrund der absoluten Sklaverei von Körper, Geist und Seele stürzen werden.

Ich gebe freimütig zu, dass ich noch 1945 davon überzeugt war, dass eine Eine-Welt-Regierung die EINZIGE Lösung für die vielen Probleme der Welt sei, insbesondere die politischen, wirtschaftlichen, sozialen und religiösen. Erst als ich persönlich mit Männern in Kontakt kam, die die Organisation der Vereinten Nationen befürworteten und mitorganisierten, begann ich zu ahnen, dass irgendwo etwas nicht stimmte. Als ich 1944 in den Stab des Hauptquartiers des Marinedienstes berufen wurde, wurde ich als Autor von sieben bereits veröffentlichten Büchern in den Kreis der Internationalisten aufgenommen. So kam ich in persönlichen Kontakt mit Männern in der höchsten Regierungsebene Kanadas, die die Protegés des damaligen Premierministers William Lyon Mackenzie King waren. Sein Haus lag „wirklich" nahe an der sowjetischen Botschaft. Seine Handlanger (Hatchet men wäre ein besseres Wort) waren rücksichtslos und skrupellos. Mackenzie King selbst war so unergründlich wie die sprichwörtliche Sphinx.

Der Premierminister war ein außergewöhnlicher Mann. Er war unermüdlich. Er verlangte von denjenigen, die er für sein Kabinett auswählte, uneingeschränkten Gehorsam und Dienst. Was seine Persönlichkeit anbelangt, so war er kälter als Eis. Wenn er menschliche Emotionen hatte, so bewahrte er sie bei Minusgraden auf. Er lächelte selten. Er hatte ein typisches „Poker"-Gesicht; seine Augen waren tief und durchdringend, aber wenn die Augen die „Fenster der Seele" sind, dann hatte Mackenzie King seine Seele verloren, lange bevor er jemals Premierminister wurde. Im Rahmen seiner öffentlichen Aufgaben musste er Menschen treffen und Hände schütteln. Diejenigen, die dem Premierminister die Hand schüttelten, sagten, die Erfahrung erinnere sie daran, einen toten Fisch aufzuheben. Auf dem Parliament Hill hieß es, dass er keinen einzigen engen Freund auf der ganzen Welt hatte.

Wenn es eine Ausnahme gab, dann war es sein Friseur. Und doch verfügte er über eine geheime Macht, die es ihm ermöglichte, die Wähler zu hypnotisieren, damit sie ihn und seine liberale Partei fast ein Vierteljahrhundert lang immer wieder an die Macht wählten. Er konnte von seinen Untergebenen Loyalität verlangen, ohne ihnen Freundschaft zu schenken. Während seiner Zeit an der Universität von Toronto erwies er sich als Radikaler. Er legte den Zunder, sorgte für den Funken, verursachte einen Aufruhr und überließ dann anderen die Schuld dafür. Während seiner Zeit an der Universität hatte er keine Freunde, wie auch später im Leben nicht. Ein Mann, der ihn an der Universität kannte und ihm danach bis zu seinem Tod diente, sagte mit verwirrter Stimme: „Wenn Mackenzie King einen Freund hatte, dem er sich anvertrauen konnte, dann muss es der Teufel gewesen sein." Ein anderer sagte:

> „Er war so sehr in internationale Intrigen verstrickt, dass er sich nicht traute zu heiraten, aus Angst, er könnte im Schlaf reden."

Während meiner Tätigkeit in Ottawa wurde ich sorgfältig daraufhin untersucht, ob meine Loyalität gegenüber der britischen Krone so stark ausgeprägt war, dass ich die „Idee" einer Eine-Welt-Regierung nicht akzeptieren würde, selbst wenn diejenigen, die diese „Idee" vorstellten, betonten, dass es den nationalen Regierungen erlaubt wäre, ihre eigenen Angelegenheiten zu regeln. Diese Darstellung ist so offensichtlich eine Lüge, dass ich von da an äußerst vorsichtig war. Da ich wusste, dass es eine „Geheimmacht" gab, die den Nationalsozialismus benutzt hatte und beabsichtigte, den Kommunismus zu benutzen, um ihren eigenen geheimen Plänen zu dienen und ihre eigenen Ambitionen, die unangefochtene Weltherrschaft an sich zu reißen, zu fördern, war ich entschlossen, wenn möglich, herauszufinden, wer oder was diese Geheimmacht war. Also gab ich vor, ein Internationalist zu werden. Ich wurde dann in persönlichen Kontakt mit Männern auf der Ebene der stellvertretenden Minister der Regierung gebracht, und auch mit einigen der „Spezialisten", „Experten" und „Berater", die der Regierung hinter den Kulissen dienten. Dann begann ich die Wahrheit zu erahnen.

Im Allgemeinen waren die meisten dieser One Worlders Satanisten. Sie drückten sich vor dem Besuch von Gottesdiensten. Sie machten sich über die Religion lustig. Sie akzeptierten den Freudschen Moralkodex, was bedeutet, dass es ihnen egal war, was sie taten oder mit wem sie es taten, solange sie damit ihre eigenen fleischlichen Freuden und Wünsche befriedigten. Wenn sie den Namen Gottes benutzten, missbrauchten sie seinen Namen immer. Wenn sie die Worte „Jesus Christus" benutzten, war das eine Einsprengsel in gewöhnlichen Gesprächen oder verbunden mit schmutzigen Wörtern mit vier Buchstaben. Ohne sich offen dazu zu bekennen, waren sie offensichtlich Adepten des Palladianischen Ritus oder der Freimaurerei des Großen Orients. Eine genaue Beobachtung, während sie in den Offiziersmessen und anderswo tranken, zeigte, dass sie Zeichen benutzten, die Freimaurer und Ritter des Kolumbus nicht verstanden.

Ich mag mich irren, aber die Beobachtung von Männern, die offensichtlich von Gott abtrünnig und zu Satanisten geworden waren, überzeugte mich, dass sie sich gegenseitig an der Falte ihres Taschentuchs, das sie in der oberen Tasche ihres Mantels trugen, erkennen und identifizieren konnten. Offensichtlich akzeptierten sie das Dogma von Pike, soweit es um die Frauen ging: Pike verlangte, dass die Mitglieder aller Räte seines Neuen und Reformierten Palladianischen Ritus ausgewählte Frauen in „Adoptionsräten" organisierten.

Diese Frauen sollten als gemeinsames Eigentum der männlichen Mitglieder benutzt werden, denn nach Pikes Dogma musste ein Mitglied, bevor es „vollkommen" wurde, absolute Kontrolle über die Gefühle des Herzens und die Begierden des Fleisches erlangen. Er behauptete, dass viele Männer vom Pfad der Pflicht abgewichen seien, weil sie schwach genug waren, Liebe und Zuneigung für Frauen zu empfinden. Er argumentierte, dass ein Mitglied, um „vollkommen" zu werden, absolute Kontrolle über seine Sinne und Gefühle erlangen müsse, und schlug vor, dass der beste Weg, um Kontrolle über die sexuellen Triebe zu erlangen, darin bestehe, Frauen „oft und ohne Leidenschaft zu benutzen und sie so an ihren Willen zu fesseln."

Ich fand heraus, dass einige der hochrangigen Internationalisten auf Partys ihre Frauen „tauschten". Professor Raymond Boyer, ein hochrangiger Wissenschaftler und kanadischer Millionär, und E V. Field, amerikanischer Millionär, die in internationale Intrigen und Subversion verstrickt waren, wie von Untersuchungsausschüssen der kanadischen und amerikanischen Regierung nachgewiesen wurde, führten diese Praxis so weit, dass sie die Ehefrauen des jeweils anderen für immer tauschten und den Austausch in den Augen der Zivilgesellschaft legalisierten, indem sie eine Zeremonie durchführten, die in den neuen Papieren als „Ehe" bezeichnet wurde. Was hält Gott von solchen Praktiken? Diese Menschen waren alle viel zu intelligent, um Atheisten zu sein. Sie wissen, dass es sowohl das Übernatürliche als auch das Natürliche gibt, und deshalb werden sie, wenn sie sich von Gott abwenden, automatisch zu Satanisten, was diese Welt betrifft, und zu Luziferianern, was die nächste Welt betrifft. (Für weitere Einzelheiten siehe S. 212 *und 213* Roter Nebel über Amerika*).*

Wenn diese hochrangigen Intellektuellen, die die Errichtung einer Eine-Welt-Regierung befürworten, beabsichtigen, Gottes Plan für die Herrschaft über das gesamte Universum auf dieser Erde in die Tat umzusetzen, erscheint es kaum wahrscheinlich, dass sie die öffentlichen Dienste ALLER verbleibenden Regierungen mit Homosexuellen besetzen würden. Jeder, der schon einmal in London, Ottawa und/oder Washington leben musste, weiß, dass alle drei, was Homosexualität betrifft, moderne Städte wie Sodom und Gomorrha sind. Der „Fall Burgess und McLean" ist typisch für das, was ich meine. Professor Pitrim Sorokin von der Harvard University hat diesen Aspekt der luziferischen Verschwörung in einem Buch mit dem Titel *The American Sex Revolution* aufgedeckt. Der Autor stellt fest, dass perverses sexuelles Verhalten im modernen politischen Leben der USA eine große Rolle spielt und dass sexuelle Bestechung und Erpressung heute genauso verbreitet sind wie finanzielle Korruption. Er stellt fest, dass „sexuell anrüchige Personen oder ihre Schützlinge zu Botschaftern und anderen hohen Ämtern ernannt werden; Wüstlinge werden manchmal zu beliebten Bürgermeistern von Großstädten, Mitgliedern von Kabinetten oder Führern politischer Parteien. Unter unseren politischen Beamten gibt es eine große Schar von Wüstlingen, sowohl hetero- als auch homosexuelle. Unsere Moralvorstellungen haben sich so stark verändert, dass Enthaltsamkeit, Keuschheit und Treue zunehmend als Merkwürdigkeiten angesehen werden."

Professor Sorokins Buch erhielt nicht die gleiche Art oder den gleichen Umfang an Publizität wie die Bücher von Dr. Kinsey, die sich mit den angeblichen moralischen Praktiken von Männern und Frauen befassten. Dem Satanismus zufolge ist es vollkommen richtig und angemessen, moralische Verwerflichkeit in allen Gesellschaftsschichten und auf allen Regierungsebenen zu fördern, indem man die Öffentlichkeit davon überzeugt, dass abnormales sexuelles Verhalten normal ist; und dass der von zivilisierten Nationen akzeptierte Moralkodex, der auf den Geboten Gottes und den Lehren der Heiligen Schrift beruht, altmodisch ist und von Kirche und Staat zu eigennützigen Zwecken eingeführt wurde. Aber hinter dem Aufbau einer FALSCHEN Vorstellung von Sex und seinen Zwecken, wie sie von Gott, unserem Schöpfer, beabsichtigt sind, steht das satanische Prinzip, dass „der beste Revolutionär eine Jugend ist, die absolut frei von Moral ist." Als Lenin dies in Pawns in The Game (Bauern im Spiel) feststellte, bestätigte er nur, was andere Satanisten schon hundertmal zuvor gesagt hatten. Es ist der Satanismus, direkt von OBEN, der für die Zunahme der Jugendkriminalität verantwortlich ist, aber diejenigen, die von den Regierungen der Welt ausgewählt wurden, um dieses Problem zu untersuchen, geben ausnahmslos jede Ursache an, die nicht die richtige ist. Ich habe die Ursachen der Jugendkriminalität seit 1923 mit den Oberhäuptern von Kirche und Staat in Kanada diskutiert, aber die Synagoge Satans hat sich immer als stark genug erwiesen, um jede WAHRHEITSGEWÄHRTE öffentliche Erklärung der Ursache und des Zwecks derjenigen zu verhindern, die die luziferische Verschwörung an der Spitze leiten. Auf der anderen Seite haben wir Tausende von Briefen von Eltern erhalten, die „Der rote Nebel über Amerika" gelesen haben, in denen sie uns für die Erklärung der Ursachen danken, die den Effekt hervorrufen, den wir Jugendkriminalität nennen. Sie sagen uns, dass es ihnen viel leichter fällt, bösen Einflüssen entgegenzuwirken, wenn sie ihren Kindern klar und wahrheitsgemäß erklären können, warum Satanisten so hart daran arbeiten, junge Menschen von Gott abzubringen, indem sie ihnen Lügen über Sex beibringen. Ich wiederhole es noch einmal: Es gibt nichts Falsches, nichts Entwürdigendes, nichts, wofür man sich schämen müsste, wenn man eine sexuelle Beziehung hat, wie sie von Gott gewollt ist, aber es ist sehr viel falsch, wenn Menschenmassen den Sex vergöttern, die promiskuitive Anbetung des menschlichen Körpers, und jede nachfolgende Generation von Menschen mit List und Tücke glauben machen, dass voreheliche Erfahrungen, jede Form von sexueller Verderbtheit und Lasterhaftigkeit absolut normal sind, vorausgesetzt, man findet Gefallen an solchen Ausschweifungen; und dass Enthaltsamkeit, Keuschheit und Treue altmodisch sind.

Was ich damit sagen will, ist Folgendes: Die überwiegende Mehrheit der Männer und Frauen, die die Kampagne für eine Eine-Welt-Regierung, die nicht kommunistisch ist, unterstützen und leiten, lehnen Gott ebenso erbittert ab wie die Kommunisten. Die große Mehrheit, die die „Idee" vertritt, dass eine Eine-Welt-Regierung, die von luziferischen Intellektuellen und nicht von atheistischen Kommunisten geführt wird, die einzige Lösung für unsere Probleme ist, ist so unmoralisch wie der sprichwörtliche Nerz. Wenn sie gegen Gott und gegen den atheistischen Kommunismus sind, müssen sie Luziferianer sein.

Eine Bestätigung dieser Meinung erhielt ich, als ich mit einem hochrangigen Beamten des kanadischen Gesundheits- und Wohlfahrtsministeriums über den Zusammenhang zwischen der sich ändernden öffentlichen Meinung über Moral und geistige Werte und der Zunahme der Jugendkriminalität diskutierte. Nach einer langen Diskussion, in der seine Haltung und sein Gesichtsausdruck zeigten, dass es ihm schwer fiel zu glauben, dass ein Mann mit meiner Erfahrung geistige Werte immer noch über materielle Erwägungen stellen könnte, schnaubte mein Begleiter buchstäblich: „Nun! Was schlägst du vor, dass wir... alle Homosexuellen aus dem öffentlichen Dienst entfernen und sie ins Gefängnis werfen, wo sie ihren seltsamen Vorstellungen von Vergnügen nach Herzenslust frönen können? Viele von ihnen sind brillant denkende Männer. Wenn sie ihren Job machen, sind sie effizient und arbeiten lange Stunden. Sie scheinen zu vergessen, dass Oscar Wilde ein Homosexueller war. Hören Sie auf, die menschliche Ethnie retten zu wollen. Die große Mehrheit ist weder die Zeit noch die Mühe wert. Den meisten von ihnen wird es besser gehen, wenn sie gezwungen werden, in einer totalitären Diktatur zu leben; sie werden dann das bekommen, was die Regierung für sie für gut befindet."

Weil ich „altmodische Ideen" in Bezug auf „Sünde", „Moral" und „Ehegelübde" äußerte, beschlossen einige Intellektuelle, die ich traf, dass ich meinen Geist reinigen lassen müsse. (Genau das, was Weishaupt 1776 forderte.) Ich wurde mit einem international bekannten Spezialisten für geistige Gesundheit in Kontakt gebracht. Dieser Mann war ein Absolvent der Freud'schen Schule für Psychiatrie. Er hatte in Wien studiert. Er gehörte zum Stab von Dr. Broch Chisholm, der damals Kanadas Minister für Gesundheit und Wohlfahrt war. Chisholm wurde später der erste Präsident der U.N.O.-Organisationen für Gesundheit und psychische Gesundheit. Dieser Mann versuchte auf sehr freundliche Weise, mich umzustimmen. Ich hörte zu, tat so, als wäre ich interessiert, aber ich bin immer noch davon überzeugt, dass Gott, der uns die Gebote gegeben hat, „falsch" ist und der Luziferianismus, der die Umkehrung dieser Gebote lehrt, „richtig" ist.

Ich habe die Geschichte gelesen, die vor allem Kriege und Revolutionen und damit den Fortschritt der Weltrevolutionsbewegung aufzeichnet, um zu versuchen, die „Ursache" herauszufinden, die diese zerstörerischen Kräfte hervorgebracht hat, die zu so schrecklichem Leid führen. Ich dachte damals, dass die Lektionen, die die Geschichte lehrt, wenn man sie auf die Fehler der Vergangenheit anwendet, die Lösung für die meisten unserer Probleme bieten könnten. Schon damals war ich davon überzeugt, dass die Regierung aus dem Volk, durch das Volk und für das Volk besteht. Aber ein Studium der modernen Geschichte hat gezeigt, dass *die jüngere Generation gelehrt wird, einen Haufen Lügen und Täuschungen zu glauben.* Persönliche Erfahrungen brachten diese Tatsache ans Licht.

Als ich 1945 im Krankenhaus lag, habe ich auf dem Rücken gelegen und über diese seltsame Wahrheit nachgedacht. Menschen, die Geschichte schreiben, sind nicht unwissend oder dumm. Wenn sie absichtlich Lügen und Täuschungen mit dem Wissen und der Zustimmung unserer Regierungen veröffentlicht haben, dann müssen sie ein bestimmtes Ziel haben. Damals begann ich, mir Bücher zu besorgen, in denen die verborgene Geschichte aufgezeichnet war, und mit Hilfe eines der führenden Bibliothekare Kanadas grub ich tiefer und tiefer, bis ich in der Lage war, etwas über das Doppelleben zu erfahren, das Männer wie Weishaupt und Pike geführt hatten. Aber obwohl ich weiter studierte und las, wurde mir erst 1956, NACH der Veröffentlichung von *Pawns* und *The Red Fog*, klar, dass die Illuminaten, deren geheime Verschwörung und Absichten ich aufgedeckt hatte, an der Spitze von der Synagoge des Satans kontrolliert wurden. Erst als ich Informationen über die doppelte Persönlichkeit von Pike erhielt, war ich in der Lage, Beweise dafür zu finden, dass die Synagoge des Satans von den Hohepriestern des luziferischen Glaubensbekenntnisses kontrolliert wird.

Nachdem ich in dieses Geheimnis eingedrungen war, wurde mir klar, dass die Kriege und Revolutionen, die die Welt heute plagen, Teil der luziferischen Verschwörung sind, und dass ALLE Aspekte der revolutionären Weltbewegung Teil dieser Verschwörung sind.

Historiker sind darauf beschränkt, Ereignisse so aufzuzeichnen, wie sie geschehen sind. Es ist ihnen nicht gestattet, Schlussfolgerungen oder Vermutungen anzustellen. Mein Problem bestand darin, einen Weg zu finden, wie ich die Aufzeichnung der Geschichte hinter mir lassen und Beweise beschaffen konnte, die es mir ermöglichen würden, die Kurslinie (Parteilinie im kommunistischen und illuministischen Doppelsprech) in die Zukunft und zu ihrer logischen Schlussfolgerung zu projizieren - die Bildung einer weltweiten totalitären Diktatur und die Auferlegung der luziferischen Ideologie auf das, was von der menschlichen Ethnie noch übrig ist. Ich könnte die Verschwörung, ihren ultimativen Zweck und ihre Ziele aufdecken, indem ich aus den Schriften von Weishaupt, Mazzini, Pike, Lemmi Lenin, Churchill, Roosevelt und anderen zitiere, aber ich wusste, dass man mich der Fälschung und des Wahnsinns bezichtigen würde. Ich musste dokumentarische Beweise finden. Ich musste die Bestätigung der WAHRHEIT, wie sie mir offenbart worden war, in einem Buch oder unter Dokumenten finden, die die größten Enzyklopädisten nicht anzufechten wagen würden.

Dann geschah etwas Seltsames. Ich lag flach auf dem Rücken auf einem Frakturbrett. Ich hatte alles gelesen, was in Reichweite war; ich war müde vom Nachdenken; ich war gelangweilt. Dann kam mir ein Gedanke in den Sinn. Ich hatte alles gelesen, was ich in die Finger bekommen konnte, außer der BIBELGESCHICHTE. Ich bat um eine Bibel, und man brachte mir eine King James Version. Ich blätterte durch die Seiten und fragte mich, ob ich die Willenskraft und die Geduld hätte, mich durch einen so imposanten Band zu kämpfen. Dann, nachdem ich einen Vers gelesen hatte, der ein Licht auf die heutige Situation warf, kam mir ein anderer Gedanke in den Sinn: „Warum nimmst du nicht die Bibel als Maßstab, um die Richtigkeit der WAHRHEIT oder des FEHLERS in den von dir gesammelten Beweisen zu messen, und insbesondere in Bezug auf die Projektionen, die du machen wirst, und die Schlussfolgerungen, die du ziehen wirst?"

Das schien eine wirklich gute Idee zu sein. Das würde mir die Zeit ersparen, die ich gebraucht hätte, um sowohl das Alte als auch das Neue Testament zu lesen. Von da an benutzte ich die Bibel, das inspirierte Wort Gottes, um die Spreu vom Weizen zu trennen, während ich die Beweise durchblätterte, die mehrere Kisten und Aktenschränke füllten.

Wie die Synagoge des Satans die Kanäle der öffentlichen Information kontrolliert

Zuerst konnte ich nicht verstehen, wie die Synagoge des Satans (SOS) die Veröffentlichung und den Verkauf von Zeitungen, Zeitschriften und Büchern in der ganzen Welt kontrollieren konnte, um die „Massen" davon abzuhalten, zu vermuten, dass die Leiter der Verschwörung planen, sie mit Körper, Geist und Seele zu versklaven. Dann löste das Studium von Robisons Aufdeckung von Weishaupts „Zweiundzwanzig Vereinigten Brüdern" dieses Problem. Weishaupt verlangte, dass in jeder Lesegesellschaft und in öffentlichen Bibliotheken die zu lesenden Bücher von den „Managern" ausgewählt werden, die den Illuminaten dienen. Nachdem sie die öffentliche Meinung geformt haben, lassen sie den „Normalbürger" glauben, er spreche seine eigene Meinung aus, während er in Wirklichkeit nur die Gedanken wiedergibt, die ihm durch die Bücher und Artikel, zu denen er Zugang erhält, in den Kopf gesetzt werden.

Die Buchhändler zu Weishaupts Zeiten waren auch die Verleger. Als Weishaupt durch die Illuminaten und ihre „Lesegesellschaften" das Lesen der Öffentlichkeit kontrollierte, mussten die Verleger und Buchhändler drucken, was sie gedruckt haben wollten. Weishaupt nutzte seinen Plan sogar, um Autoren zu zwingen, Material zu schreiben, das direkt oder indirekt die Pläne der S.O.S. förderte.

Heute müssen die Autoren dieser Forderung nachkommen oder es ist ihnen unmöglich, ihr Werk zu veröffentlichen. Um seine eigenen Worte zu zitieren, schrieb Weishaupt: „Wenn wir nach und nach den gesamten Buchhandel in unsere Hände bringen, werden wir es so anstellen, dass zumindest die Schriftsteller, die sich für die Sache des Aberglaubens und der Zurückhaltung einsetzen, weder einen Verleger noch Leser haben werden." Wie wahr haben sich diese Worte erwiesen!

Dann sagte er wieder: „wenn endlich durch die Ausbreitung (des Einflusses) unserer Bruderschaft alle „guten" Herzen und „vernünftigen" Männer sich uns anschließen und durch unsere Mittel in einen Zustand versetzt werden, der sie befähigt, in aller Stille auf alle Höfe, Familien, Sekretäre, Pfarrer, öffentliche Lehrer und Privatlehrer zu wirken."

Das war es, was Weishaupt den Plan aufstellte, ALLE Kanäle der öffentlichen Information zu kontrollieren. Kann irgendeine unvoreingenommene Person sagen, dass die heutigen Bedingungen nicht beweisen, dass Zeitungen, Zeitschriften, Bücher, Theaterstücke, Fernsehen und Radio der Öffentlichkeit nur das mitteilen, was diejenigen, die die Synagoge Satans leiten, die Öffentlichkeit wissen lassen wollen? Gab es jemals eine Zeit, in der Männer und Frauen bei Bier, Schnaps und Cocktails DENKEN, dass sie ihre eigene Meinung äußern, obwohl sie nur das wiedergeben, was sie gezwungen wurden zu lesen oder zu hören? Gab es seit Weishaupts Zeiten jemals einen Tag, an dem die Agenten der One Worlders die redaktionelle Politik aller Arten von Publikationen kontrollierten, so wie sie heute die redaktionelle Politik kontrollieren?

Während doppelzüngige Illuministen sich der GEDANKENFREIHEIT, der Religionsfreiheit, der Pressefreiheit, der Redefreiheit und der Freiheit von Angst rühmen, wie viel Freiheit gibt es wirklich? Wenn jemand auch nur versucht, gegen die Propaganda der SOS-Agenten zu argumentieren, wird er sofort niedergeschlagen, verleumdet, boykottiert, lächerlich gemacht und so dargestellt, als sei im oberen Stockwerk eine Nuss locker, oder er wird beschuldigt, völlig verrückt zu sein.

Weishaupt wählte den sechszackigen Stern als eines der Embleme seiner Illuminaten, nicht weil es der Davidstern ist, sondern weil sein Programm aus sechs Hauptpunkten besteht. Sie lauten wie folgt:

1. Abschaffung aller bestehenden Regierungen.

2. Abschaffung aller bestehenden Religionen.

3. Abschaffung allen Privateigentums.

4. Abschaffung aller Erbschaften.

5. Abschaffung der Familie als „Zelle", aus der sich die zivilisierte Gesellschaft entwickeln soll.

6. Abschaffung des Patriotismus, soweit es die nationale Regierung betrifft.

Wie können die oben genannten Ziele Teil eines römisch-katholischen, jüdischen oder freimaurerischen Plans zur Erlangung der Weltherrschaft sein? Pike, Weishaupts Nachfolger, hat in seinen ein Jahrhundert später geschriebenen Werken eindeutig festgelegt, dass:

1. Die erste Weltregierung soll in „eine totalitäre luziferische Diktatur" umgewandelt werden.

2. Die universelle Religion, die denjenigen Gojim (Menschenvieh) auferlegt wird, die den letzten sozialen Kataklysmus überleben, wird „Das wahre Licht der reinen Lehre Luzifers" sein.

3. Dass alle Gojim versklavt und in „eine riesige Ansammlung von Mischlingen" verwandelt werden.

4. Die Fortpflanzung wird streng auf die Arten und die Anzahl beschränkt, „die erforderlich sind, um die Anforderungen des Staates (Gottes) zu erfüllen".

5. Die gesamte Fortpflanzung, soweit sie die Gojim betrifft, wird durch künstliche Befruchtung erfolgen, die auf internationaler Ebene praktiziert wird und auf 5% der männlichen und 30% der weiblichen Tiere beschränkt ist, die speziell für diesen Zweck ausgewählt wurden.

6. Die rigide Kontrolle über den Verstand der Gojim soll „alles Wissen über die Vergangenheit auslöschen, einschließlich der Religionen, die nicht der luziferischen Ideologie entsprechen, und über alle anderen Regierungsformen als die luziferische Diktatur."

Weil Bigotterie von denen benutzt wird, die den S.O.S. dienen, um diejenigen, die sie unterjochen wollen, in religiösen und rassischen Fragen untereinander zu spalten, möchte ich diejenigen entlarven, die behaupten, dass die Weltrevolutionäre Bewegung dazu bestimmt ist, römischen Katholiken, Kommunisten, Juden, Freimaurern, Nazis oder irgendeiner anderen politischen oder religiösen Gruppe die unbestrittene Weltherrschaft zu geben. Glauben Sie nicht einen Moment, dass ich mir der Tatsache nicht bewusst bin, dass es bigotte, engstirnige, törichte und völlig verblendete römische Katholiken, Kommunisten, Juden, Freimaurer, Faschisten und andere gibt, die fest daran glauben, dass die Probleme der Welt nicht dauerhaft gelöst werden, bis die Organisation, der sie angehören, sei sie religiös und/oder politisch, die Welt beherrscht.

Die meisten, die so glauben, haben sich als Katholiken, Juden, Freimaurer, Kommunisten oder Weltföderalisten selbst davon überzeugt, dass, wenn sie nur genug hoffen, beten und arbeiten, der Tag kommen wird, an dem ihre Organisation in der Lage sein wird, eine wohlwollende Diktatur zu errichten und eine Herrschaft in Übereinstimmung mit ihren eigenen religiösen und so genannten demokratischen Prinzipien durchzusetzen. Diese getäuschten Menschen brauchen in der Tat Erleuchtung. Der Dritte Weltkrieg wurde von Pike schon vor fast einem Jahrhundert geplant. Er ist jetzt im Entstehen begriffen. Der letzte soziale Kataklysmus, wie er ihn Mazzini am 15. August 1871 erklärte und wie er den Mitgliedern des Palladianischen Ritus und der Großorient-Logen seit 1885 von Vortragenden erklärt wurde, soll nicht nur den römischen Katholizismus, sondern die gesamte so genannte christliche Welt und die Massen, die jetzt vom Kommunismus in Russland und China kontrolliert werden, mit einbeziehen. Auch die Freimaurerei und das Judentum sollen zerstört werden, damit die luziferische Ideologie... „Die Neue Ordnung"... auf den Ruinen ALLER alten Ordnungen errichtet werden kann. Nichtjuden und Juden, Kommunisten und Freimaurer sollten sich nichts vormachen. Sie und ihre Überzeugungen sind ALLE für die vollständige Liquidierung vorgesehen, ebenso wie alle anderen politischen, religiösen, sozialdienstlichen und ähnlichen Organisationen. Es ist beabsichtigt, dass es eine Säuberung geben soll, eine Reinigung durch das „Feuer der Weisen".

Um zu beweisen, wie lächerlich die Anschuldigungen gegen den Katholizismus wirklich sind, beweist die Geschichte, dass der Vatikan die Jesuiten als Lehrorden suspendierte, nachdem Weishaupts Perfidie bekannt geworden war. Diese Suspendierung wurde viele Jahre lang nicht aufgehoben (ich glaube, es waren 30 Jahre). Während Weishaupt unverdächtig blieb, war er als Jesuit „glücklich".

Er trug einen „Mantel", der seine teuflischen Aktivitäten perfekt verbarg. Aber als die Jesuiten durch eine päpstliche Bulle aufgelöst wurden, zeigte er sein wahres Gesicht und richtete den Hass der Illuminaten gegen alle Mitglieder des Jesuitenordens. Dieser Hass wird von den Illuminaten seither gegen die Jesuiten fortgesetzt. Jesuitenschulen und -kollegs wurden geschlossen, und die Mitglieder des Ordens wurden seither in jeder Revolution verfolgt.

Um zu beweisen, wie lächerlich es ist, die Freimaurer der Leitung der W.R.M. zu bezichtigen, müssen wir nur die Bemühungen von Professor Robison aus Schottland, des Herzogs von Brunswich in Deutschland, der Großmeister der britischen Logen und von Kapitän Henry Morgan aus Neuengland in den USA studieren, die unternommen wurden, um das Eindringen der Illuministen in die Logen der Freimaurerei zu verhindern und die Verbrüderung der Freimaurer mit den Freimaurern des Großen Orients und den Freimaurern des Neuen und Reformierten Palladianischen Ritus von Pike zu verhindern. Wir dürfen auch nicht vergessen, dass Copin-Albancelli Freimaurer im 33ten Grad war.

Er wurde ausgewählt, um über den 33. Grad hinaus in die Geheimnisse der Freimaurerei des Großen Orients und des Palladianischen Ritus einzutreten. Er weigerte sich in letzter Minute, kurz vor der Einweihung, weil er davon überzeugt war, dass sich auf der anderen Seite des dunklen Vorhangs der Satanismus befand, der mit absoluter Willkür regierte. Weishaupts überarbeitete Fassung der Protokolle sagt genau, wie Freimaurer, die verdächtigt werden, zu viel zu wissen, beseitigt werden sollen. Er legt klar dar, wie ALLE Formen der Freimaurerei und andere Geheimgesellschaften abgeschafft werden sollen, sobald der Führer des Luziferianismus zum König und Despoten dieser Welt gekrönt ist.

Die Behauptung, das Judentum sei die Wurzel allen Übels, ist ebenso absurd wie die Behauptung, die „Protokolle", wie sie von Sergy Nilus (1905) und Victor Marsden (1921) entlarvt wurden, seien von den „Weisen von Zion". Es ist wahr, dass viele, viel zu viele Juden dazu verleitet wurden, sich revolutionären Organisationen anzuschließen. Aber es ist ebenso wahr, dass es sieben Jahre, nachdem Lenin im Namen der Synagoge des Satans die absolute Macht in Russland an sich gerissen hatte, kein einziges jüdisches Mitglied der Ersten Internationale gab, das nicht liquidiert oder inhaftiert worden wäre. Wir möchten auch darauf hinweisen, dass eine große Zahl echter Juden heute keine Zionisten sind. Sie hassen den politischen Zionismus, weil sie klar erkennen können, dass er sie zu ihrer eigenen endgültigen Unterwerfung und Zerstörung als Ethnie führen soll. Luzifer kümmert sich nicht darum, ob die Seelen, die er Gott abspenstig macht, weiß oder schwarz, heidnisch oder jüdisch sind. Alle sind Fische in seinem Netz. In der Synagoge des Satans gibt es heute genauso wenig echte Juden wie zur Zeit Jesu Christi.

Der Herzog von Braunschweig war Mitglied der Weishaupt'schen Illuminaten gewesen. Sein „Spitzname" war „Aaron". Als er jedoch herausfand, dass er in Bezug auf Weishaupts wahre Absichten getäuscht worden war, setzte er alles daran, die großorientalische Freimaurerei in Deutschland auszurotten. Im Jahr 1794 gab er ein Manifest heraus, in dem er die Freimaurerei in Deutschland mit der Begründung auflöste, dass die Geheimagenten der Illuminaten die Freimaurerei so sehr unter ihre Kontrolle gebracht hätten, dass die Auflösung das einzige verbliebene Mittel sei.

1878 wies das Oberhaupt der britischen Freimaurer die Freimaurer an, „sich vollständig aus allen Verbindungen mit der Großorient-Freimaurerei zurückzuziehen". Auch im Jahr 1923 gab das Oberhaupt der britischen Freimaurerei das folgende Manifest zur Großorient-Freimaurerei heraus:

„Da dieser Körperschaft 1878 von der Vereinigten Großloge von England die Anerkennung entzogen wurde... wird es als notwendig erachtet, alle Mitglieder unserer Logen zu warnen, dass sie keine Loge besuchen können, die einer von der Vereinigten Großloge von England nicht anerkannten Jurisdiktion untersteht, und dass sie gemäß Regel 150 des Buches der Konstitutionen keine Besucher von dort aufnehmen können."

Sowohl Weishaupt als auch Pike geben zu Protokoll, dass die Juden und auch der Antisemitismus für ihre eigenen geheimen Pläne und teuflischen Ambitionen benutzt werden sollten. Auf diese Phase der Verschwörung wird später noch ausführlicher eingegangen.

Wir geben die oben genannten Informationen, damit Menschen, die aufrichtig nach der WAHRHEIT suchen, sich vor Fanatikern und jenen, die aufgrund von Unterschieden in Hautfarbe, Ethnie und/oder Glauben Zwietracht säen, in Acht nehmen können.

Immer wieder wird uns in der Presse, im Fernsehen, von öffentlichen Rednern, von Parlamentariern, von den Kanzeln, überall, die ganze Zeit, eingetrichtert, dass der Kommunismus in Wirklichkeit ein Kampf um den Besitz des Verstandes der Menschen ist, und deshalb die Wurzel allen Übels und verantwortlich für das Chaos, in dem sich die Welt heute befindet. Das ist die größte Lüge, die die S.O.S. je erdacht und propagiert haben. Aber diese Lüge unterscheidet sich kein bisschen von der Lüge, die verbreitet wurde, um die S.O.S. in die Lage zu versetzen, den Ersten und Zweiten Weltkrieg anzuzetteln. In Amerika und Großbritannien wurde uns gesagt, der Nazismus sei die Wurzel allen Übels und verantwortlich für die chaotischen Zustände in der Welt. Den Massen in Deutschland und in den Ländern, die seine Verbündeten sein sollten, wurden die gleichen Unwahrheiten über die Briten und Amerikaner vorgegaukelt. Hitler war kein Atheist. Er war ganz sicher kein Christ; daher muss er ein Mitglied der Synagoge des Satans gewesen sein.

Diese Behauptung wird durch die Tatsache gestützt, dass es Hitler war, der sagte: „Erzähle eine große Lüge oft genug und sie wird als die WAHRHEIT akzeptiert werden." Winston Churchill ist weder ein Kommunist noch ein Nazi, aber er kann auch kein guter Christ sein, denn er sagte,

> „Ich werde dem Teufel die Hand reichen, wenn er mir dadurch hilft, diesen ----- Hitler zu besiegen."

Bevor wir die perfekte Kontinuität der luziferischen Verschwörung nachzeichnen, wie sie von den Menschen gelenkt und kontrolliert wird, die seit 1776 die Synagoge Satans bilden, werden wir zunächst beweisen, dass die Verschwörung, wie sie von Weishaupt überarbeitet und modernisiert wurde, niemals eines natürlichen Todes gestorben ist, wie diejenigen, die sie seitdem gelenkt haben, die Öffentlichkeit und ihre gewählten Vertreter glauben machen wollen.

Die WAHRHEIT ist, dass sowohl der Kommunismus als auch der Nationalsozialismus nur die materialistischen Konzepte der Weltherrschaft in Betracht ziehen. Sie streben die Kontrolle über unsere Körper an, damit sie durch die physische Kontrolle unseren Verstand kontrollieren und uns dazu bringen können, ihre materialistischen Ideologien zu akzeptieren. Die Synagoge Satans hingegen glaubt an das Übernatürliche und nutzt Kommunismus und Nationalsozialismus, um ihre eigenen geheimen Pläne zu verwirklichen. Die S.O.S. ist entschlossen, die Kontrolle über unseren Verstand zu erlangen, damit sie das Schicksal unserer unsterblichen Seelen bestimmen kann. Der Satanismus liefert alle paar Wochen Millionen von menschlichen Seelen an Luzifer aus. Während eines großen Krieges oder einer Revolution erreicht die satanische Seelenernte ihren Höhepunkt. Lasst euch nicht täuschen. Lasst euch von denjenigen, die der Sache des Teufels dienen, nicht hinters Licht führen, egal wie sie sich tarnen. Die Augen sind die Fenster der Seele. Dann lasst nicht zu, dass sogenannte Illuministen die Jalousien über euren Augen herunterziehen. Bestehen Sie darauf, durch das Fenster hinauszuschauen, damit Sie nicht nur die Horizonte dieser Welt sehen, sondern auch erkennen können, dass der Kampf in dieser Welt darauf abzielt, die Herrschaftsbereiche des Teufels in der himmlischen Welt zu vergrößern, nachdem Gott das endgültige Urteil gesprochen hat.

(Nesta Webster und andere Historiker bestätigen, was ich durch meine eigenen Nachforschungen erfahren habe. Die Direktoren des Marine-Nachrichtendienstes und der verstorbene Inspektor John Leopold, der von 1943 bis 1945, als ich in Ottawa war, für die antisubversive Abteilung der R.C.M.P. verantwortlich war, sowie andere Studenten der weltrevolutionären Bewegung, sowohl kirchliche als auch weltliche, stimmen darin überein, dass wir mit den spirituellen Mächten der Finsternis ringen.) Weishaupt blieb auch nach seiner Verbannung der Vertreter des Teufels in menschlicher Gestalt. Er lenkte die luziferische Verschwörung so, dass sie sich zur Großen Französischen Revolution und anderen, einschließlich der Amerikanischen Revolution, entwickelte. Wir werden uns später mit dem Grund befassen, warum Weishaupts Plan die Vereinigten Staaten von Amerika dazu brachte, die letzte große nationalistische Weltmacht zu werden.

Die Illuminaten von Weishaupt und seine Logen des Großen Orients gingen in den Untergrund. Ihnen folgten die jakobinischen Klubs und Konvente, wie in *Bauern im Spiel* erklärt wurde. Mirabeau leitete die Französische Revolution. Er wurde dabei von Adrien Duport unterstützt, der ebenfalls ein Eingeweihter der höheren Grade der Illuminaten war. Duport war es, der dem Propagandakomitee die Zerstörungspolitik vorstellte, die es am 21. Mai 1790 durchführen sollte.

Nachdem Weishaupt Frankreich als Monarchie und Weltmacht zerstört und die Amerikaner dazu gebracht hatte, sich wegen angeblicher

Missstände, die die Propaganda als sehr real erscheinen ließ, gegenseitig die Kehle durchzuschneiden, zog er nach Italien.

Der Illuminismus hatte in Italien Hochkonjunktur. Unter verschiedenen Namen und Verkleidungen zielte er auf die Zerstörung des Vatikans ab, da dieser sowohl eine geistliche als auch eine weltliche Macht war. Die italienischen Illuministen dachten sich: „Wie können wir ALLE Regierungen und ALLE Religionen zerstören, wenn wir nicht zuerst den Vatikan zerstören." Aber diese Argumentation entsprach nicht den Plänen Weishaupts, wie wir noch beweisen werden.

Die italienischen Großorient-Freimaurer und Illuministen sowie die Mitglieder der Alta Vendita waren nicht in das VOLLSTÄNDIGE Geheimnis eingeweiht worden. Nach Weishaupts Plan, der von Mazzini, Pike, Lemmi und Lenin bestätigt wurde, soll der Vatikan überleben und fast 500.000.000 Seelen kontrollieren, bis diejenigen, die die Synagoge des Satans leiten, entscheiden, dass es an der Zeit ist, ALLE christlichen Menschen in den letzten sozialen Kataklysmus zu verwickeln, bei dem alle Menschen von atheistischen Kommunisten kontrolliert werden. Aus diesem Grund eilte Weishaupt nach Italien, um eine vorzeitige Zerstörung des Vatikans zu verhindern. Fast hundert Jahre später musste Pike ähnliche Maßnahmen ergreifen, um zunächst Mazzini und später Lemmi daran zu hindern, die Pläne der Synagoge Satans zu durchkreuzen, indem sie genau dasselbe taten. All dies beweist, dass nur sehr wenige Männer, die die Hohepriesterschaft des luziferischen Glaubensbekenntnisses bilden, das volle Geheimnis kennen und wissen, wie ihre Verschwörung ihr Endziel erreichen soll.

Beweise für die Verschwörung

Seine Einführung in Amerika

Diejenigen, die die „große" Französische Revolution lenkten, setzten eine vorgefasste „Schreckensherrschaft" ein, um den luziferischen Grundsatz umzusetzen, dass alle Gojim auf eine gemeinsame Ebene der Unterwerfung reduziert werden sollen. Es ist dieses Prinzip, das Cromwells „Roundheads" so effektiv demonstrierten, als sie die „Levellers" in Aktion setzten, nachdem die Synagoge Satans geholfen hatte, das gekrönte Haupt Englands zu entfernen und die diktatorische Macht an sich zu reißen.

Diejenigen, die der Synagoge des Satans dienen, sind immer noch damit beschäftigt, die Gojim zu nivellieren. Anstatt die Frauen auf das hohe Niveau von Moral und Tugend zu heben, das einst von Frauen praktiziert wurde, die ihr Verhalten an dem der Mutter Jesu Christi ausrichteten, haben die Satanisten den „Modernismus" eingeführt, der die Frauen auf das Niveau der Männer herabzieht. Sie nennen dies „Frauenwahlrecht". Das Ziel war angeblich die „Befreiung der Frauen von der Sklaverei des Körpers, des Geistes und der Seele", wenn wir beherzigen, was Frau Pankhurst und andere zu sagen hatten. Doch hinter der „Augenwischerei" verbirgt sich die Absicht, die Frauen einer Gehirnwäsche zu unterziehen und ihnen ein Verhaltensmuster beizubringen, das die Männer dazu veranlasst, ihnen ihren Respekt zu entziehen und die Ritterlichkeit zu töten. All dies ist Teil einer Verschwörung, die darauf abzielt, Frauen entweder zum Spielball der herrschenden Klassen oder zu menschlichen Brutkästen zu machen, die die Anzahl und die Art von Individuen liefern, die der Diktator für notwendig erachtet, um den Bedarf des Staates zu decken.

Nach Gottes Plan für die Herrschaft über das Universum wurden alle seine Geschöpfe ungleich geboren. Es ist ein weit verbreiteter Irrtum zu glauben, alle Menschen seien gleich geboren. Es ist eine Halbwahrheit, die schlimmer ist als eine richtige Wahrheit. Die EINZIGE Art und

Weise, in der alle Menschen gleich sind, besteht darin, dass sie alle einen Körper und eine Seele haben. Was die geistigen Fähigkeiten, die körperliche Ausdauer, die körperliche Schönheit und die geistigen Eigenschaften betrifft, sind keine zwei Menschen auf der ganzen Welt gleich oder gleichwertig.

Gott wollte, dass sich jedes seiner menschlichen Geschöpfe, wenn es dies wünscht, geistig weiterentwickeln kann, bis es für die höchsten Plätze im Himmel qualifiziert ist. Da sowohl Menschen als auch Engel einen Intellekt und einen freien Willen haben, können sie sich so weit verschlechtern, bis sie sich für die untersten Plätze in der Hölle qualifizieren. Das Gerede von einer Welt ohne Klassen ist reine luziferische Doktrin. Luzifers Fähigkeit zur Liebe hat sich in eine Fähigkeit zum Hass verwandelt. Er weiß, dass er im Unrecht war und ist, aber er ist entschlossen, so viele menschliche Seelen wie möglich auf sein Niveau herabzuziehen, und das gelingt ihm auf furchtbar effiziente Weise. Die Worte unseres Herrn „Denn viele sind berufen, aber wenige sind auserwählt" sind so wahr, dass es wirklich erschreckend ist, wenn man bedenkt, was heute in der Welt unter dem Einfluss des Satanismus vor sich geht. Aber das entbindet uns nicht von der Verantwortung, der teuflisch inspirierten Verschwörung ein Ende zu setzen. Viel zu viele Menschen wollen einfach nichts Unangenehmes hören. Sie wollen sich nicht in schmutzige Angelegenheiten einmischen. Wie Austern wollen sie sich in eine Schale zurückziehen. Sie sind die wahren Unberührbaren. Ihr Motto ist: „Ich kümmere mich um meine eigenen Angelegenheiten. Sollen sich doch die anderen um ihre Angelegenheiten kümmern, und der Teufel soll den Letzten kriegen". Ich kann mir nicht vorstellen, dass der Himmel mit solchen Kreaturen gefüllt ist, aber in die Hölle passen sie sicher gut hinein.

Wir haben uns damit beschäftigt, wie die Nivellierung während der Französischen Revolution in *Pawns in The Game* erreicht wurde, also werden wir jetzt mit Weishaupt nach Italien gehen, um zu zeigen, wie die Synagoge Satans damals wie heute ALLE Aspekte der W.R.M. kontrolliert.

In Übereinstimmung mit seiner Absicht, die Behörden in Kirche und Staat glauben zu lassen, die Illuminaten seien tot, arrangierte Weishaupt, dass die geheime revolutionäre Gesellschaft in Italien, bekannt als „Die Carbonari", wiederbelebt und reorganisiert wurde, um die Pläne der S.O.S. in die Tat umzusetzen. Er brauchte eine Bande von Attentätern, um Einzelpersonen und Bewegungen, die sich dem

Internationalismus widersetzten, zu liquidieren. Der Karbonarismus wurde 1815 wiederbelebt. Das Große Geheime Konsistorium hält am 13. Oktober 1820 eine Sitzung ab. In der Folge wurden die Carbonari ein fester Bestandteil der großorientalischen Freimaurerei. Ihre Mitglieder haben seither fast alle politischen Morde begangen. Wie alle bösen Gruppen, die von den S.O.S. kontrolliert werden, operierten die Carbonari unter vielen Namen. Ein Ableger war die Mafia, die vor allem in den Vereinigten Staaten von Amerika operierte. Sie führen „Bandenkriege", in denen von den S.O.S. ausgewählte Männer an der Spitze der organisierten Arbeit, des Glücksspiels, des Drogenhandels, der weißen Sklaverei und aller anderen Formen des Lasters stehen. Die Mafia ist heute in den Vereinigten Staaten mächtiger und aktiver als je zuvor.

Giuseppe Mazzini wurde 1827 in die Freimaurerei der Carbonari und des Großen Orients eingeweiht. Weishaupt beauftragte ihn, nach Amerika zu gehen und im Geheimen die Rolle zu entwickeln, die Amerika in den letzten Phasen der luziferischen Verschwörung spielen sollte. Viele Studenten der W.R.M. sind der Meinung, dass es Mazzini war, der zum Mentor wurde, der Pike bis zu seinem Tod 1872 kontrollierte. Mit dieser Meinung muss ich nicht einverstanden sein.

Ich weiß, dass es vielen guten Amerikanern wehtun wird, zu erfahren, dass 11iomas Jefferson nur ein weiteres, von der Öffentlichkeit geschaffenes Idol war, das auf tönernen Füßen stand. Die Synagoge des Teufels musste die Kontrolle über Amerika erlangen, damit sie diesen neuen Riesen nutzen konnte, um die halbfinale und letzte Phase ihres revolutionären Plans zu verwirklichen. Um dies zu erreichen, musste Amerika von Großbritannien getrennt werden. Trotz allem, was die Agenten der S.O.S. getan hatten, hatte Großbritannien auf seltsame Weise oder durch die Gnade Gottes eine revolutionäre Aktion zur Herbeiführung eines Regierungswechsels abgelehnt. Der Illuminist Manuilsky sagte, als er in einer Rede vor den Delegierten des 18. Kongresses der Kommunistischen Partei (international) in Moskau 1938 über Großbritannien sprach: „Großbritannien ist der Fels, an dem sich die Wellen der Revolution bisher vergeblich gestoßen haben. *Großbritannien und sein Volk müssen zerstört werden, bevor wir unsere Endziele erreichen können.*"

Manuilsky ist genauso wenig ein atheistischer Kommunist wie ich es bin. Er ist ein hochrangiges Mitglied der SOS, das Lenin als Direktor der politischen Aktion der Illuminaten nachgefolgt ist, was, wie wir bereits erklärt haben, im Jargon des Illuminismus Direktor der W.R.M. bedeutet. Wie ich in Roter Nebel über Amerika erklärt habe, war der Zweite Weltkrieg darauf ausgerichtet, Großbritannien zu einer drittklassigen Weltmacht zu machen. Er begann im folgenden Jahr. Obwohl sich Manuilsky als Direktor der W.R.M. erwies, wurde er zum Präsidenten des Sicherheitsrates der Vereinten Nationen ernannt, sobald die UNO gegründet war.[23]

Die Agenten der Synagoge Satans waren schon bald nach der Entdeckung der unteren Teile der heutigen USA durch Kolumbus in Amerika tätig. Entgegen der landläufigen Meinung wurde der nördliche Teil Amerikas von Labrador bis Virginia bereits Hunderte von Jahren vor der Geburt von Kolumbus von den Wikingern entdeckt und erforscht.[24]

Viele Menschen, die „Pawns" und „The Red Fog Over America" gelesen haben, haben mich gefragt: „Warum verkaufen Menschen ihre unsterblichen Seelen an den Teufel, wenn sie wissen, dass sie materiellen Reichtum und zeitliche Macht nicht mitnehmen können?"

Die Antwort ist diese: Sie glauben, dass Luzifer ihnen ihren ewigen Lohn geben wird, so wie wir, die wir an Gott glauben, glauben, dass er uns unseren Lohn im Himmel geben wird.

Es ist der Glaube an das Übernatürliche, der den Unterschied zwischen den Anhängern der S.O.S. und den Atheisten ausmacht.

---

[23] Als ich während des Zweiten Weltkriegs in der kanadischen Marine diente, die meiste Zeit als Stabsoffizier für Operationen mit Hauptquartier in Shelbourne, N.S., und später als leitender Marineoffizier in Goose Bay, Labrador, hatte ich die Gelegenheit, die Runenbotschaften zu sehen, die die Wikinger in flache Felsen entlang der Küste geritzt hatten, als sie sich nach ihrer Landung in Nordamerika von Grönland aus nach Süden vorarbeiteten. Die Runensprache und die Schriftzeichen waren schon lange vor der Geburt von Kolumbus in Vergessenheit geraten. Ich erwähne diese Tatsache nur, weil sie dazu beiträgt, zu beweisen, dass diejenigen, die dem Teufel dienen, unsere Bildungssysteme kontrollieren, so dass die Kinder jetzt indoktriniert und nicht erzogen werden.

[24] Für weitere Einzelheiten lesen Sie bitte Pawns in the Game.

Weishaupt sagte seinen engen Mitarbeitern, als er über Atheisten und Nihilisten sprach, dass es gerechtfertigt sei, sie im internationalen Kommunismus zu organisieren und ihre zerstörerische Kraft zu nutzen, um ihre eigenen geheimen Pläne und Ambitionen zu fördern, weil Kommunismus und Atheismus nur vorübergehende Phasen der W.R.M. seien. Sowohl er als auch Pike sahen vor, dass der Kommunismus in der Endphase der Verschwörung vollständig ausgelöscht werden wird. Pike bestätigte dies in seinem Brief an Mazzini vom 15. August 1871.

Niemand hat besser als Voltaire erklärt, warum die S.O.S. für die perfekte Kontinuität in der Ausrichtung der luziferischen Verschwörung sorgen. „Es kann Jahre dauern, vielleicht Jahrhunderte. In unseren Reihen stirbt ein Soldat, aber der Krieg (gegen Gott) wird fortgesetzt."

Lenin ging noch einen Schritt weiter. Er sagte, es könne dreitausend Jahre dauern, bis die weltrevolutionäre Bewegung ihr Endstadium erreicht habe und das Proletariat die Macht übernommen und eine klassenlose Welt und eine sozialistische Regierung errichtet habe.

Lenin war ein Adept der höchsten Grade der Großorient-Freimaurerei. Er kannte das letzte Geheimnis, wie schon Mazzini und Lemmi vor ihm. Er benutzte Doppelzüngigkeit, um die Frage zu beantworten: „Wie lange wollt ihr eine absolute Diktatur aufrechterhalten?"

Da die Meistersatanisten dem Vater der Lüge dienen, gaukeln sie der Öffentlichkeit stets vor, dass ihr Handeln der Ehre und dem Ruhm Gottes dient und im öffentlichen Interesse liegt. Das war ihre Ausrede, um jeden Krieg und jede Revolution anzuzetteln, die bis heute geführt wurden. Wie die Geschichte beweist, wurden im heiligen Namen Gottes die schrecklichsten und furchtbarsten Gräueltaten an Einzelnen und an der Masse der Menschheit verübt. Unser gesegneter Herr hat uns gewarnt, dass dies geschehen würde, als er sagte: „Ja, es kommt die Zeit, dass, wer euch tötet, meint, er tue Gott einen Dienst." Johannes 16:2) Wir Christen töteten uns im Ersten und Zweiten Weltkrieg gegenseitig zu zig Millionen... Männer... Frauen... und kleine Kinder, und beide Seiten taten, was sie taten, weil die Synagoge Satans uns verführt hatte, zu glauben, wir würden Gott und unseren Ländern dienen.

Weil Luzifer der „Meister der Täuschung" ist, benutzen diejenigen, die die S.O.S. bilden, ihre Agenten, die hinter den Kulissen der Regierung arbeiten, um unsere Herrscher, seien sie Könige oder Präsidenten, dazu zu bringen, eine Politik zu betreiben, die Kriege und/oder Revolutionen auslöst. Manchmal haben diejenigen, die Kriege und/oder Revolutionen angezettelt haben, die fadenscheinigsten Ausreden benutzt. Angesichts der jüngsten Geschichte sind sicherlich nur wenige Menschen so leichtgläubig, dass sie nicht erkennen können, dass Kriege und Revolutionen lange, lange im Voraus geplant werden. Jeder Krieg und jede Revolution, die seit 1776 geführt wurde, diente dazu, Weishaupts Verschwörung zur Zerstörung ALLER Regierungen und Religionen zu vollenden, damit die luziferische Ideologie der Menschheit aufgezwungen werden kann. Die Tatsache, dass Nationen, die in einem Krieg Feinde sind, im nächsten Krieg Verbündete sind, beweist die Wahrheit der obigen Aussage. Die S.O.S. stellen die Nationen so auf, dass ein „Gleichgewicht der Kräfte" aufrechterhalten wird. Dies gibt ihnen die Gewissheit, dass die größtmögliche Zerstörung in einer bestimmten Zeit erreicht werden kann. Dann wird Gewicht auf die Seite der S.O.S. geworfen, die gewinnen wollen. Aber der Sieger erringt nur einen leeren Sieg. Als sich die Kriege zu globalen Kriegen entwickelten, wurde die Macht und Stärke der USA zweimal zwei Jahre lang zurückgehalten, bevor sie freigesetzt wurde, um die Niederlage Deutschlands und seiner Verbündeten herbeizuführen. Der Nationalsozialismus, nur ein anderer Name für den Nietzscheismus, war genau so organisiert und eingesetzt worden, wie Weishaupt und Pike es beabsichtigt hatten. Nachdem er seinen Zweck erfüllt hatte, die S.O.S. in die Lage zu versetzen, den Ersten und Zweiten Weltkrieg anzuzetteln, musste er zerstört werden. Diejenigen Naziführer, die zu viel wussten, wurden durch ein „ordentliches Gerichtsverfahren" liquidiert, genau wie Weishaupt in den 1770er Jahren sagte, dass dies geschehen sollte.

Aber um auf Pike und Mazzini zurückzukommen, möchte ich darauf hinweisen, dass die Hohepriester des luziferischen Glaubensbekenntnisses die Synagoge des Satans kontrollieren. Das war bei der Verschwörung zur Kreuzigung Christi so. Es gilt für Mazzini, Lemmi, Lenin und Manuilsky, die ihrerseits die revolutionären Pläne der Verschwörer seit 1834 leiteten. Die bereits vorgelegten Beweise sollten belegen, dass weder Mazzini noch Lemmi mit dem Vollgeheimnis vertraut gemacht wurden, bis lange nachdem sie zu „Direktoren der politischen Aktion" gewählt worden waren. Pike reorganisierte den Palladianischen Ritus, um denjenigen, die den

W.R.M. leiten, ein geheimes Hauptquartier zur Verfügung zu stellen, da die Logen des Großen Orients durch die Aktivitäten von Mazzini und Lemmi immer mehr in Verdacht gerieten. Pike richtete von seinem Hauptquartier in Charleston, S.C., aus zwei Aufsichtsräte ein, um die politischen und dogmatischen Aktivitäten der anderen dreiundzwanzig Räte zu leiten, die er und Mazzini in der ganzen Welt eingerichtet hatten. In Rom überwachte der Rat unter Mazzini die „politische Aktion" gegen die Regierungen. In Berlin überwachte der Aufsichtsrat die dogmatische und finanzielle Politik und die Aktivitäten der S.O.S. Die Art und Weise, wie der Leiter der dogmatischen Aktivitäten den Nietzscheismus zum Nationalsozialismus entwickelte und ihn dann zerstören ließ, ist typisch für das, was ich meine. Aber lange bevor Pike Hohepriester des luziferischen Glaubens wurde, kam die Leitung der Verschwörung, an der Spitze, aus Charleston, S.C. Pike wurde Nachfolger von Moses Holbrook und die Leitung der Verschwörung, an der Spitze, ist seitdem in den USA geblieben.

Das Buch *Irish and English Freemasons and their Foreign Brothers*, das 1878 veröffentlicht wurde, wirft ein beachtliches Licht auf diese Phase der Verschwörung. Wie alle anderen Bücher, die Informationen enthalten, die auch nur ein wenig Licht auf die teuflische Richtung der W.R.M. werfen, ist dieses Buch praktisch unbekannt. Es gibt jedoch noch Exemplare in einigen der verbliebenen nationalen Archive. Mir wurde mitgeteilt, dass sich noch 1946 ein Exemplar in der Bibliothek des Vatikans befand. Auf Seite 62 des oben genannten Buches erfahren wir, dass die höchste Autorität des Großorient in Italien, d.h. Mazzini oder Lemmi, eine „Ständige Anweisung (oder ein praktisches Regelwerk) für die Leiter der höchsten Grade der Freimaurerei" herausgab.

In einem Abschnitt dieses Dokuments heißt es: „Unser Endziel ist das von Voltaire und der Französischen Revolution - die vollständige Vernichtung des Katholizismus, und schließlich des Christentums. Würde das Christentum überleben, selbst auf den Ruinen Roms, würde es wenig später wieder aufleben und leben. Wir müssen nun überlegen, wie wir unser Ziel mit Sicherheit erreichen können, und nicht, indem wir uns selbst mit Illusionen betrügen, die den endgültigen Erfolg unserer Sache auf unbestimmte Zeit hinauszögern und wahrscheinlich gefährden würden.... Der Papst, wer auch immer er sein mag, wird niemals in eine Geheimgesellschaft eintreten. Es ist dann die Pflicht der Geheimgesellschaft, den ersten Vorstoß zur Kirche und zum Papst zu machen, mit dem Ziel, beide zu erobern. Das Werk, für das wir uns rüsten, ist nicht das Werk eines Tages, noch eines Monats, noch eines Jahres... das, was wir suchen sollten, das, was wir erwarten sollten, wie die Juden einen Messias erwarten, ist ein Papst nach unseren Wünschen.... Aber wann und wie" Das Unbekannte kann noch nicht gesehen werden. Die Heilige Schrift weist darauf hin und die größten Theologen bestätigen, dass trotz der übernatürlichen Gaben sowohl der gefallenen Engel als auch derjenigen, die Gott treu bleiben, Er (Gott) den Engeln die Macht vorenthalten hat, die Zukunft vorauszusehen. Mit anderen Worten: Sie können die luziferische Verschwörung Tausende von Jahren im Voraus planen, aber sie können nicht sicher sein, dass ihre Pläne so ausfallen, wie sie es erwarten. Deshalb versuchen ihre Agenten auf der Erde immer zu erfahren, was die Zukunft bringt. Daher das alte Sprichwort „Der Mensch schlägt vor, aber Gott ordnet an". Da uns jedoch nichts von unserem Plan abbringen darf, müssen wir an unserem neu begonnenen Werk arbeiten, als ob der morgige Tag uns den Erfolg bringen würde."

Die Oberste Exekutive der Logen des Großen Orients erteilte daraufhin die Anweisung, dass das Dokument zur Information der Vorsteher der Obersten Vendita herausgegeben wurde. Sie sagten, „die Informationen sollen den einfach Eingeweihten vorenthalten werden". Die Brüder sollten durch „insegnamento", d.h. durch „geheime Memoranden", eingeschärft werden.

Das von Weishaupt und Mazzini ausgeheckte Komplott bestand darin, dass Italiener und andere, die sich als römische Katholiken ausgaben, in den Vatikan eindringen und ihn, wie Weishaupt zuvor erklärt hatte, „von innen aufbohren, bis er nur noch eine leere Hülle ist". Was Mazzini im Vatikan von Weishaupt selbst aufgetragen wurde, wies er später General Albert Pike an, auf den höchsten Ebenen der Freimaurerei zu tun; und was Adolphe Isaac Cremieux ausgewählt wurde, um in den höheren Ebenen des orthodoxen Judentums zu tun.

Die Anweisungen, die gegeben wurden, waren die gleichen. Diejenigen, die ausgewählt wurden, um diese Phase des Komplotts auszuführen, sollten Agenten der Illuminaten in Führungspositionen in allen drei Organisationen platzieren und sich als „Spezialisten", „Experten" und „Berater" anerkennen lassen. Sie sollten nicht versuchen, sich in irgendeiner Weise in die etablierten Lehren und die Politik der drei Religionen einzumischen, aber sie sollten verhindern, dass die Direktoren der drei Weltmächte Informationen erhielten, die sie verdächtig machen könnten, dass die Synagoge Satans ALLE subversiven Bewegungen an der Spitze kontrollierte Sie sollten auf die eine oder andere Weise jeden zum Schweigen bringen, der Verdacht schöpfte.

Der verstorbene Papst Pius XII. muss geahnt haben, dass im Vatikan etwas grundlegend falsch lief, denn er konnte unmöglich in Unkenntnis darüber bleiben, dass er ständig überwacht wurde. Es ist höchst bezeichnend, dass er, als diese Überwachung gelockert wurde und man glaubte, er stünde kurz vor dem Tod, 1958 einen vertrauenswürdigen Sekretär zu sich rief und ihm befahl, die 500.000.000 Mitglieder der römisch-katholischen Kirche zu bitten, für die „schweigende Kirche" zu beten. Die Bedeutung seiner Worte wurde falsch gedeutet. In der katholischen Presse wurde veröffentlicht, dass Seine Heiligkeit die Kirche hinter den eisernen und bambusförmigen Vorhängen meinte. Dies ist nicht der Fall. Er hat immer genau das gesagt, was er gemeint hat. Wenn er gewollt hätte, dass die Gläubigen für die „Verfolgte Kirche" beten, hätte er das gesagt. Er bat sie, für die Kirche zu beten, die schweigt, obwohl sie frei ist.

Dann sagte der Papst wieder, und wiederholte danach, dass er Christus gesehen und mit ihm gesprochen habe. Aber auch das wurde totgeschwiegen. WARUM?

Adolphe Isaac Cremieux (1796-1880) stammte aus einer sogenannten jüdischen Familie aus Südfrankreich. Er wurde 1817 als Anwalt in Nimes zugelassen. Er war typisch für die Juristen, die laut Weishaupt für die Illuminaten rekrutiert werden sollten. Genau wie später Pike wurde Cremieux in die Freimaurerei eingeschleust. Er war Mitglied der Loge von Mizraim, des Schottischen Ritus, und wurde später in die Logen des Großen Orients aufgenommen. Cremieux arbeitete daran, die oben genannten Geheimgesellschaften zu vereinen und wurde Großmeister in Frankreich, wie Pike in Amerika und Mazzini in Italien.

Die Aktivitäten von Cremieux wurden von den Rothschilds und den Montifiores finanziert. Er war an den skrupellosesten Formen politischer Intrigen und Schikanen beteiligt. Die gesamten Ressourcen der S.O.S. wurden eingesetzt, um ihn zum Chef der Exekutive von Louis Napoleon zu machen, damit er eine Politik vorantreiben konnte, die die luziferische Verschwörung hinter den Kulissen der britischen Regierung etwa zur gleichen Zeit fördern würde. Aber seine betrügerischen Methoden wurden aufgedeckt, und als Louis Napoleon am 2. Dezember 1851 seinen Staatsstreich durchführte und sich selbst zum Kaiser Napoleon III. machte, machte er General Cavaignac zu seinem Premierminister und warf Cremieux ins Gefängnis. Er war in den Gefängnissen von Vincennes und Mazas inhaftiert. Nach seiner Entlassung wurde Cremieux ausgewählt, um die Aktivitäten von Karl Marx und anderen Revolutionären wie Louis Blanc, Ledrun, Rollin, Pierre und vielen anderen zu leiten.

Cremieux setzte die Kriegs- und Revolutionspläne der S.O.S. in Frankreich in die Tat um, so wie es Mazzinis andere nationale Direktoren in Deutschland und anderen Ländern taten. Auf diese Weise wurde der Sturz Napoleons ebenso erreicht wie die Niederlage Frankreichs gegen Deutschland im Jahr 1871. Zu diesem Zeitpunkt engagierte sich Cremieux wieder offen in der Politik und wurde Präsident der „Alliance Israelite Universelle" (A.LU.). Bereits am 31. Mai 1864 sagte Cremieux vor der Generalversammlung der A.LU.: „Die Allianz ist nicht auf unsere Sekte beschränkt, sie richtet ihre Appelle an alle Sekten und will in alle Religionen eindringen, wie sie in alle Länder eingedrungen ist. Bemühen wir uns kühn um die Vereinigung aller Kulte unter einer Flagge der Union und des Fortschritts. Das ist die Losung der Humanität." (Internationalismus.)

Wir hören heute das gleiche alte doppelte Gerede zugunsten einer Eine-Welt-Regierung. John Leopold, damals Leiter der antisubversiven Abteilung der Royal Canadian Mounted Police, gab mir gegenüber 1944 zu, dass das American Jewish Committee ein Auswuchs der Alliance Israelite Universelle ist. Leopold war ein echter Jude (Hebräer). Er erzählte mir, dass das Amerikanisch-Jüdische Komitee und das Kanadisch-Jüdische Komitee absolut jüdische Kommunisten an der Spitze kontrollierten. Er stimmte zu, dass die Alliance Israelite Universelle an der Spitze von der Synagoge des Satans organisiert und geleitet wurde. Er sagte, die A.I.U. und die A.J.C. seien ebenso wenig echte jüdische Vereinigungen wie die Illuminierten Logen der Großorient-Freimaurerei oder die Räte des Palladianischen Ritus, echte Freimaurerei, wie sie in den Logen des Schottischen Ritus in Großbritannien und Amerika praktiziert wird.

General Albert Pike und die Verschwörung

Wir sind uns der Tatsache bewusst, dass das Aussprechen der Wahrheit viele Menschen verletzen und diejenigen verärgern wird, die dem Teufel dienen, und halten es dennoch für notwendig, der Öffentlichkeit zu beweisen, dass General Albert Pike ein Doppelleben führte.

Die Tatsache, dass so wenig über sein geheimes, privates Leben bekannt ist, ist nicht verwunderlich. Die Synagoge Satans sind Söhne des Vaters der Lüge (Luzifer); diejenigen, die die luziferische Verschwörung auf dieser Erde kontrollieren und leiten, sind „Meister der Täuschung".

Aus diesem Grund wurden diejenigen, die die S.O.S. im Laufe der Jahrhunderte gebildet haben, den Massen als große Patrioten, große Philanthropen, große Heiden und große Juden dargestellt. Wenn die Geschichte oder die Forschung beweist, dass sie Jekyll und Hyde in ihrer Persönlichkeit waren, nennen wir sie „Idole auf tönernen Füßen". Menschen, die von den SOS benutzt werden, um ihre geheimen Pläne voranzutreiben, werden als öffentliche Persönlichkeiten aufgebaut, damit sie die Gedanken „ihrer Öffentlichkeit" besser beeinflussen können. Die gegenwärtige Praxis der Vergötterung eines jeden, der mit Hollywood in Verbindung steht, illustriert perfekt, was ich meine.

Schauspielerinnen erhalten Rollen, in denen sie so promiskuitiv sind wie der sprichwörtliche Nerz. Das ist Satanismus in Aktion. Der Zweck dahinter ist, die Moral der jungen Generation zu brechen. Wenn es für ihre Idole „richtig" ist, „modern" zu leben und mit jedem Mann, der ihnen gefällt, Geschlechtsverkehr zu haben, werden die Jugendlichen zu der Überzeugung gebracht, dass es keine Sünde ist, ebenfalls „modern" zu leben. Eltern und Geistliche, die etwas anderes behaupten, werden als dumm und altmodisch abgestempelt. Diejenigen, die die

W.R.M. AT THE TOP leiten, sagen: „Der beste Revolutionär ist ein junger Mensch, der absolut frei von Moral ist."

Die verborgene Geschichte beweist, dass General Albert Pike zu den Männern gehört, vor denen wir uns nach der Heiligen Schrift in Acht nehmen sollen. In Matthäus 24:24, Markus 13:22, 14:56 usw. wird uns gesagt, dass falsche Propheten und falsche Christusse aufstehen und Zeichen und Wunder tun werden, um, wenn es möglich wäre, sogar die „Auserwählten" zu verführen (zu täuschen). Dokumentarische Beweise belegen, dass Pike nicht nur ein falscher Christus war, sondern vor seinem Tod auch der Hohepriester der luziferischen Ideologie auf dieser Erde und als solcher die Synagoge Satans kontrollierte.

Sein militärischer Plan sah drei Weltkriege und drei große Revolutionen vor, um Weishaupts überarbeitete Version der jahrhundertealten luziferischen Verschwörung in ihr Endstadium zu bringen. In den 1860er Jahren sagte er, dass sein militärisches Programm hundert Jahre oder etwas länger dauern könnte, um den Tag zu erreichen, an dem diejenigen, die die Verschwörung an der Spitze leiten, ihren Anführer zum König und Despoten der ganzen Welt krönen und dem, was von der menschlichen Ethnie noch übrig ist, eine luziferische totalitäre Diktatur aufzwingen werden.

Als Weishaupt von 1776 bis 1784 die Illuminaten organisierte, um seine überarbeitete und modernisierte Version der Luziferischen Protokolle in Kraft zu setzen, diskutierten er und seine Gefährten laut Aufzeichnungen darüber, ob sie das Christentum, das Judentum, die Freimaurerei oder den Atheismus als Deckmantel für ihre geheimen Pläne und Aktivitäten verwenden sollten.

Dies war in etwa die gleiche Entscheidung, die die Führer der Chasaren treffen mussten, als sie sich 300 n. Chr. aufmachten, Europa zu erobern.

Diejenigen, die die Invasion der Chasaren in Südosteuropa leiteten, beschlossen, den von ihnen geführten und eroberten Völkern den Talmudismus aufzuzwingen, statt den Mohammedanismus oder das Christentum. Sie benutzten daher den Anti-Mohammedanismus und das Anti-Christentum als Emotionen, um ihre bösen Absichten zu erreichen.

Weishaupt und seine Illuminaten beschlossen, aus den Lektionen, die die Geschichte in dieser Hinsicht erteilt hatte, Nutzen zu ziehen. Sie beschlossen, alle vier dieser Religionen zu benutzen, um ihre bösen Absichten zu verschleiern und ihre eigenen geheimen Pläne und teuflischen Ambitionen zu fördern.

Weishaupt beschloss, dass die Illuminaten in die Freimaurerei eindringen würden, da es sich um einen Geheimbund handelte, dessen Mitglieder durch einen Eid verpflichtet werden konnten, nichts von dem, was sie hörten oder lernten, preiszugeben. Selbst von den Lehrlingen, den Anfängern, wird verlangt, dass sie schwören: „Im Namen des Höchsten Architekten der Welt werde ich... Name... niemals die Geheimnisse, Zeichen, Berührungen, Worte, Lehren oder Bräuche der Freimaurer preisgeben und vor allem ewiges Schweigen darüber bewahren. Ich verspreche und schwöre bei Gott, nichts mit der Feder, durch Zeichen, Worte oder Gesten zu verraten und nichts zu schreiben, zu lithographieren, zu drucken oder zu veröffentlichen, was mir bisher anvertraut worden ist und in Zukunft anvertraut werden kann. Ich verpflichte mich und unterwerfe mich der folgenden Strafe, wenn ich mein Wort nicht halte: Man möge meine Lippen mit einem glühenden Eisen verbrennen - man möge mir die Hand und den Hals abschneiden und die Zunge herausreißen, man möge meinen Leichnam in der Loge bei der Aufnahme eines neuen Bruders aufhängen, damit er als Stigma meiner Untreue und als Gegenstand des Schreckens für die anderen diene. Möge er danach verbrannt und die Asche in den Wind gestreut werden, damit keine Spur der Erinnerung an meinen Verrat bleibt. So mögen Gott und sein heiliges Evangelium mir helfen. So sei es." (Eckert Bd. I, S. 33-34.) Wir veröffentlichen den Eid nur, um zu beweisen, dass die Freimaurer niederen Grades ehrlich und aufrichtig glauben, dass sie der Geheimgesellschaft beitreten, um die Sache Gottes zu fördern und ihren Mitmenschen zu helfen, wie Gott es befohlen hat. Wenn sie eingeweiht werden, haben sie selbstlos die Absicht, diese Pflicht bis an die Grenze ihrer Fähigkeiten und Mittel zu erfüllen. Die überwiegende Mehrheit der Freimaurer des 32. und 33. Grades weiß nicht oder ahnt nicht einmal, dass sich ganz oben, außerhalb der Reichweite aller außer den speziell Auserwählten, die Synagoge Satans befindet, die von Hohepriestern des luziferischen Glaubensbekenntnisses kontrolliert wird.

Weishaupt machte in seinen Anweisungen deutlich, dass die Freimaurerlogen nur als Orte genutzt werden sollten, an denen die Illuminaten einen Geheimbund innerhalb eines Geheimbundes organisieren konnten. Er machte unmissverständlich klar, dass der Zweck der Infiltration darin bestand, Illuminaten in Positionen zu bringen, in denen sie mit Männern von hohem gesellschaftlichen Ansehen und bewährten Fähigkeiten in Wirtschaft, Kunst, Beruf und Politik usw. in Kontakt treten konnten. Die Illuminaten nutzen dann ihre Macht und ihren Einfluss, um ihre Agenten in Schlüsselpositionen auf allen Ebenen der Gesellschaft und in allen Bereichen menschlichen Strebens zu platzieren. Die gewöhnlichen Mitglieder sollten nur für die Förderung der Idee einer Eine-Welt-Regierung und einer Eine-Welt-Religion eingesetzt werden.

Die Meister des Betrugs wollten die freimaurerische Philanthropie nur dazu benutzen, ihre teuflischen Absichten zu verbergen und ihren Agenten den Anschein von Seriosität zu verleihen. Die Lektion, die es zu lernen gilt, ist diese: Kein Christ sollte schwören, Verschwiegenheit zu wahren, wenn er nicht genau weiß, was der Schwur der Verschwiegenheit beinhaltet. Um die Absichten Gottes zu fördern, müssen wir sie bekannt machen. Diejenigen, die den Luziferianismus fördern, halten ihre Pläne und Ziele geheim.

Das folgende Bild ist das Titelbild eines von Albert Pike geschriebenen Buches.

MORAL UND DOGMA DES ALTEN UND ANERKANNTEN SCHOTTISCHEN RITUS der FREEMASONIE

Vorbereitet für den Obersten Rat des Dreiunddreißigsten Grades für die südliche Jurisdiktion der Vereinigten Staaten Und veröffentlicht durch seine Autorität

Auf der Rückseite des Titelbildes steht: „Eingetragen nach dem Gesetz des Kongresses, im Jahr 1871, von Albert Pike, im Büro des Bibliothekars des Kongresses, in Washington, D.C. Eingetragen nach dem Gesetz des Kongresses im Jahr 1905, durch den Obersten Rat der Südlichen Jurisdiktion. A.A.S.R, U.S.A., im Büro des Bibliothekars des Kongresses, in Washington, D.C."

Wir zitieren aus Kapitel XXX, Ritter des Kadosh; Seite 819: „Die Blauen Grade sind nur der äußere Hof oder Säulengang des Tempels.

Ein Teil der Symbole wird dem Eingeweihten dort gezeigt, aber er wird absichtlich durch falsche Interpretationen in die Irre geführt. Es ist nicht beabsichtigt, dass er die Zeit versteht; aber es ist beabsichtigt, dass er sich einbildet, sie zu verstehen. Ihre wahre Erklärung ist den ADEPTEN, den PRINZEN DER MASONIE, vorbehalten. Der gesamte Korpus der königlichen und sakralen Kunst wurde seit Jahrhunderten so sorgfältig in den hohen Graden verborgen, dass es bis heute unmöglich ist, viele der darin enthaltenen Rätsel zu lösen. Die Masse derer, die sich Freimaurer nennen, hat genug davon, sich vorzustellen, dass alles in den BLAUEN GRADEN enthalten ist; und wer versucht, sie zu enttarnen, wird sich vergeblich bemühen und ohne wirklichen Lohn seine Pflichten als Adept verletzen. Die Freimaurerei ist die wahre Sphinx, die bis zum Kopf im Sand begraben ist, den die Zeitalter aufgeschüttet haben."

Das Buch, aus dem es stammt, trägt den Namen dieses Verlegers: LH. Jenkis, Inc., Richmond, Virginia, Mai 1920.

Die Art und Weise, wie Illuministen in die Logen des Schottischen Ritus auf der ganzen Welt eingedrungen sind, lässt sich am besten anhand der Lebensgeschichte von General Albert Pike veranschaulichen. Diese Geschichte enthüllt, wie Professoren, die den Illuminaten angehören, außergewöhnlich brillante Studenten auswählen und sie mit der einen oder anderen Form des Internationalismus indoktrinieren. Sie benutzen sie dann, um denen zu dienen, die die luziferische Verschwörung leiten. Pikes Leben veranschaulicht auch, wie diejenigen, die die revolutionäre Weltbewegung AN DER SPITZE leiten, die Kontrolle über hochrangige Offiziere in den Streitkräften ihrer jeweiligen Länder erlangen. Ich erkläre feierlich, dass ich bis 1957 nur die Seite von Pikes Lebensgeschichte kannte, die ihn als großen Gelehrten, klugen Anwalt, tapferen Soldaten, glühenden Christen und alles in allem als großen amerikanischen Patrioten zeigte. In den ersten Ausgaben von *Pawns in the Game* und *The Red Fog Over America* habe ich seinen Namen im Zusammenhang mit der weltrevolutionären Bewegung nicht einmal erwähnt. Was General Albert Pike betrifft, so glaubte ich vor 1957 wie buchstäblich Millionen anderer Menschen, insbesondere Freimaurer, in jedem Land der Welt. Aber ganz zufällig stieß ich bei der Untersuchung der Hintergründe des „Little Rock Incident" auf einen Hinweis, der darauf hindeutete, dass Albert Pike ein Doppelleben geführt hatte. Nachforschungen ergaben, dass er der größte Dr. Jekyl und Mr. Hyde des 19. Zunächst möchte ich dem Leser das Bild vermitteln, das ich vor 1957 von Albert Pike hatte.

Albert Pike, amerikanischer Patriot und christlicher Gentleman

General Albert Pike wurde am 29. Dezember 1809 in Boston, Massachusetts, geboren. Seine Eltern zogen nach Newbury, Massachusetts, als Albert vier Jahre alt war. Hier wuchs er auf. Er besuchte die „gewöhnlichen" Schulen, aber weil er außergewöhnliche geistige Fähigkeiten zeigte, wurde er für einige Semester in eine „private" Schule geschickt und besuchte dann die Akademie in Framingham. Seine Fähigkeit, zu lernen und Wissen aufzunehmen, war so groß, dass er bereits mit fünfzehn Jahren begann, andere zu unterrichten. Mit sechzehn Jahren bestand er eine Prüfung, die es ihm ermöglichte, als Studienanfänger an der Harvard University zu studieren.

Da seine Eltern die Studiengebühren nicht bezahlen konnten, unterrichtete Pike während der Herbst- und Wintersaison in Gloucester und bezahlte seinen Lebensunterhalt selbst. Er qualifizierte sich für die Junior-Klasse in Harvard, verließ aber wegen Schwierigkeiten mit der Fakultät die Universität, kehrte nach Hause zurück und bildete sich selbst weiter. Seinen Eltern und Freunden erzählte er, er habe Harvard wegen eines Missverständnisses über die Studiengebühren verlassen.

Nach seiner Rückkehr nach Hause unterrichtete er in Fairhaven und Newburyport. Er wurde Assistent des Schulleiters.

Danach wurde er für kurze Zeit Rektor der Newburyport Grammar School. Er war noch Anfang zwanzig. Danach wurde er Schulleiter einer Privatschule und war in dieser Funktion bis zum Ende des Frühjahrssemesters 1831 tätig.

Im Frühsommer 1831 brach er seine erfolgreiche Lehrtätigkeit vollständig ab und machte sich zu Fuß auf den Weg in den Westen. Er reiste, erforschte, handelte und lebte mit den Indianern. Er lernte ihre Sprache und ihre Bräuche. Seine Ehrlichkeit im Umgang mit ihnen, seine geradlinige Herangehensweise, wenn es darum ging, ein Problem zu besprechen oder ein Missverständnis auszuräumen, verschaffte ihm das Vertrauen der Indianer. Im Jahr 1833 ließ er sich in Little Rock, Arkansas, nieder.

Er wurde Herausgeber der Arkansas Gazette. Er schrieb auch Artikel für andere Publikationen, darunter eine Reihe von Gedichten für das Blackwoods Magazine in Edinburgh, Schottland. Diese wurden 1838 von John Wilson, dem Herausgeber, veröffentlicht. Wilson lobte Pike als „den kommenden Dichter in Amerika, dessen feine Hymnen ihn dazu berechtigen, seinen Platz in der höchsten Ordnung der Dichter seines Landes einzunehmen. Sein gewaltiges Genie kennzeichnet ihn als den Dichter der Titanen". Pike nutzte das Geld, das er durch seine Alphabetisierungsbemühungen verdiente, um sich in Jura weiterzubilden.

Pike meldete sich freiwillig und diente den Vereinigten Staaten im Krieg mit Mexiko. Er wurde Hauptmann der Kavallerie und nahm mit Auszeichnung an der Schlacht von Buena Vista teil. Danach ritt er mit einundvierzig Männern von Saltillo nach Chihuahua, eine Strecke von fünfhundert Meilen, durch ein Land, das von Banditen und flüchtigen Soldaten aus Santa Annas besiegten Armeen heimgesucht wurde. Die Stadt Mapini ergab sich ihm auf der Weiterreise.

Pike baute 1840 in Little Rock ein beeindruckendes Herrenhaus mit dreizehn Zimmern. 1851 verlegte er seine Anwaltspraxis nach New Orleans, wo er vor dem Obersten Gerichtshof der Vereinigten Staaten praktizierte. 1857 kehrte er nach Little Rock zurück und lebte dort bis zum Ausbruch des Bürgerkriegs. Er wurde Brigadegeneral in der konföderierten Armee und Beauftragter für die Aushandlung von Verträgen mit den Indianern, deren Ansprüche gegen die Regierung der Vereinigten Staaten er anschließend vertrat.

Nach dem Krieg lebte er mehrere Jahre in Memphis, Tennessee, und zog dann um 1869 nach Washington, wo er bis zu seinem Lebensende wohnte. Er starb am 2. April 1891.

Der Aufstieg von Pike in der Freimaurerei war wirklich außergewöhnlich. Nach Angaben seiner Tochter, Frau Liliana Pike Broom, wurde ihr Vater 1850 im Alter von 41 Jahren in die Western Star Lodge in Little Rock, Arkansas, aufgenommen. Im Juli desselben Jahres wurde er zum Worshipful Master ernannt.

Er war Gründungsmitglied der Magnolia Lodge No. 60, Little Rock, und war 1853 Worshipful Master ad vitam dieser Loge. Zuvor war er „Exalted in Union Chapter No. 2 RZ.M., Little Rock, created Knight

Templar No. 1 Lodge in Washington, 17.C. Er wurde 1853 auch zum Grand High Priest des Grand Chapter of Arkansas gewählt.

Im Jahr 1858 erhielt er von Bruder Theodore Satan. Parvin, Connecticut, am 20. März 1853 den 4. bis 32. Grad im Alten und Angenommenen Schottischen Ritus. Am 25. April 1857 wurde er zum Ehrengeneralinspektor gekrönt und am 20. März 1858 in Charleston, South Carolina, zum aktiven Mitglied des Obersten Rates der Südlichen Jurisdiktion ernannt. Als Bruder John Honour als Großkommandant zurücktrat, wurde Albert Pike am 2. Januar 1859 zum Souveränen Großkommandanten des Obersten Rates für die Südliche Jurisdiktion der Vereinigten Staaten gewählt. Danach wurde er Souveräner Pontifex der universellen Freimaurerei. Dies ist die öffentliche Bilanz von Pike, die es rechtfertigt, dass die Amerikaner zu ihm als einem Beispiel für echten Amerikanismus aufschauen.

Aber was ist mit seiner geheimen Akte?

Als ich 1957 den Integrationsvorfall in Little Rock untersuchte, erfuhr ich zum ersten Mal von Pikes raschem Vormarsch in der Freimaurerei, und da ich wusste, dass Weishaupt mit Hilfe von Thomas Jefferson und Moses Holbrook Illuministen in die Freimaurerlogen Amerikas eingeschleust hatte, beschloss ich, herauszufinden, ob die Tatsache, dass Pikes Haus in Little Rock dreizehn Zimmer hatte, irgendeine Bedeutung hatte. Die Zahl „Dreizehn" spielt in satanischen, luziferischen und kabbalistischen Ritualen, Codes und Schriften usw. eine wichtige Rolle.

Meine Nachforschungen erbrachten dokumentarische Beweise dafür, dass Pike aufgrund seiner außergewöhnlichen geistigen Fähigkeiten in Harvard in die Hände von Professoren geriet, die Mitglieder der Illuminaten waren und in seinem Kopf die Idee entwickelten, dass eine Eine-Welt-Regierung, eine Eine-Welt-Religion und ein Eine-Welt-Finanz- und -Wirtschaftssystem die EINZIGE Lösung für die vielen und vielfältigen Probleme der Welt sei.

Als nächstes entdeckte ich, dass sein Weggang aus Harvard nicht aus Geldmangel oder wegen eines Missverständnisses mit der Fakultät über die Studiengebühren erfolgte, sondern wegen seiner „radikalen" Ideen und Lehren.

Als er nach Hause zurückkehrte und fest entschlossen war, sich trotz aller Widerstände an die Spitze zu „kämpfen", war er in der richtigen Verfassung, um als „Minerval" oder „Lehrling" für die unteren Stufen der Illuminaten rekrutiert zu werden.

Ich fand heraus, dass diejenigen, die im Geheimen die luziferische Verschwörung in Amerika leiteten, beschlossen, Pikes geistige Fähigkeiten, seine Qualitäten als Lehrer und seine Fähigkeit, Sprachen zu beherrschen, für ihre eigenen geheimen Pläne zu nutzen. Sie testeten seinen körperlichen Mut und seinen Einfallsreichtum, indem sie ihn zu den Indianern schickten, damit er seinen Lebensunterhalt durch den Einsatz seines Verstandes verdiente und gleichzeitig ihre Sprache und ihre Bräuche lernte. Als diejenigen, die den amerikanischen Bürgerkrieg schürten, konnten sie Pike und seine Verbindungen zu den Indianern nutzen, wenn sie die Zeit für den Ausbruch der Feindseligkeiten für reif hielten.

Pike schloss diese Prüfung mit vollen Punktzahlen ab. Als Nächstes wurde von ihm verlangt, militärische Erfahrung durch eine Zeit des aktiven Dienstes zu sammeln. Dies ist ein unumstößlicher Grundsatz, der von jedem Mann befolgt werden muss, der in der revolutionären Weltbewegung eine Führungsposition anstrebt. Tausende von Amerikanern, Tausende von Briten und über zweitausend Kanadier schlossen sich Major Attlees Internationaler Brigade an und kämpften im Spanischen Bürgerkrieg (1926-1929), um die militärische Erfahrung zu erlangen, die ein Kommunist benötigt, um sich für eine Führungsposition in der revolutionären Weltbewegung zu qualifizieren. Der Mexikanische Krieg bot Pike genau die Gelegenheit, die er brauchte.

Nachdem er sich als Mann mit außergewöhnlichen Fähigkeiten, persönlichem Mut und Führungsqualitäten erwiesen hatte, wurde Pike 1850 in den Schottischen Ritus der Freimaurerei eingeschleust. Er zeichnete sich erneut aus und gewann das Vertrauen und den Respekt der Mitglieder.

Die Archive in Washington, D.C., werfen ein unerwartetes Licht auf Pikes Verbindungen zu den. Indianern während des Bürgerkriegs. Aus diesen Aufzeichnungen geht hervor, dass er zunächst ein Regiment und dann eine Brigade der Indianertruppen der C.S.A. befehligte. Sie enthüllen auch die Tatsache, dass Pikes Indianertruppen auf Befehl von Präsident Jefferson Davis wegen der Gräueltaten, die sie unter dem

Vorwand der legitimen Kriegsführung begangen hatten, aufgelöst worden waren.

Nachforschungen über Pikes Partner in Harvard und während seiner Lehrtätigkeit an einer Privatschule ergaben, dass er mit Männern Bekanntschaft gemacht hatte, die Mitglieder der Illuminaten waren, Männer, die mit Moses Holbrook, Clinton Roosevelt, Danna, Greeley usw. in Verbindung standen. Es gibt Beweise dafür, dass Pikes Dreizehn-Zimmer-Villa nach 1840 als geheimes Hauptquartier derjenigen genutzt wurde, die die Synagoge des Satans bildeten, und dass sie in diesen Mauern Okkultismus praktizierten und satanische Rituale durchführten, die auf dem Kabbalismus basierten, wie er von Moses Mendelssohn verwendet wurde, als er vor 1784 in Frankfurt am Main, Deutschland, Einweihungen in die höheren Grade der Weishaupt'schen Illuminaten durchführte.

Ein weiteres Licht auf diese Phase von Pikes geheimem Leben wurde geworfen, als Nachforschungen ergaben, dass John Gould Fletcher, der ebenfalls Spiritismus und Okkultismus praktizierte, in seinem Haus in Little Rock wohnte, nachdem Pike es aufgegeben hatte. Für sein Gedicht über Pikes Haus mit dem Titel „The Ghosts of an Old House" erhielt er den Pulitzer-Preis. Man kann davon ausgehen, dass in diesen Versen viel mehr Wahrheit als Poesie steckt, denn später wurden Beweise ausgegraben, die belegen, dass Pike in St. Louis und an anderen Orten auf der ganzen Welt Séancen abhielt.

Als nächstes wurde entdeckt, dass Pike seit 1834 eng mit Giuseppe Mazzini zusammenarbeitete und bis zu dessen Tod im Jahr 1872 in enger Verbindung mit ihm blieb. Mazzini war nach Amerika geschickt worden, um Thomas Jefferson dabei zu helfen, die Grundlagen für die Rolle zu schaffen, die Weishaupt Amerika in der Halbfinalphase der Verschwörung zugedacht hatte.

Recherchen in den Schriften von Mazzinis Mitarbeitern in Frankreich und Italien bewiesen, dass Pike die Sprossen der Leiter des Illuminismus ebenso schnell erklomm, wie er in der Freimaurerei aufgestiegen war.

Moses Holbrook war in der ersten Hälfte des 19. Jahrhunderts das geheime Oberhaupt der Synagoge des Satans in Amerika. Er verwendete die kabbalistischen Riten, wie sie von Moses Mendelssohn gelehrt wurden, bei der Einweihung speziell ausgewählter Kandidaten in den Satanismus, wie er in den höheren Graden der Großorient-Freimaurerei in Frankreich und Italien von Cremieux bzw. Mazzini praktiziert wurde. Die talmudischen Lehren der Caballas, d. h. der Satanismus, wurden während der Zeit, als die (so genannten) „Juden" in Babylon gefangen waren, an die Stelle der „Bücher Mose" gesetzt.

Weil einige der Gründerväter Amerikas offen antisemitisch waren, weil die Art und Weise, wie der Illuminismus in die amerikanische Freimaurerei eingedrungen war, entlarvt wurde, und weil diejenigen, die die Aktivitäten der Illuminaten leiteten, meist Männer waren, die sich selbst als Juden bezeichneten, auch wenn sie es nicht waren, und über die Angelegenheit logen, beschloss Pike, dass er „vorgeben" würde, das Judentum in Amerika aus der Kontrolle zu bringen, soweit die Freimaurerei betroffen war. Wir werden später beweisen, dass wir das Wort „vorgeben" zu Recht verwenden. Er beschloss auch, da die Illuminaten als Drahtzieher der W.R.M. verdächtig wurden, den Palladismus zu reorganisieren und überall auf der Welt Räte zu gründen, die an die Stelle der Logen des Großorient und der Illuminaten treten sollten. Mit anderen Worten: Pike beschloss, eine andere „Front" zu errichten, um der Synagoge Satans, die den W.R.M. an der Spitze leitet, ein neues Gesicht zu geben. Er war entschlossen, Historiker und Forscher auf eine falsche Fährte zu locken, die nach der Ermordung von Kapitän Morgan zum Himmel stank.

MOSES MENDELSSOHNs RITUAL FÜR DIE HÖHEREN GRADEN DER GROSSEN ORIENTIGEN MASONEN war als „Schwarze Messe" bekannt. Ihre Worte und Zeremonien drückten bitteren Hass auf Christus und das Christentum aus.

Pike schlug Moses Holbrook vor, dass es eine gute Idee wäre, die Zeremonie der „Schwarzen Messe" zu überarbeiten und zu modernisieren, damit sie nicht so talmudisch wirkte. Holbrook stimmte zu und arbeitete mit Pike an einem neuen Ritual.

Holbrook starb, bevor die Aufgabe abgeschlossen war, und Pike vollendete das Werk allein. Er nannte das neue Zeremoniell „Die Adonaizid-Messe", was „Der Tod Gottes" bedeutet. Auf Pikes Lehre basierte Nietzsche in Deutschland seine Ideen und Theorien, die darauf abzielten, den „Tod Gottes" herbeizuführen, damit Luzifer in Frieden und Sicherheit regieren kann. Wir kennen diese Theorien als Nietzscheismus.

Wir haben uns bei vielen Gelegenheiten auf die Schriften von Domenico Margiotta bezogen, wenn es um die Art und Weise geht, wie die Illuminaten in die Freimaurerei eingedrungen sind, denn Margiotta war ein Freimaurer des 33. Er verließ die Freimaurerei erst, NACHDEM er unter für die Aufnahme in die höheren Grade der Freimaurerei des Großen Orients und/oder des Neuen und Reformierten Palladianischen Ritus ausgewählt worden war. Als Grund für seine Weigerung, eingeweiht zu werden, gibt er an, dass das Studium des Lebens derer, die ihn einweihen wollten, ihn davon überzeugt habe, dass sie Satanisten seien. Wir haben Margiottas Wort dafür, dass Großmeister Pike die Vorherrschaft seines Obersten Rates wiederherstellte und es ihm gelang, allmählich zu einer bedeutenden freimaurerischen Persönlichkeit und zum wahren Oberhaupt des Schottischen Ritus zu werden.

Als Freimaurer des 33. Grades und Souveräner Pontifex der universellen Freimaurerei reiste Pike durch die ganze Welt. Aus den Freimaurerbibliotheken geht hervor, dass er Ehrengroßkomtur der Obersten Räte von Brasilien, Ägypten, Tunis, Frankreich, Belgien, Italien, Spanien, England, Wales, Irland, Schottland, Griechenland, Ungarn, Neuva Grande, Kanada, Kolonien, Peru, Mexiko, Uruguay und Ozeanien war. Was die freimaurerischen Bibliotheken jedoch nicht enthüllen, ist die Tatsache, dass Pike, während er vorgab, in Angelegenheiten des Schottischen Ritus unterwegs zu sein, in Wirklichkeit sechsundzwanzig Räte des Neuen und Reformierten Palladianischen Ritus gründete, die er der Freimaurerei des Großen Orients überlagerte. Die Freimaurer des Großen Orients verehren Satan als Fürst dieser Welt. Satan ist ihr Gott.

Der Palladismus erkannte Satan als „Fürst dieser Welt" an. Aber nach der luziferischen Lehre, wie sie von Pike dargelegt wurde, ist Luzifer Gott, der Gleiche wie Adonay, und er herrscht über den ganzen Teil des Universums, der nicht zu Adonays Teil gehört, den wir Himmel nennen. Pike erklärte, dass der Satanismus unter den „unvollkommenen Mitgliedern" zu tolerieren sei. Unvollkommene Mitglieder sind alle Mitglieder der Großorient-Logen und -Räte des Neuen und Reformierten Palladianischen Ritus, die nicht in den letzten Grad eingeweiht und mit dem VOLLEN GEHEIMNIS vertraut gemacht worden sind.

Vollkommene Mitglieder gibt es nur sehr wenige. Aber Pike bestand darauf, dass diejenigen, die für die Einweihung in das

VOLLKOMMENE GEHEIMNIS ausgewählt wurden, Luzifer als ihren Gott akzeptieren und ihn als den Gott des Guten und den Gott des Lichts verehren, von dem alles Wissen und alle Intelligenz abstammen. Pike selbst und das Ritual der Adonaizid-Messe verurteilen ausdrücklich Luzifers Gegenspieler als Adonay, den Gott allen Bösen und den Gott der Dunkelheit.

Dom Paul Benoit hat den Neuen und Reformierten Palladianischen Ritus von Pike besonders studiert, und auf Seite 456 von Bd. I seines Buches La France Maçonnerie sagt er: „Beim Empfang der Auserwählten des Reformierten Palladianischen Ritus werden die Eingeweihten gelehrt, den Verräter Jesus Christus zu bestrafen und den Verräter zu töten. I seines Buches „La France Maçonnerie" sagt er: „Bei der Aufnahme der Auserwählten des reformierten palladianischen Ritus werden die Eingeweihten gelehrt, den Verräter Jesus Christus zu bestrafen und Adonay (Adonai), den Gott der Bibel, zu töten, (und Vater Jesu Christi), durch die Kraft ihres eigenen Bösen zu töten, zuerst durch den Meister und dann durch den Eingeweihten, indem sie die Hostie mit einem Dolch durchstechen, inmitten von schrecklichen Lästerungen, nachdem sie sich versichert haben, dass sie (die Hostie) eine geweihte Hostie ist." Dom Benoit sagt auch, dass im Jahre 1894 800 geweihte Hostien aus einer Kirche in Paris gestohlen wurden, um von den „Sektierern" für ihre abscheulichen Mysterien verwendet zu werden, und dass der Wahrheitsgehalt dieser Aussage überprüft wurde.

I realize how difficult it is for the average decent person, regardless of race, colour, or creed, to realize that Satanism is actually practiced, and that the Synagogue of Satan is controlled AT THE TOP by human beings who are the High Priests of the Luciferian Creed who plot to enslave what remains of the human race, after the final social cataclysm is ended. Deshalb werde ich Pikes eigene Worte zitieren, wie sie von Arthur Preuss auf den Seiten 157-8 von Band I „A Study in American Freemasonry" aufgezeichnet wurden. „Während Pike erklärt, WARUM diejenigen, die die W.R.M. an der Spitze leiten, beabsichtigen, den internationalen Kommunismus als IHR Handbuch für zerstörerische Aktionen zu verwenden, zitiert Preuss ihn mit den Worten:

„Es gibt einen bloß informellen Atheismus, der die Verneinung Gottes in Begriffen, aber nicht in der Realität ist. Ein Mensch sagt: 'Es gibt keinen Gott' - das heißt, es gibt keinen Gott, der in sich selbst entstanden ist, der jemals entstanden ist, sondern einen Gott, der immer war und gewesen ist, der die Ursache des Daseins ist, der

der GEIST und der VORSATZ des Universums ist, und deshalb weisen die ORDNUNG, SCHÖNHEIT und HARMONIE der Welt der Materie und des Geistes nicht auf einen Plan oder eine Absicht der Gottheit hin. Aber die Natur, die mächtig, weise, aktiv und gut ist - die Natur hat ihren Ursprung in sich selbst, oder vielleicht war sie schon immer die Ursache ihrer eigenen Existenz, der Geist des Universums und ihre eigene Vorsehung - und war es auch. Offensichtlich gibt es einen Plan und ein Ziel, von dem Ordnung, Schönheit und Harmonie ausgehen. Aber dies ist der Plan und die Absicht der Natur. In solchen Angelegenheiten ist die absolute Verneinung Gottes nur formal und nicht real. Die Eigenschaften Gottes sind anerkannt, und sie bestätigen SEINE Existenz; es ist eine bloße Änderung des Namens, den Besitzer dieser Eigenschaften Natur und nicht Gott zu nennen."

Das Wort Natur, wie es Pike verwendet, bedeutet „Die Summe der Existenz", genau wie das Wort „Universum" die Gesamtheit von allem innerhalb und außerhalb des Raums bedeutet, einschließlich allem in und auf dieser Erde.

Von Pike ist auch überliefert, dass der atheistische Kommunismus nur *„eine vorübergehende Phase in der allgemeinen Revolution"* sein wird, und wie an anderer Stelle erwähnt, erzählte Pike Mazzini genau, wie Kommunismus und Christentum dazu gebracht werden sollten, sich gegenseitig in einem totalen Krieg zu zerstören, um die luziferische Verschwörung in ihr letztes Stadium zu führen.

Erst wenn wir in die Tiefe gehen und hinter den Vorhang von Pikes Leben blicken, erkennen wir, dass er, wenn er von Gott und/oder der Natur sprach, eigentlich Luzifer meinte.

Wir haben gesagt, dass Thomas Jefferson ein Mitglied von Weishaupts Illuminaten wurde. Ungeachtet dessen, was den Amerikanern über Thomas Jefferson als Christ und Patriot beigebracht wurde, bleibt die Tatsache bestehen, dass er eine führende Rolle bei der Verwirklichung von Weishaupts Plan spielte, der die Abtrennung Amerikas vom Britischen Empire verlangte. Deshalb war er ein Verräter an seinem Mutterland. Er wurde zum Verräter, weil der Illuminismus ihn davon überzeugt hatte, dass NUR eine Eine-Welt-Regierung, die von Männern mit Verstand geführt wird, die Probleme der Welt lösen und Kriege und Revolutionen beenden kann. Er hielt es für gerechtfertigt, im Interesse des Weltfriedens zur Zerstörung Großbritanniens und seines Empire beizutragen.

Genau dieselben Prinzipien und Gefühle veranlassten Präsident ED. Roosevelt zu Winston Churchill, dem britischen Premierminister, als sie sich im Sommer 1942 auf einem amerikanischen Kriegsschiff in der Agentia Bay, Neufundland, trafen, um die North Atlantic Treaty Organization (NATO) zu besprechen: „Es ist an der Zeit, dass das britische Empire im Interesse des Weltfriedens aufgelöst wird." Nur sehr wenige Menschen scheinen zu erkennen, dass die NATO organisiert wurde, damit diejenigen, die die W.R.M. an der Spitze leiten, die schreckliche zerstörerische Kraft des Kommunismus „eindämmen" konnten, die sie in Übereinstimmung mit Pikes Plan geschaffen hatten, bis sie sie nutzen wollten, um die letzte Phase der luziferischen Verschwörung einzuleiten.

Ein Versprecher mag von Millionen Menschen unbemerkt bleiben, aber für einen Historiker kann er sehr aufschlussreich sein. Zu Beginn des Zweiten Weltkriegs hielt Winston Churchill eine seiner berühmtesten Reden, nachdem er gut, wenn auch nicht zu weise, gegessen hatte. Es gibt ein altes Sprichwort: „Wenn der Schnaps drin ist, kommt die Wahrheit raus". Bei dieser Gelegenheit sagte Churchill: „Ich würde dem Teufel selbst die Hand schütteln, wenn er mir dadurch helfen würde, diesen Hitler zu besiegen." Wenn Churchill ein gottliebender und gottesfürchtiger Mensch gewesen wäre, hätte er ganz selbstverständlich den Namen Gottes und nicht den Luzifers ausgesprochen.

Genau die gleiche Argumentation erklärt viele der politischen Aktionen von Mackenzie King während des Vierteljahrhunderts, in dem er Premierminister von Kanada war: Er wurde während seines Studiums zum Internationalismus indoktriniert. Sein Werdegang als junger Mann ist dem von Pike sehr ähnlich. Er war ein offener Radikaler und ein echter Nachfahre seines rebellischen Großvaters. An der Universität von Toronto war er so rücksichtslos und skrupellos, dass er bei der großen Mehrheit seiner Kommilitonen auf Ablehnung stieß. Aber nachdem er seine Seele an die Rockefellers verkauft hatte, lenkte er die Politik der kanadischen Regierung so, dass sie in den luziferischen Plan passte, eine Eine-Welt-Regierung ins Leben zu rufen. Und die Massen... die Gojim... wurden von der luziferischen Propagandamaschine so gründlich einer Gehirnwäsche unterzogen, dass das kanadische Volk ihn immer wieder zum Premierminister wählte, obwohl sein Verrat an Großbritannien und dem Rest ihres Commonwealth (Empire) in Briefen, die er zu Beginn des Ersten Weltkriegs an prominente Amerikaner schrieb, die mit den Rockefellers befreundet waren, bis ins Kleinste bewiesen war, Er bat sie, ihren Einfluss bei der amerikanischen Regierung geltend zu machen, damit Großbritannien und Frankreich finanzielle und andere Hilfen vorenthalten würden, „um so den Krieg zu verlängern und das britische Empire ernsthaft zu schwächen." Die Kontrolle der S.O.S. über die sogenannte FREIE UND UNABHÄNGIGE PRESSE ist so groß, dass ich selbst als professioneller Journalist und Autor vieler Bücher die Wahrheit über Mackenzie King und seinen Verrat und Okkultismus nicht an die Öffentlichkeit bringen konnte, bis ich 1955 privat „Roter Nebel über Amerika" veröffentlichte.

Es war Thomas Jefferson, der das Symbol der Illuminaten heimlich auf der Rückseite des Großen Siegels von Amerika eingravieren ließ. Es war seine Absicht, dass sein Vorhandensein so lange geheim bleibt, bis Amerika aufgrund innerer Unruhen und Streitigkeiten zerfällt und in die Hände derjenigen fällt, die die W.R.M. an der Spitze leiten, wie überreifes Obst, und die „Neue Ordnung" einführen. Wir haben erklärt, dass die Worte „Neue Ordnung" eine Doppeldeutigkeit für eine luziferische Diktatur sind und dazu dienen, die Öffentlichkeit zu täuschen, damit sie die „IDEE" einer Eine-Welt-Regierung akzeptiert. ED. Roosevelt war sich so sicher, dass er die „Neue Ordnung" einführen würde, dass er seine Präsidentschaft mit der Einführung seines „New Deal" begann, der eine Version der Diktatur war, die zum Totalitarismus entwickelt werden sollte, sobald die Zeit reif war. Er (Roosevelt) war sich so sicher, dass er der erste König der Welt sein würde, dass er das Symbol der Illuminaten, das satanische Wappen, aus der Mottenkiste holte und es auf der Rückseite der amerikanischen Dollarnoten verwendete. Damit versicherte er allen „Eingeweihten", dass die luziferische Verschwörung über in die Endphase eintreten würde. Die Tatsache, dass Stalin ihn nach Jalta hinterging, ist das Einzige, was seine Träume nicht wahr werden ließ. Anstatt der erste König-Despot zu werden, wurde er wahnsinnig. Der Grund, warum die Öffentlichkeit sein Gesicht nicht sehen durfte, bevor sein Leichnam begraben wurde, war, wie ich aus guter Quelle erfahren habe, dass es kein Gesicht zu sehen gab. Es heißt, er habe seinen Hass gegen Stalin, seine Enttäuschungen und sein seelisches Elend mit einer Schrotflinte beendet.

Als wir die Wahrheit aufdeckten, dass sich das Symbol der Illuminaten auf der Rückseite der Ein-Dollar-Scheine der Vereinigten Staaten befand, löste dies bei denjenigen, die die W.R.M. an der Spitze leiten, Bestürzung aus. Sie beauftragten sofort einige der besten Autoren Hollywoods, die Symbole als von großer patriotischer Bedeutung zu interpretieren. Wenn dieser lahme Versuch, die Wahrheit zu „töten", richtig war, warum wurde dann die Tatsache, dass sich das Symbol auf der Rückseite des Großen Siegels befand, von der Zeit Jeffersons bis zu der von Roosevelt so geheim gehalten?

Die Macht, die Gerissenheit und die Täuschung derer, die der S.O.S. dienen, lassen sich besser verstehen, wenn wir erklären, dass nach Weishaupts eigener Interpretation des Symbols die Pyramide das Komplott zur Zerstörung des Christentums darstellt. Um die Feinde der römisch-katholischen Kirche zu täuschen und sie glauben zu lassen, dass sie nicht auch für die Zerstörung vorgesehen seien, ließen die Agenten von Weishaupts Organisation den Anschein erwecken, ihr Hass richte sich nur gegen den Katholizismus und nicht gegen Christus und das Christentum im Allgemeinen. Die Macht und der Einfluss der S.O.S. sind so groß, dass sie die Priester, die die Jugendabteilungen der Katholischen Aktion leiten, veranlassten, die Version der Hollywood-Autoren über die Bedeutung des Symbols zu veröffentlichen, und sie veröffentlichten sie weit und breit und drängten die Katholiken, „Satans" Version als die Version zu akzeptieren, trotz historischer Tatsachen und Dokumente, die die Hollywood-Version als eine vorsätzliche Lüge entlarven. Als den verantwortlichen Priestern die Wahrheit erklärt wurde, konnten sie nichts tun, um ihren Fehler zu korrigieren, weil sie auf Anweisung einer höheren Autorität gehandelt hatten.

Dies zeigt, dass die S.O.S. ihre Agenten in der Hierarchie des römischen Katholizismus haben, so wie sie Judas unter den Aposteln Christi hatten.

Seit vielen Jahren weiß ich, dass die Männer, die die W.R.M. an der Spitze leiten, das Schachspiel benutzen, um ihren Marsch des „friedlichen Fortschritts" zur ultimativen Weltherrschaft zu symbolisieren. In ihrem Schachspiel stellt ein Spieler Gott dar, der andere den Teufel, Luzifer. Die Bauern repräsentieren die Massen oder Gojim. Die Götter opfern so viele Bauern, wie nötig sind, um die Springer, Läufer, Schlösser und Königinnen auszuschalten und den einen oder anderen König schachmatt zu setzen. Weil ich wusste, dass das Schachspiel den Kampf um eine Weltregierung unter einem totalitären Diktator symbolisierte, nannte ich eines meiner Bücher *„Pawns in the Game" (Bauern im Spiel)* und ein anderes, das sich mit dem Nationalsozialismus befasste, *„Checkmate in the North" (Schachmatt im Norden)* (1944 von Macmillan veröffentlicht). Aber erst im November 1958, als ich dieses Kapitel dieses Buches schrieb, erfuhr ich zufällig oder durch eine „Fügung Gottes", dass Albert Pike ein äußerst seltenes Set von Schachfiguren besaß, die von den Originalen kopiert worden waren.

Ein Teil der Schachfiguren, die zu seinem Set gehörten, wurde aus seinem Haus gestohlen, als ein Trupp der Zweiten Kansas-Kavallerie im Sommer 1863 Little Rock überfiel. Als die Plünderer ihre Beute verteilten, fielen Pikes Schachfiguren in die Hände von Hauptmann E.S. Stover von der Kompanie „B". Nach dem Krieg zog er nach New Mexico und wurde Großmeister der Großloge der Freimaurer des Schottischen Ritus. Im Jahr 1915, als Stover über 80 Jahre alt war, ließ er die Schachfiguren von Pike zusammen mit anderen Reliquien von Pike in der Bibliothek des Obersten Rates aufstellen. Dann erhielt ich aus einer ganz anderen Quelle ein Exemplar von Susan Lawrence Davis' Authentic History of the Ku Klux Klan (1865-1877), veröffentlicht vom American Library Service, New York, 1924. Die Autorin gibt einen detaillierten Bericht über General Albert Pike und so viel von seinen Aktivitäten, wie die breite Öffentlichkeit wissen soll.

Aber das alte, alte Sprichwort „Mord kommt vor" gilt für die luziferische Verschwörung (Massenmord) ebenso wie für individuelle Morde. Susan Davis erwähnt zufällig, dass die Schachfiguren, die Pike gehörten, identisch waren mit einem Set, mit dem sie als kleines Mädchen mit General Forrest gespielt hatte. Susan Davis sagt, sie und General Forrest hätten ein Spiel gespielt, das er „Make Believe" nannte. Dies sind genau die Worte, die Weishaupt benutzte, als er den Illuministen sagte, wie sie sich verhalten sollten.

Diese Information wäre für die weltrevolutionäre Bewegung völlig bedeutungslos, wenn nicht General Forrest den Klu-Klux-Klan ins Leben gerufen und organisiert hätte, und auf einem Kongress des KKK in Nashville, Tennessee, USA, machte Forrest Pike, der den KKK in Arkansas organisiert hatte, zum „Großdrachen" des „Reiches". Pike wurde außerdem zum „Chief Judicial Officer of the Invisible Empire" ernannt. Es war Pike, der den Anführern des KKK riet, ihr geheimes Ritual auswendig zu lernen und es von Anführer zu Anführer weiterzugeben, damit niemals eine Kopie in feindliche Hände fallen würde. General Pike beauftragte Henry Fielding und Eppie Fielding aus Fayetteville, Arkansas, damit, ihm bei der Organisation von „Dens" in Arkansas zu helfen. Die Fieldings waren ursprünglich Mitglieder des Klans von Athens, Alabama, bis sie 1867 nach Arkansas zogen.

Im Geschichtsunterricht an amerikanischen Schulen und Colleges wird der Tatsache, dass die politischen, religiösen und rassischen Unruhen, die heute in Arkansas und anderen Südstaaten herrschen, nur eine Wiederholung dessen sind, was in Arkansas in den dunklen Tagen des Wiederaufbaus nach dem Bürgerkrieg geschah, keine große Bedeutung beigemessen. General Albert Pike war „die geheime Macht", die hinter den Kulissen die Geschehnisse in Arkansas lenkte, wie aus dem auf Seite 277 der *Authentic History of the Klu Klux Klan* veröffentlichten Bericht hervorgeht.

Nur wenige Menschen, mit denen ich über dieses Thema gesprochen habe, scheinen sich der Tatsache bewusst zu sein, dass Arkansas im Jahr 1872 ZWEI Regierungen hatte und dass große Aufregung herrschte. Die öffentliche Meinung war so sehr gegen das, was Washington tat, dass ein Bürgerkrieg drohte; bis Albert Pike eine Massenversammlung einberief. Mit dramatischer Wirkung entrollte Pike die Stars and Stripes, und mit großer Eloquenz appellierte er an die im Kapitol versammelten Menschen, geduldig zu sein „und dieser Flagge zu folgen, bis der Klu Klux Klan den Staat erlösen kann." Er versprach, persönlich nach Washington zu gehen und sich für sie einzusetzen. Dieses Versprechen hat er gehalten.

In Anbetracht der geschichtlichen Ereignisse seit 1872 tat Pike, was er tat, weil er wusste, dass die Zeit für den letzten sozialen Kataklysmus erst in fast hundert Jahren reif sein würde. Diese Aussage und Warnung wurde in den Vorträgen festgehalten, die er zwischen 1885 und 1901 vor den Mitgliedern seines Palladianischen Ritus hielt. Ich hatte das „Vergnügen", die heutigen Führer des KKK zu treffen. Ich hatte sogar das „Privileg", einige von ihnen anzusprechen, und sie hörten mir aufmerksam zu, als ich ihnen erklärte, wie diejenigen, die die Weltrevolutionäre Bewegung leiteten, planten, die USA im Endstadium der Verschwörung durch einen Bürgerkrieg in Verbindung mit einer kommunistischen Revolution auseinanderbrechen zu lassen. Ich erzählte ihnen, wie geplant war, Juden gegen Nichtjuden, Farbige gegen Weiße, Atheisten gegen Christen usw. aufzureihen, und zitierte aus dem Brief, den Pike am 15. August 1871 an Mazzini gerichtet hatte, um zu beweisen, dass das, was ich ihnen gesagt hatte, der Wahrheit entsprach, und erklärte, dass Gesetze zur Integration verabschiedet wurden, um diese Spaltung herbeizuführen. Ich wies darauf hin, dass in jedem Bundesstaat südlich der Mason-Dixon-Linie Männer und Frauen aus dem Nichts aufgetaucht waren und sich sofort in Positionen vorgearbeitet hatten, von denen aus sie großen Einfluss auf gegnerische Gruppen ausüben konnten. Ich wies darauf hin, dass diese Parvenüs immer über unbegrenzte Geldsummen zu verfügen schienen und dass sie immer ein Geschäft zur Beschaffung von Waffen und Munition abschließen konnten. Ich sagte ihnen unverblümt, dass diese Agenten Agenten der Illuminaten seien und dass ihr Ziel darin bestehe, die Spannungen in Streit und Blutvergießen münden zu lassen.

An dem Abend, an dem ich vor einer Gruppe von Führungspersönlichkeiten sprach, war die Spannung wie ein Klaviersaitendraht gespannt, weil Beamte der Bundesregierung angekündigt hatten, dass ein neues Bauprojekt in einem weißen Teil der Gemeinde integriert werden solle. Meine Zuhörer hatten angekündigt, dass sie die Integration notfalls mit Waffengewalt verhindern würden. Sie fragten mich unverblümt: „Was erwarten Sie von uns - dass wir die Integration kampflos hinnehmen?"

Ich antwortete mit einer anderen Frage. Ich fragte: „Wie viele Weiße und Farbige gibt es in dieser Gemeinschaft, die sich wirklich gegenseitig die Kehle durchschneiden und Gräueltaten begehen wollen?" Es herrschte Schweigen. Ich wies darauf hin, dass diejenigen, die die Streitkräfte der USA kontrollierten, Fallschirmjäger an strategischen Orten im ganzen Land hatten und Flugzeuge bereitstanden, um sie dorthin zu bringen, wo sie gebraucht wurden. Es war mitten in der Nacht, und ich konnte das Ticken einer altmodischen Uhr hören. So freundlich ich konnte, sagte ich: „Ich bezweifle, dass es fünf weiße oder farbige Männer gibt, die die ganze Gemeinschaft in die Schrecken des Bürgerkriegs verwickeln wollen. Es ist schon spät, und das in mehrfacher Hinsicht. Warum geht ihr Führer des weißen Teils der Bevölkerung nicht sofort zu den Führern der Farbigen?

Sagt ihnen, dass ihr genauso wenig wie sie Krieg und Blutvergießen wollt. Bittet sie im Interesse aller Beteiligten, den wenigen Farbigen, die die Verschwörer in diesem Experiment als Schachfiguren benutzen wollen, zu sagen, dass die Neger, die keinen Ärger mit den Weißen wollen, denen, die ihn wollen, die Hölle heiß machen werden, wenn sie sich so benutzen lassen. Sagen Sie ihnen, dass sie den Negern nicht erlauben sollen, in die segregierten Gebiete zu ziehen".

Bei Tagesanbruch trafen sich die weißen Führer mit den Negerführern. Sie erklärten sich bereit, meiner Bitte nachzukommen. Kein Farbiger betrat den abgetrennten Bereich. Es brach kein Ärger aus. Zwei Nächte später traf ich mich mit einigen Anführern von und sagte ihnen, sie sollten sich vor denen in Acht nehmen, die mit den von ihnen ergriffenen Maßnahmen nicht einverstanden seien, denn das wären die Provokateure der Illuminaten.

Die Agenten der Illuminaten lügen nicht schüchtern oder nur für eine Weile. Sie lügen dreist und kontinuierlich, wie der Teufel. Sie wissen, dass, wenn sie die Massen täuschen können, um sie ins Amt zu bringen, sie danach das direkte Gegenteil aller Versprechen tun können. Wie Voltaire sagte: „Das ist nicht von Bedeutung". Jefferson war also 1786 politisch für die Illuminaten am Ball, während Moses Holbrook gegen Ende des 18. und Anfang des 19. Jahrhunderts für das dogmatische Ende der luziferischen Verschwörung in Amerika sorgte.

Seitdem werden die Präsidentschaftskandidaten von denen ausgewählt und gewählt, die die Verschwörung an der Spitze leiten. Den Massen wurde vorgegaukelt, dass sie die Männer ihrer Wahl wählen, aber in Wirklichkeit haben sie, wie Weishaupt es beabsichtigte, „Hobson's choice". Könnte etwas diese Wahrheit deutlicher veranschaulichen als die letzten Präsidentschaftswahlen und der letzte Wahlkampf zwischen Harriman und Rockefeller um das Gouverneursamt von New York? Wenn ein Präsident oder ein anderer Spitzenpolitiker unerwartet ins Amt kommt, wird er oder sie in dem einen oder anderen Krieg zum Schweigen gebracht. Präsidenten, die sich der Kontrolle durch die Agenten der Illuminaten nicht beugen, werden ermordet. Senatoren, die nicht kooperativ sind, werden entweder erpresst, verleumdet oder liquidiert. Es gibt Hunderte von aufgezeichneten Fällen, die genau zeigen, was ich meine. Lincoln, Kennedy, Forrestal und McCarthy sind nur typische Beispiele in Amerika. Lord Kitchener, Chamberlain und Admiral Sir Barry Domvile waren typische Beispiele in England. Die jüngsten Morde im Irak waren alle Teil derselben skrupellosen und teuflischen Verschwörung, die darauf abzielt, ALLE Regierungen und Religionen zu zerstören und eine Eine-Welt-Regierung zu schaffen, deren Macht die Hohepriester der luziferischen Ideologie an sich reißen wollen.

Die Protokolle der Synagoge des Satans

Seit vielen Jahren behaupte ich, dass die in den so genannten *Protokollen der Weisen von Zion* enthaltenen Informationen zwar die Existenz einer Verschwörung zur Zerstörung ALLER verbleibenden Regierungen und Religionen belegen (wie sie von Professor John Robison 1797 aufgedeckt wurde), dass sie einen Bericht darüber enthalten, wie der Plan seither vorangekommen ist, und dass sie darüber informieren, was noch zu tun ist, damit diejenigen, die die Verschwörung an der Spitze leiten, ihr endgültiges Ziel erreichen können, nämlich die absolute Weltherrschaft, aber ich behaupte nach wie vor, dass die Protokolle (ursprünglichen Pläne). nicht die der Weisen von Zion sind. Ich weiß, dass das „Festhalten an meiner Meinung" in dieser Angelegenheit ein zweischneidiges Schwert sein wird, das die Feinde Gottes benutzen werden, um zu diskreditieren, was ich geschrieben habe. Die eine Seite dieses Schwertes wird von Antisemiten benutzt werden, die mich beschuldigen werden, kommunistische Sympathien zu hegen, die andere Seite wird von Satanisten benutzt werden, die versuchen werden, diejenigen, die meine Werke lesen wollen, davon zu überzeugen, dass ich semitisch bin. So soll es sein. Ich werde die Wahrheit so sagen, wie ich sie sehe.

Ihnen, meinen Lesern, werde ich erklären, wie ich zu der Auffassung gelangt bin, dass die Protokolle nicht, ich wiederhole, nicht von den Ältesten von Zion, sondern von der Synagoge des Satans stammen, was eine ganz andere Sache ist. Einer oder mehrere der Ältesten von Zion können Satanisten sein - wahrscheinlich sind sie es -, aber das beweist nicht, dass die Protokolle ein jüdisches Komplott sind, um die Weltherrschaft zu erlangen. Die Tatsache, dass Judas ein Verräter war, beweist nicht, dass alle Juden Verräter sind. Die weitere Tatsache, dass bestimmte Juden der Synagoge des Satans und revolutionären und subversiven Bewegungen angehörten und noch immer angehören, macht sie nicht zu einer anderen Ethnie. Die Synagoge des Satans hat seit den Anfängen des Judentums immer sowohl sogenannte (chasarische) Juden als auch Nichtjuden umfasst.

Seit September 1914 genieße ich die Freundschaft eines Mannes, der zu den größten Gelehrten und Geheimdienstlern Großbritanniens gehört. Er ist einer der besten Sprachwissenschaftler der Welt. Er hat an den meisten der alten Universitäten der Welt Postgraduierten- und Forschungsarbeiten in den Bereichen Geopolitik, Wirtschaft, vergleichende Religionswissenschaft usw. durchgeführt. Er wurde von der britischen Regierung und den meisten ihrer Verbündeten, einschließlich der USA in beiden Weltkriegen, für besondere, effizient erbrachte Leistungen ausgezeichnet. Als der Zweite Weltkrieg ausbrach, erwiesen sich all diese Ehrungen als eher peinlich, denn als er und ich 1939 wieder in den Marinedienst eintraten, musste er die Ordensbänder, die ihm von Nationen verliehen worden waren, mit denen wir im Ersten Weltkrieg verbündet waren, von seiner Uniform „usurpieren". Mehrere von ihnen waren nun unsere Feinde.

Der Sonderdienst hat meinen Freund durch die ganze Welt geführt und ihn in politische Intrigen verwickelt. Kurz nachdem Nilus die „Protokolle" unter dem Titel „Die jüdische Gefahr" 1905 in Russland veröffentlicht hatte, studierte er sie gründlich.

Da er sowohl vor dem Ersten Weltkrieg als auch während der Russischen Revolution als Geheimdienstoffizier in Russland tätig war, setzten die Menschewiki und danach die Bolschewiki eine höhere Belohnung für seine Ergreifung, tot oder lebendig, aus als für jeden anderen ausländischen Agenten in den Jahren 1916 bis 1918. Meine Frau und ich verbrachten unsere verspäteten Flitterwochen mit meinem Freund und seiner Frau, einer Russin, die er heiratete und der er Anfang 1918 zur Flucht aus Russland verhalf. Seine Fähigkeit, so viele Sprachen zu übersetzen, verhalf mir zu einer Vielzahl von Informationen, die ich ohne unsere enge Zusammenarbeit im Laufe der Jahre nicht hätte erhalten können.

Da ich Zugang zu seinen privaten Papieren hatte, habe ich versprochen, seine Identität nicht preiszugeben und seine Biographie erst nach seinem Tod zu schreiben. Der Offizier, auf den ich mich beziehe, weiß mehr über den Ursprung der Protokolle und darüber, wie sie in die Hände von Professor Nilus gelangten, als jeder andere lebende Mensch. Er kannte Nilus, als dieser in Russland lebte. Er kannte Marsden und seine Frau, als sie vor und während der Revolution in Russland lebten. Ich teile dieses Wissen mit ihm.

Außerdem hat der Sohn eines hochrangigen russischen Offiziers, der einer der größten Führer der WEISSRUSSISCHEN BEWEGUNG war, auf meine Bitte hin die Informationen und Schlussfolgerungen überprüft, die ich seit 1930 zu den Protokollen veröffentlicht habe, und er stimmt mit meinen Schriften überein.

Als ich von 1916 bis 1919 als Navigationsoffizier auf britischen U-Booten diente, kannte ich Commander E.N. Cromie, der 1917 starb, als er den revolutionären Mob zurückhielt, der versuchte, in das britische Konsulat in St. Petersburg (heute Petrograd) einzubrechen. Die Anführer des Mobs wollten geheime und vertrauliche Dokumente erbeuten, von denen sie wussten, dass mein Freund das Konsulat auf eingerichtet hatte. Cromie hielt den Mob mit Handfeuerwaffen zurück, bis seine Gefährten die Dokumente verbrannt hatten. Er wurde mehrfach verwundet und starb schließlich auf den Stufen der Botschaft. Ich weiß, welche Informationen die Anführer der Menschewiki so dringend haben wollten.

Die Frau meines Freundes ist die Patentante eines meiner Kinder, und ich habe oft mit ihr über Russland und russische Angelegenheiten gesprochen. Sie hat meine Manuskripte über diese Phase der W.R.M. gelesen, bevor sie veröffentlicht wurden, ebenso wie ihr Mann.

Victor Marsden übersetzte Nilus' Buch „The Jewish Peril" ins Englische und veröffentlichte es unter dem irreführenden Titel „The Protocols of the Learned Elders of Zion". Ich lernte ihn 1927 kennen, als er als Pressesprecher des damaligen Prinzen von Wales, des heutigen Herzogs von Windsor, durch die Welt reiste.

Victor Marsden lebte vor der Revolution als Korrespondent für die London Morning Post in Russland. Er heiratete eine Russin. Als die Revolution begann, warfen die Menschewiki Marsden ins Gefängnis, weil sie ihn verdächtigten, ein Spion zu sein. Während seiner Zeit im St. Peter und Paul-Gefängnis wurde er so brutal behandelt, dass sich sein Herz mit Hass auf die Menschewiki, von denen die meisten Juden waren, füllte.

Victor Marsden war körperlich krank und geistig verwirrt, als er das Exemplar von Professor Nilus' Jewish Peril ins Englische übersetzte. Das Exemplar, an dem er arbeitete, befand sich im Britischen Museum und war im August 1906 von der dortigen Bibliothekarin erhalten worden. Marsden war bei dieser Arbeit 1920 in einem so schlechten Gesundheitszustand, dass er nicht länger als eine Stunde arbeiten konnte, ohne eine Pause einzulegen. Er arbeitete selten mehr als zwei Stunden pro Tag. Aber 1921 veröffentlichte er seine Übersetzung von Nilus' Buch auf Englisch unter dem Titel *The Protocols of the Learned Elders of Zion.*

Aufgrund seiner Erfahrungen im Gefängnis schien es unmöglich, ihn davon zu überzeugen, dass diejenigen, die die weltrevolutionäre Bewegung von ganz oben leiteten, die Juden für ihre eigenen teuflischen Zwecke benutzten, als „Prügelknaben", auf deren Schultern sie die Schuld für ihre Sünden gegen Gott und ihre Verbrechen gegen die Menschheit luden.

Mein Freund erzählte sowohl Professor Nilus als auch Victor Marsden die WAHRE Geschichte der Protokolle, so wie er sie mir erzählt hat. Ich habe die Geschichte in Pawns in the Game veröffentlicht. Ein kurzer Abriss wird den Lesern, die die anderen Bücher von nicht gelesen haben, helfen, besser zu verstehen, was ich über diese viel diskutierte Veröffentlichung sagen werde.

Als Pike in den wichtigsten Städten der Welt Räte seines „Neuen und Reformierten Palladianischen Ritus" einrichtete, gab er die ausdrückliche Anweisung, dass die Mitglieder dieser Räte Hilfsorganisationen für Frauen gründen sollten, die als Logen oder Adoptionsräte bezeichnet werden sollten. Diese Frauen wurden sorgfältig aus den höheren Gesellschaftsschichten ihrer jeweiligen Länder ausgewählt. Sie sind immer noch aktiv. Im Ersten Weltkrieg fungierten in England Frauen der gehobenen Gesellschaft, die dem Londoner Adoptionsrat des Palladianischen Ritus angehörten, als Gastgeberinnen für Offiziere, die von verschiedenen Kriegsschauplätzen beurlaubt waren, im Glass Club. Zu ihnen gehörten Ehefrauen und Töchter des britischen Adels und Mitglieder der britischen Regierung. Diese Frauen unterhielten die in den Club eingeladenen Offiziere, während sie auf Urlaub waren. Während dieser Zeit blieben sie maskiert, damit der Offizier, den sie unterhielten, sie nicht erkennen konnte. Die meisten ihrer Fotos erschienen häufig in gesellschaftlichen Publikationen. Die Informationen, die sie aufnahmen, wurden alle an die übergeordnete Direktion des palladianischen Propaganda- und Nachrichtendienstes weitergeleitet.

Etwa im Jahre 1885 wurde eine Reihe von Vorträgen vorbereitet, die den Mitgliedern der Großorient-Logen und -Räte des Palladianischen Ritus gehalten werden sollten. Diejenigen, die diese Vorträge vorbereiteten, taten dies auf eine Art und Weise, die es dem Zuhörer erlaubte, gerade so viel zu wissen, wie nötig war, um seinen Teil zur Förderung der W.R.M. beizutragen, und zwar auf intelligente Weise, ohne ihn in das volle Geheimnis eindringen zu lassen, dass es die Absicht der Hohepriester des luziferischen Glaubensbekenntnisses ist, die Weltmacht im letzten Stadium der Revolution an sich zu reißen. Wenn Pike diese Vorträge nicht persönlich vorbereitet hat, so hat er sie doch mit Sicherheit inspiriert.

Die Beschränkung des Wissens auf die Adepten der niedrigeren Grade, indem man ihnen vorgaukelt, ihre Ziele seien andere als die tatsächlich beabsichtigten, und indem man die Identität derjenigen, die den höheren Graden angehören, vor denen, die auch nur einen Grad niedriger sind als sie, absolut geheim hält, ist das Prinzip, auf das die Leiter der Synagoge Satans ihre „SICHERHEIT" gründen. Es ist diese Politik, die es ihnen ermöglichte, ihr Geheimnis sogar Männern wie Mazzini und Lemmi, den Führern der W.R.M., vorzuenthalten, bis der Hohepriester entscheidet, dass sie in das VOLLE GEHEIMNIS eingeweiht werden können.

Beim Studium der Vorträge müssen wir auch daran denken, dass diejenigen, die sie vorbereitet haben, buchstäblich Mitglieder der SOS waren. Wir müssen daher auf nach Wörtern mit doppelter Bedeutung und nach Phrasen suchen, die täuschen sollen. Wort für Wort, Satz für Satz enthüllt das Studium dieses schrecklichen Dokuments viele doppeldeutige Wörter und trügerische Phrasen.

Diejenigen, die die Vorträge vorbereiteten, wussten, dass es fast unmöglich war, zu verhindern, dass Kopien in andere als die vorgesehenen Hände fielen. Dies wussten sie aus den Erfahrungen der Jahre 1784-1786; daher wurden außerordentliche Vorsichtsmaßnahmen getroffen, um sicherzustellen, dass im Falle des Bekanntwerdens des Inhalts dieser Vorlesungen andere Personen als sie selbst und der Palladianische Ritus dafür verantwortlich gemacht werden würden.

Ich habe diese Dinge der Briton's Publishing Society erklärt, die seit dem Tod von Marsden die englische Ausgabe der Protokolle herausgibt. Ich wies darauf hin, dass nach Pikes eigener schriftlicher

Anweisung das Wort „Gott" zu verwenden war, wenn das Wort „Luzifer" gemeint war.

Als die Synagoge des Satans den Tod Christi plante und diese üble Absicht verwirklichte, blieben sie im Hintergrund und arbeiteten im Dunkeln. Sie heuerten Judas an, um den Verrat auszuführen, und ließen dann die Juden die Schuld für ihre Sünde gegen Gott und ihr Verbrechen gegen die Menschheit übernehmen. Es sind die Adepten des Großen Orients und des Palladianischen Ritus, die sich an der Feier der Adonaizid-Messe ergötzen, und wie wir durch das Studium der Vorträge beweisen werden, ist es denen, die sie vorbereitet haben, egal, ob sie zwei Drittel der Weltbevölkerung opfern, um ihr Endziel zu erreichen und dem, was von der menschlichen Ethnie noch übrig ist, eine luziferische totalitäre Diktatur aufzuerlegen. Diejenigen, die die Vorträge vorbereitet haben, dienten dem „Vater der Lügen". Sie waren „Meister der Täuschung". Da wir dies wissen, müssen wir wachsam sein, wenn wir zur Wahrheit durchdringen wollen.

Entgegen der landläufigen Meinung war Nilus nicht der erste, der den Inhalt dieser Vorträge veröffentlichte. Darauf habe ich die Verleger schon vor vielen Jahren hingewiesen. Jetzt hat die einundachtzigste Auflage der sogenannten *Protokolle der Weisen von Zion* den viel realistischeren Titel „Welteroberung durch Weltregierung" erhalten. Ich stelle auch fest, dass der Verlag in dieser neuen Ausgabe zugibt, dass Nilus nicht der erste war, der die Dokumente veröffentlichte.

Wie bereits in einem anderen Kapitel erwähnt, wurde die Vortragsreihe erstmals im Winter 1902-1903 auf Russisch in der Zeitung Moskowskija Wiedomosti und im August und September 1903 erneut in derselben Sprache in der Zeitung Snamja veröffentlicht.

Diese Veröffentlichungen hatten nicht die gewünschte Wirkung, da sie nicht zu einem Anstieg des Antisemitismus führten, wie es die Direktoren der W.R.M. in Russland erwartet hatten. Die S.O.S. wollte den Antisemitismus nutzen, um die Revolutionen zu schüren, die zum Sturz der Zarenmacht führen sollten, wie es Pikes militärischer Plan für Kriege und Revolutionen vorsah.

Professor Nilus war ein Priester der russisch-orthodoxen Kirche. Mein Freund hielt ihn für ehrlich und aufrichtig in seiner Überzeugung, dass die weltrevolutionäre Bewegung ein jüdisches Komplott sei. Die

Tatsache, dass chasarische Juden an der Spitze der revolutionären Bewegungen in Russland standen, ist unbestreitbar; sie füllten die Reihen der revolutionären Untergrundarmeen. Den kleinen Juden war von Kindheit an beigebracht worden, ihre nichtjüdischen Herrscher zu hassen und zu glauben, dass sie wegen ihrer Religion verfolgt würden. Dies war eine Lüge. Tatsache bleibt, dass Nilus von Weishaupt, den Illuminaten und Pike und seinem Palladianischen Ritus wusste. Nur Nilus und sein Schöpfer wissen, ob er einer dieser Priester war, die Wölfe im Schafspelz sind.

Als Nilus die Vorlesungen 1905 als Teil seines Buches *The Great and the Little* veröffentlichte und sagte, sie enthüllten „The Jewish Peril", setzte er die Welt in Brand. Ob absichtlich oder nicht, er brachte den Antisemitismus in die Welt, so wie es die SOS beabsichtigten, damit sie ihn nutzen konnten, um den Ersten und Zweiten Weltkrieg zu schüren und die russische Revolution herbeizuführen, wie es für ihr Vorhaben erforderlich war.

Meine Informationen über Nilus' Rolle bei der Veröffentlichung der „Protokolle" wurden 1955 in *Pawns in Game* veröffentlicht. Seitdem habe ich erheblich mehr über diesen bemerkenswerten Mann erfahren. Er erzählte drei verschiedenen Leuten drei verschiedene Geschichten, als er gebeten wurde zu erklären, WIE die Vorlesungen zuerst in seinen Besitz gelangten. Das ist nicht typisch für einen ehrlichen Mann. Als geweihter Priester sollte er eigentlich im Dienste Gottes arbeiten. Als solcher würde er die WAHRHEIT sagen.

Die WAHRHEIT über die „Protokolle" lautet wie folgt: Es gibt Beweise dafür, dass die Vorträge ab 1885 weltweit an Großorient-Freimaurer und Mitglieder von Pikes Palladianischem Ritus gehalten wurden. Als sie 1902 erstmals in Russland veröffentlicht wurden, hieß es, es handele sich um „Protokolle einer Versammlung der Ältesten von Zion". Das war für jeden, der sich die Mühe machte, das Material sorgfältig zu lesen, ganz offensichtlich eine Lüge. Nilus vertuschte dies, indem er sagte: „Das Material ist ein Bericht, bei dem offensichtlich Teile fehlen, der von einer mächtigen Person erstellt wurde." Mein Freund sagt, und ich stimme ihm zu, dass die Vortragsreihe von Pike inspiriert oder geschrieben wurde. Der Wortlaut und die Ausdrucksweise sind fast, wenn nicht sogar absolut identisch mit seinen anderen Schriften. Sie wurden über einen Zeitraum von drei oder mehr Tagen und Nächten gehalten. Der erste Teil der Reihe erklärt Weishaupts Überarbeitung und Modernisierung der Protokolle der luziferischen Verschwörung. Der zweite Teil der Reihe beschreibt die Fortschritte, die die Verschwörung seit 1776 gemacht hat. In der dritten und letzten Vortragsreihe wird erläutert, was noch zu tun ist und wie Pike es zu erreichen gedachte, um das Endziel einer Eine-Welt-Regierung im 20.

Professor Nilus gibt zu Protokoll, dass er gesagt hat: „Anscheinend fehlt eine Vorlesung oder ein Teil einer Vorlesung". Der Teil, der fehlt, ist die letzte Vorlesung, die denjenigen vorbehalten ist, die in das VOLLSTÄNDIGE Geheimnis eingeweiht werden, dass die Hohepriester des luziferischen Glaubensbekenntnisses beabsichtigen, die Macht der ersten Weltregierung an sich zu reißen, unabhängig davon, wie oder von wem sie errichtet wird.

Es wäre interessant zu wissen, was Professor Nilus geantwortet hätte, wenn er gefragt worden wäre: „Woher wissen Sie, dass ein Teil einer Vorlesung fehlt?" Es sind Dinge wie diese, die die Forscher auf die wahren Fakten aufmerksam machen.

Wir fragen uns: „Wenn Nilus darüber gelogen hat, wie er in den Besitz der Dokumente gekommen ist, und wenn er behauptet, dass ein Teil fehlt, ist es vernünftig anzunehmen, dass er ein Adept des Palladianischen Ritus war und das VOLLSTÄNDIGE GEHEIMNIS kannte. Wenn er das nicht war, ist es unwahrscheinlich, dass er weiß, dass ein Teil fehlt.

Nilus gab zu, dass es ihm unmöglich war, einen schriftlichen oder mündlichen Beweis für die Echtheit des Dokuments vorzulegen. Andererseits, wenn alle losen Enden zusammengebunden sind, erhalten wir ein klares Bild der fortlaufenden luziferischen Verschwörung, wie sie von den S.O.S. - nicht von den Juden - geleitet wird, und ihren ultimativen Zweck. Wir sehen, dass die W.R.M. ganz oben vom S.O.S. geleitet wird, der wiederum von den Hohepriestern des luziferischen Glaubensbekenntnisses kontrolliert wird.

Als Kerenski die erste provisorische Regierung Russlands bildete, befahl er, alle Exemplare von Nilus' Buch zu vernichten. Dadurch entstand mehr denn je der Eindruck, dass die Juden versuchten, seine Enttarnung zu vertuschen. Nachdem Lenin die Macht an sich gerissen und Kerenski aus dem Geschäft gedrängt hatte, wurde Nilus von der

Tscheka inhaftiert. Er wurde ins Exil verbannt und starb am 13. Januar 1929 in Wladimir.

Nach einer Geschichte, die Nilus erzählte und die der Wahrheit am nächsten zu kommen scheint, wurden die Dokumente, die er erhielt, übersetzte und veröffentlichte, von einer leichtlebigen Frau von einem Freimaurer hohen Grades gestohlen, der eine Nacht mit ihr verbrachte, nachdem er seinen Auftrag als „Dozent" für die Mitglieder der höheren Grade der Freimaurerei des Grand Orient in Paris, Frankreich, erfüllt hatte.

Das klingt nach einer plausiblen Erklärung. Aber lassen Sie uns dies im Detail untersuchen. Welcher Freimaurer, der geprüft und erprobt wurde, bis er als geeignet für die Aufnahme in den höchsten Grad der Freimaurerei des Großen Orients und/oder des Neuen und Reformierten Palladianischen Ritus befunden wurde, würde so unvorsichtig sein, streng geheime und belastende Dokumente mit in die Wohnung einer Frau von einfacher Tugend zu nehmen? Dass er so etwas tun würde, ergibt einfach keinen Sinn. Wären die Dokumente gestohlen worden, hätten die Illuminaten ihren Reichtum, ihre Macht und ihren Einfluss sowie die Millionen von Augenpaaren, die sie kontrollieren, genutzt, um sie zurückzubekommen.

Mein Freund untersuchte alle Aspekte des Geheimnisses der verschwundenen Dokumente und kam zu dem Schluss, dass sie einer hohen Dame der französischen Gesellschaft übergeben worden waren, die zufällig auch Mitglied der „Adoptionsloge" war, die dem Pariser Rat des Palladianischen Ritus angeschlossen war. Die Beweise deuteten darauf hin, dass der Mann, der dieser Dame die Dokumente gab, einer der höchsten und einflussreichsten Freimaurer des Großen Orients in Frankreich und zweifellos Mitglied des Neuen und Reformierten Palladianischen Ritus von Pike war.

Die betreffende Dame wurde zweifellos angewiesen, wem sie die Dokumente anvertrauen sollte, damit sie in die Hände derjenigen gelangten, die die antisemitische Bewegung in Russland leiteten. Indem man dem russischen Adligen erzählte, die Dokumente seien einem Juden gestohlen worden, der ein hochrangiger Freimaurer war, wollte man ihm weismachen, die Motive der Frau seien „rein" und es handele sich nicht um Intrigen und Betrug.

Diese Schlussfolgerungen erklären auch, wie die Dokumente zunächst an eine Zeitung und dann an eine andere gegeben wurden. Erst nachdem die Veröffentlichung die antisemitische Reaktion nicht hervorgerufen hatte, wurde das Original oder eine andere Kopie in die Hände von Professor Satan gelegt. Nilus gegeben und führte zu dem gewünschten Ergebnis. Ich weiß mit Sicherheit, dass Kopien von Nilus' *Jewish Peril* in den Besitz jedes prominenten Russen gelangten, der dem kaiserlichen Haushalt angehörte und vom Zaren in irgendeiner leitenden Funktion beschäftigt war. Exemplare wurden auf den Schreibtischen der Hofdamen in ihren Zimmern im Kaiserpalast platziert.

Die revolutionären Aktivitäten hatten die russische Gesellschaft in zwei Gruppen gespalten: diejenigen, die dem Zaren gegenüber loyal waren, und diejenigen, die es nicht waren. Die Veröffentlichung und weite Verbreitung der Dokumente unter dem Titel „Die jüdische Gefahr" ermöglichte es denjenigen, die die russische revolutionäre Bewegung hinter den Kulissen lenkten, zweifellos, ihr Komplott zu entwickeln und ihre geheimen Pläne voranzutreiben. Einer von ihnen war der internationale Bankier Jacob Schiff aus New York, USA, dessen Revolutionsführer Trotzki war.

Die Warburg-Familie aus Hamburg arbeitete mit Schiff zusammen, um die Unterwerfung Russlands herbeizuführen. Die Mitglieder dieses Bankhauses waren eng mit Gerson Blechroeder, dem Leiter des Hecht-Aufsichtsrats des Palladianischen Ritus in Berlin, verbunden und standen mit ihm in außerordentlichem Einvernehmen. Das geheime Hauptquartier derjenigen, die die russische Revolution in Deutschland schürten, war das große Gebäude in der Valentinskampstraße, wo Armand Levi den „Geheimen (jüdischen) Bund" gegründet hatte, der als „Souveräner Patriarchalischer Rat" bekannt wurde und von den Rothschild-Millionen unterstützt wurde.

So seltsam es auch erscheinen mag, aber als zusätzlicher Beweis dafür, dass die SOS nicht aus orthodoxen Juden besteht, sondern aus solchen, die behaupten, Juden zu sein, es aber nicht sind, und somit lügen, stellen wir fest, dass Lenin von keinem Geringeren als Lemmi, der die Nachfolge Mazzinis als Leiter der politischen Aktion von Pike angetreten hatte, darauf vorbereitet wurde, die Führung des revolutionären Krieges in Russland zu übernehmen. Lemmi hatte sein Hauptquartier in der Nähe von Genf in der Schweiz aufgeschlagen.

Wir sehen also, wie die von Pike inspirierten Vorträge als eine Verschwörung der Juden zur Erlangung der Weltherrschaft dargestellt wurden. Diese Anschuldigung wurde von den echten Juden erbittert zurückgewiesen. Aber wenn wir alle verwirrenden Aspekte des Falles beiseite räumen, sticht das TRUTI-I klar und unmissverständlich hervor. Die Version der Vorlesungen, die Professor Nilus in die Hände gegeben wurde, wurde benutzt, um denjenigen zu helfen, die die W.R.M. AT THE TOP leiten, um die russischen Revolutionen von 1905 und 1917 zu schüren und damit Pikes Pläne genau so umzusetzen, wie er es beabsichtigte.

Marsden erklärt die Bedeutung des Wortes „Goyim" als „Heiden oder Nichtjuden". Dem kann ich nicht zustimmen. Das Wort „Goyim" bedeutete ursprünglich „Die Masse des/des gemeinen Volkes". Aber als das Wort von Weishaupt verwendet wurde, änderte sich seine Bedeutung in „Geringere Wesen - der Pöbel". Pike verwendete das Wort im Sinne von „menschliches Vieh". Die gesamte Menschheit, die, wie er sagte, in eine Masse von vermischten Menschen integriert und an Körper, Geist und Seele versklavt werden sollte.

Das Wort „agentur" wird in den Vorlesungen ebenfalls häufig verwendet. Marsden sagt, das Wort bedeute: „Die Gesamtheit der Agenten und Agenturen, derer sich die Ältesten (von Zion) bedienen, seien es Mitglieder des „Stammes" oder ihre heidnischen „Werkzeuge". Auch mit dieser Erklärung muss ich nicht einverstanden sein. Das Wort „Agentur", wie es in den Protokollen verwendet wird, bedeutet „jedes Mitglied der Gesellschaft, das die Synagoge Satans kontrolliert und benutzt, um die luziferische Verschwörung in die Tat umzusetzen und sie zu ihrem Endziel voranzutreiben, ungeachtet der Ethnie, der Hautfarbe oder des Glaubensbekenntnisses.

Mit den Worten „Das Politische" meint Marsden nicht genau den „body politic", sondern die gesamte Maschinerie der Politik. Dieser Definition kann ich nur zustimmen.

Es muss klar sein, dass ich glaube, dass die PROTOKOLLE von der Synagoge des Satans stammen. Die Kopie, die Nilus erhalten hat, wurde leicht verändert, um „vorzutäuschen, dass sie von den Ältesten von Zion stammen, damit diejenigen, die die Verschwörung an der Spitze leiten, sowohl den Zionismus als auch den Antisemitismus nutzen können, um ihre eigenen geheimen Pläne für eine Revolution in Russland voranzutreiben.

PROTOKOLL Nr. 1 ist nicht mehr und nicht weniger als eine Wiederholung der Weishauptschen Prinzipien.

A. In den Anfängen der Gesellschaftsstruktur war die Menschheit einer brutalen und blinden Gewalt unterworfen, danach dem Gesetz, das genau dieselbe Gewalt in verkleideter Form ist. Daher lautet das Prinzip des „Naturgesetzes", dass das „Recht" in der Gewalt liegt, oder mit anderen Worten: „Macht ist Recht". Pike hat diesen Grundsatz insgeheim befürwortet.

B. Die politische Freiheit ist eine „Idee", keine Tatsache. Aber diejenigen, die die absolute Kontrolle über die Massen anstreben, müssen diese Idee als „Köder" benutzen, um die Massen zu einer ihrer Parteien (Organisationen) zu locken, damit sie dazu benutzt werden können, die derzeitigen Machthaber zu vernichten und so die Hindernisse zu beseitigen, die zwischen den S.O.S. und der endgültigen Weltherrschaft stehen.

C. Der so genannte „Liberalismus" soll dazu dienen, die Herrschenden zu erweichen, damit sie um der „Idee der Freiheit und des „Liberalismus" willen einen Teil ihrer Macht abgeben. Der Dozent bemerkt dann: „Genau hier zeigt sich der Triumph der Theorie". Er erklärt, dass diejenigen, die sich anschicken, den Rest zu unterwerfen, die erlahmten Zügel der Regierung in ihre eigenen Hände nehmen müssen, „weil die blinde Macht einer Nation nicht einen einzigen Tag lang ohne Führung bestehen kann, und so wird die neue usurpierte Autorität an die Stelle der alten treten." Was in Frankreich geschah, bevor die Vorlesungen gehalten wurden, und was in Russland, Deutschland, China geschah und heute in England geschieht, veranschaulicht in typischer Weise, wie diese Phase der Verschwörung in die Tat umgesetzt worden ist.

D. Zuerst müssen die Kaiser, gekrönten Könige und souveränen Herrscher durch Ermordung, Revolution oder andere Mittel beseitigt werden. Dann soll die natürliche oder genealogische Aristokratie in einer revolutionären Schreckensherrschaft zerstört werden. Der Vortragende erklärt, wie die Verschwörer die Macht der Herrscher, die sie zerstören, durch die „Macht des Goldes" ersetzen werden, und wie sie die genealogische Aristokratie durch reiche Leute ersetzen werden, deren Vermögen die Verschwörer kontrollieren. Mit anderen Worten:

Diejenigen, die die „neue" Aristokratie des „Reichtums" schaffen, können diejenigen, die sie benutzen wollen, reich machen, und sie können ebenso leicht diejenigen brechen, die sich weigern, ihren Willen zu erfüllen.

Es ist interessant festzustellen, dass die meisten derjenigen, die heute die Aristokratie des Reichtums bilden, ihre Anfänge in der Förderung von Gaunereien der einen oder anderen Art hatten, durch die leichtgläubige Menschen von ihrem hart verdienten Geld getrennt wurden. Die Rothschilds begannen ihre Karriere auf den unteren Sprossen der Glücksleiter, indem sie der britischen Regierung hessische Soldaten für so viel pro Kopf zur Verfügung stellten. So wurden sie gut dafür bezahlt, dass sie Truppen für die britischen Kolonialkriege bereitstellten, die sie, die Familie Rothschild, angezettelt hatten.

Das Morgan-Vermögen beruhte auf dem Verkauf von Waffen und Munition an die konföderierte Armee, die zuvor von den Bundesbehörden verurteilt worden waren. Das Rockefeller-Vermögen gründete sich auf medizinische Quacksalberei und den Verkauf von „Patent"-Medikamenten. Die „Neureichen", die wir in den Luxusresorts in Südflorida und der Karibik antreffen, sind zumeist ehemalige Gauner, während eine ganze Reihe von ihnen das „Ex" vor dem Wort „Gauner" noch nicht verdient hat. Alkoholschmuggler und professionelle Glücksspieler bilden heute die Kruste der modernen Gesellschaft. Dies veranschaulicht, wie die Pläne von Weishaupt und Pike die genealogische Aristokratie durch eine Aristokratie des Reichtums (Gold) ersetzt haben, die von den S.O.S. mit Körper, Geist und Seele durch die Kontrolle ihrer Bankbücher kontrolliert wird.

E. Wenn Staaten durch die Verwicklung in externe Kriege oder Revolutionen erschöpft sind, nutzen die Verschwörer die Willkür des Kapitalismus, der ganz in den Händen der Verschwörer liegt. Er sagt, dass die erschöpften Staaten die finanzielle Hilfe und die Ratschläge derjenigen annehmen müssen, die ihre Zerstörung geplant haben, oder sie gehen vollständig unter. Dies erklärt, wie die Staatsschulden den verbleibenden Nationen aufgehalst wurden und wie die Republiken seit Weishaupts Zeiten finanziert wurden.

F. Der Vortrag sagt dann, dass das Wort „Recht" ein abstrakter Gedanke ist und durch nichts bewiesen wird. Das Wort bedeutet: „Gib mir, was ich will, damit ich beweisen kann, dass ich stärker bin als du. Er erklärt, dass die KRAFT derjenigen, die die Verschwörung lenken, umso unbesiegbarer wird, je mehr sie die schwankenden Verhältnisse der Herrscher und Regierungen entwickeln, weil ihre Existenz unsichtbar bleiben wird. Dann teilt er seinen Zuhörern mit, dass aus dem vorübergehenden Übel und Chaos, zu dem sie „gezwungen" sind, eine „gute Regierung in Form einer absoluten Diktatur" hervorgehen wird, denn „ohne eine absolute Despotie kann es keine Existenz für die Zivilisation geben, die nicht von den Massen (Demokratie), sondern von ihrem Führer getragen wird." Darf ich darauf hinweisen, dass das Wort „Demokratie", wie es auf Republiken und begrenzte Monarchien angewandt wird, von denjenigen eingeführt wurde, die die Verschwörung auf Betreiben Voltaires lenken, um die Massen zu täuschen, damit sie glauben, dass sie ihre Länder nach dem Sturz ihrer Monarchen und Aristokratie regieren. Die Massen haben diejenigen gewählt, die von den Direktoren der W.RM. ausgewählt wurden, um für ein Amt zu kandidieren: aber die Agenten der S.O.S., die Illuministen und Agenten benutzen, haben hinter den Kulissen regiert, seit es keine absoluten Monarchen mehr gibt. Die größte Lüge, die die SOS der Öffentlichkeit je aufgetischt hat, ist der Glaube, dass der Kommunismus eine Arbeiterbewegung ist, die den Kapitalismus zerstören soll, um sozialistische Regierungen einzuführen, die dann zu einer internationalen Sowjetrepublik (Arbeiterrepubliken) und einer klassenlosen Welt geformt werden können. Die Lüge muss für jeden vernünftigen Menschen, der nachdenkt, offensichtlich sein. Wie durch dokumentarische Beweise und historische Daten in *Pawns in the Game, Red Fog Over America* und diesem Buch bewiesen wurde, haben Kapitalisten die Regierungsgewalt in JEDEM Land, das bisher unterjocht wurde, organisiert, finanziert, geleitet und dann von ihren Agenten übernehmen lassen. Es kostet bis zu Hunderte von Millionen Dollar, Revolutionen zu finanzieren, wie sie in Russland und China stattfanden. Die Vorbereitungszeit in beiden Ländern erstreckte sich über mehr als fünfzig Jahre. Wir fragen die Arbeiter, woher sie glauben, dass das Geld kommt, um die Kosten für den Wiederaufbau zu bezahlen, der notwendig ist, um die Verwüstungen des Krieges zu reparieren und zu ersetzen und die Wirtschaft der so genannten Republiken wieder aufzubauen? (Staatsschulden, die durch Steuern zurückgezahlt werden, sind eine Quelle des Reichtums der S.O.S.) Es ist an der Zeit, dass wir die Scheuklappen von unseren Augen nehmen, damit wir klar sehen können. Die Wahrheit ist, dass diejenigen, die die W.R.M. an der Spitze leiten, nennen Sie sie die S.O.S. oder die Illuminati, oder wie Sie wollen, GOLD kontrollieren, und GOLD kontrolliert jeden Aspekt der Weltrevolutionären Bewegung. Es sind die Männer, die GOLD kontrollieren, die Männer, die wir gemeinhin als Kapitalisten bezeichnen, die alle revolutionären Bemühungen finanzieren, leiten und kontrollieren, damit sie die Massen (Gojim) aus ihrer derzeitigen Unterdrückung in eine neue und vollständige Unterwerfung führen können - eine totalitäre Diktatur.

Der Leser wird gut daran tun, sich daran zu erinnern, dass Gott ein absoluter Gott ist. Er verlangt, dass absoluter Gehorsam bereitwillig und freiwillig geleistet wird. Auch Luzifer wird bis in alle Ewigkeit als absoluter König herrschen. Das Wort „Demokratie" bedeutet eigentlich „Pöbelherrschaft", und weil das so ist, fährt der Vortragende fort, seine Mitverschwörer darüber zu informieren, dass die Idee der Freiheit unmöglich zu verwirklichen ist, weil niemand weiß, wie man sie maßvoll einsetzt. Er sagt: „Es genügt, ein Volk für eine kurze Zeit der Selbstverwaltung zu überlassen, damit es sich in einen unorganisierten Pöbel verwandelt." Innere Unruhen machen es dann zu einem Häufchen Asche. Das ist es, was in den verbleibenden sogenannten FREIEN Nationen geschehen soll.

In Anbetracht der Tatsache, dass diese Worte vor einem halben Jahrhundert geäußert wurden, haben sie sich als außerordentlich wahr erwiesen.

Sie beweisen die teuflische Gerissenheit und das teuflische Wissen der S.O.S. über die Schwächen der menschlichen Natur. Der Vortragende sagt dann zu seinen Zuhörern: „Der Mob ist ein Wilder, und er zeigt seine Wildheit bei jeder Gelegenheit. In dem Moment, in dem der Mob die Freiheit in seine Hände bekommt, schlägt er schnell in Anarchie um, was der höchste Grad der Wildheit ist."

G. Der Vortragende erklärt dann, wie seit den Tagen Cromwells die Goyim (Massen des Volkes - menschliches Vieh) auf eine gemeinsame Ebene reduziert werden. Mein Freund AK Chesterton, Herausgeber von Candour, stimmt nicht mit mir überein, dass seit Weishaupt und Pike das Wort 'Goyim' 'menschliches Vieh' bedeutet; aber es bleibt die Tatsache, dass Kapitel 1, Abs. 22 von Marsdens Übersetzung der Protokolle sagt: „Seht die alkoholisierten Tiere, verwirrt durch das Getränk, das 'Recht' auf den unmäßigen Gebrauch, der mit der Freiheit einhergeht. Es ist nicht an uns und den Unsrigen, diesen Weg zu gehen. Das Volk der Gojim ist verwirrt von alkoholischen Getränken (die von unseren Agenten geliefert werden); ihre Jugend ist dumm geworden durch Klassizismus und frühe Unmoral, in die sie von unseren speziellen Agenten eingeführt wurde - von Erziehern, Lakaien, Gouvernanten in den Häusern der Wohlhabenden, von Angestellten und anderen, von unseren Frauen in den von den Gojim frequentierten Orten der Ausschweifung. Zu den letzteren zähle ich die sogenannten Gesellschaftsdamen, die den anderen freiwillig in Korruption und Luxus folgen." Beweist dies nicht, dass wir auf das Niveau von „menschlichem Vieh" reduziert werden?

Kann ein vernünftiger Mensch leugnen, dass die Gesellschaft als Ganzes auf eine gemeinsame Ebene der Ungerechtigkeit reduziert wird?

Das ist die eigentliche Bedeutung des Klassenkampfes. Gottes Plan ermöglicht es seinen Geschöpfen, durch persönlichen Einsatz auf die höchsten Ebenen geistiger Errungenschaften vorzustoßen. Es ist möglich, dass eine menschliche Seele den siebten Himmel erreicht und nach Ansicht einiger Theologen sogar die Plätze einnimmt, die von Luzifer und seinen abtrünnigen Engeln frei gelassen wurden. Die luziferische Ideologie verlangt, dass alle Menschen auf eine gemeinsame Ebene der Sünde, der Korruption, des Lasters und des Elends herabgezogen werden.

H. In den Vorträgen wurde dann erklärt, dass die Illuminaten und Palladianer ein Spiel von „Macht und Vorspiegelung" spielen müssen. Gewalt muss eingesetzt werden, um die politische Kontrolle zu erlangen, und der Schein, um die Kontrolle über Regierungen zu erlangen, die ihre Kronen nicht zu Füßen einer neuen Macht niederlegen wollen. Der Dozent sagt: „Dieses Übel ist das einzige Mittel, um unser Ziel zu erreichen, das gut ist, deshalb dürfen wir nicht vor Bestechung, Betrug oder Verrat Halt machen, wenn sie unserem Ziel dienen können. In der Politik muss man wissen, wie man sich ohne Zögern des Eigentums anderer bemächtigen kann, wenn man sich dadurch Unterwerfung und Souveränität sichert."

Was hat die Schaffung und Anhäufung von Staatsschulden seit dem Jahr 1700 bewirkt? Was bewirken die Einkommens- und Körperschaftssteuer sowie die sogenannten Luxus- und andere Steuern heute? Wie viel von unseren Einkünften bleibt für unseren eigenen Gebrauch übrig, nachdem diejenigen, die die Finanzpolitik des palladianischen Ritus lenken, mit uns fertig sind? Indem sie die Politik unserer Regierungen kontrollieren, zwingen sie uns durch Steuern in die wirtschaftliche Sklaverei. Durch die Vergabe von „Leihgaben" im Namen der „Nächstenliebe" benutzt die S.O.S. unser Geld, um den Kommunismus zu kontrollieren, bis sie den letzten sozialen Kataklysmus schüren.

I. Der erste Vortrag endet mit einer Erklärung, wie die Erleuchteten die Gojim dazu verleitet haben, sich in ihre Hände zu begeben. Der Vortragende sagt: „Weit zurück in alten Zeiten waren wir die ersten, die unter den Massen (Gojim) die Worte 'Freiheit, Gleichheit, Brüderlichkeit' riefen, Worte, die seit jenen Tagen viele Male von menschlichen Papageien wiederholt wurden, die sich von allen Seiten auf diese Köder stürzten und mit ihnen das Wohlergehen der Welt, die wahre Freiheit des Einzelnen, die früher so gut gegen den Druck des Pöbels geschützt war, mit sich fortnahmen."

Der Vortragende freut sich dann darüber, dass selbst die weisesten Männer unter den Gojim, selbst diejenigen, die sich für Intellektuelle halten, aus den geäußerten Worten in ihrer Abstraktheit nichts herauslesen konnten und den Widerspruch ihrer Bedeutung und ihres Zusammenhangs nicht bemerkten. Er weist darauf hin, dass es in der „Natur" keine Gleichheit gibt und dass es keine Freiheit geben kann, weil die Natur die Ungleichheit der Gemüter und Charaktere und Fähigkeiten ebenso unabänderlich festgelegt hat wie die Unterordnung unter ihre Gesetze. Er erklärt dann, wie diejenigen, die die Verschwörung an der Spitze lenken, von Anfang an gegen Gottes Gesetz der dynastischen Herrschaft verstoßen haben, nach dem ein Vater seinem Sohn das Wissen über den Verlauf der politischen Angelegenheiten so weitergibt, dass niemand außer der Dynastie es wissen kann und niemand es den Regierten verraten kann. Der Vortragende weist dann darauf hin, dass im Laufe der Zeit die Bedeutung der dynastischen Übertragung der WAHREN Lage der Dinge im Politischen verloren ging, und dieser Verlust trug zum Erfolg ihrer Sache bei. (Siehe Pikes Dogma über die „Natur" an anderer Stelle in diesem Buch.) Damit hat der Vortragende bewiesen, dass das, was ich in den vorherigen Kapiteln über die Verschwörung gesagt habe, wahr ist. Was er sagte, beweist, dass die Protokolle nicht von den Weisen von Zion zur Information der Teilnehmer des Zionistenkongresses in Basel, Schweiz, im August 1903 verfasst wurden, wie von denjenigen behauptet wurde, die ausgewählt wurden, um die antisemitische Phase der luziferischen Verschwörung anzuführen, sondern dass die Verschwörung älter ist als Weishaupt. Die Synagoge Satans, die Christus entlarvte, reicht weiter zurück als die Tage Salomons. Sie geht auf die Zeit zurück, als Satan unsere ersten Eltern dazu brachte, sich von Gott abzuwenden, um zu verhindern, dass wir seinen Plan für die Herrschaft über das Universum auf dieser Erde in die Tat umsetzen. So verhindert der S.O.S., indem er die luziferische Verschwörung auf dieser Erde lenkt, dass wir hier Gottes Willen tun, wie er im Himmel getan wird.

Der Redner schließt seine erste Ansprache mit einer Prahlerei ab: Er sagt: „Die trügerische Losung 'Freiheit, Gleichheit und Brüderlichkeit' hat ganze Legionen in unsere Reihen gebracht, die mit Begeisterung unsere Fahnen trugen, während genau diese Worte die ganze Zeit über ein Krebsgeschwür waren, das sich in das Wohlergehen der Gojim bohrte, dem Frieden, der Ruhe und der Solidarität ein Ende bereitete und die Grundlagen unserer Goya-Staaten zerstörte.

Dann weiht er seine Zuhörer in das ERSTE GEHEIMNIS ein. Er sagt ihnen, dass der bisherige Triumph der Verschwörung zur Erlangung der Weltherrschaft (zwischen 1885 und 1901) darauf zurückzuführen war, dass sie, wenn sie auf eine Person stießen, die sie kontrollieren und für ihre Zwecke benutzen wollten, immer auf „die empfindlichsten Akkorde seines oder ihres Verstandes, auf das Geldkonto, auf ihre Habgier, auf ihre Unersättlichkeit für materielle Bedürfnisse und auf jede ihrer menschlichen Schwächen einwirkten, die, selbst wenn sie allein genommen werden, ausreichen, um die Initiative zu lähmen, weil sie den Willen der Menschen der Verfügung derjenigen überlassen, die ihre Aktivitäten kaufen."

Wir sehen also, wie es den Verschwörern durch ihre Agenten gelungen ist, den „Pöbel" davon zu überzeugen, dass seine Regierung nichts anderes ist als der Verwalter des Volkes, das der Eigentümer des Landes ist, und dass der Verwalter vom Volk wie ein abgenutzter Handschuh ausgetauscht werden kann. Fühlen Sie sich nicht schlecht. Ich selbst bin auf diesen Glauben hereingefallen. Es war 1950, bevor ich die WAHRHEIT zu ahnen begann, dass, wie der Dozent es ausdrückte, „es seine Möglichkeit ist, die Vertreter des Volkes häufig zu ersetzen, die es denen, die die Verschwörung an der Spitze lenken, ermöglicht hat, allmählich die Kontrolle über ALLE Kandidaten für politische Ämter zu erlangen." Nichts hat mir diese Wahrheit mehr eingeprägt als die jüngsten allgemeinen (Bundes-)Wahlen in Großbritannien, Kanada und den U.S.A. Heute hat das Volk wirklich „Hobson's Choice".

Wie sich die Verschwörung in Amerika entwickelt hat

Professor John Robison wurde verleumdet und seine Bücher wurden von Agenten der Synagoge Satans verbrannt, weil er sich als unbestechlich erwiesen hat. Er weigerte sich, Weishaupt und seinen Luziferianern zu helfen, den Illuminismus in die Freimaurerei einzuschleusen. Die Geschichte beweist jedoch, dass das, was er über eine Verschwörung zur Zerstörung aller Regierungen und Religionen geschrieben und veröffentlicht hat, sich als wahr erwiesen hat. Robison erzählt uns, dass vor 1786, als die bayerische Regierung Weishaupt und seine Bande entlarvte, mehrere Freimaurerlogen in Amerika illuminisiert worden waren. Er weist auch auf die Ähnlichkeiten zwischen der amerikanischen und der darauf folgenden französischen Revolution hin.

Wir sind von einigen einflussreichen Personen verspottet worden, weil wir Professor Robison zitiert haben, offensichtlich um das Vertrauen unserer Leser zu erschüttern. Zur Untermauerung unserer Aussagen führen wir die folgenden Belege an, von denen die meisten durch einen einfachen Verweis auf das Nationalarchiv in Washington, D.C., bestätigt werden können

Im Jahr 1798 war David A. Tappan Präsident der Harvard-Universität. Am 19. Juli desselben Jahres hielt er eine Rede vor der Abschlussklasse in der Kapelle des Harvard College. Er warnte die zukünftigen Führer Amerikas vor den Gefahren des Illuminismus, der seiner Meinung nach nach Amerika eingedrungen war. Er erzählte ihnen von dem Einfluss der Illuminaten, die die Französische Revolution herbeigeführt hatten.

Im selben Jahr (1798) war Timothy Dwight Präsident von Yale. In einer Abhandlung mit dem Titel „The Duty of Americans in the Present Crisis" (Die Pflicht der Amerikaner in der gegenwärtigen Krise) warnte er die Amerikaner in ähnlicher Weise.

Als Pike die Universität als Student betrat, war Harvard bereits unter die Kontrolle der Illuminaten gebracht worden.25

Außerdem hielt Jedediah Morse 1798 seine Thanksgiving Day-Predigt über „Die Illuminaten und ihre freimaurerischen Verbindungen". Noch im selben Jahr entlarvte John Wood die Clintonianer-Fraktion der Gesellschaft der kolumbianischen Illuminaten.

1799 schrieb John Cosens Ogden einen Artikel mit dem Titel „A View of New England Illuminati" (Ein Blick auf die Illuminaten aus Neuengland), die unermüdlich damit beschäftigt sind, Religion und Regierung in den Vereinigten Staaten unter vorgetäuschter Rücksichtnahme auf ihre Sicherheit zu zerstören.

Noch 1957 befanden sich in der Rittenhouse Square Library in Philadelphia drei Briefe von John Quincy Adams, dem sechsten Präsidenten der Vereinigten Staaten, an Oberst Wm. Lucifer. Stone, einem Tempelritter und Herausgeber des New York Advertiser. Diese Briefe waren sehr kritisch gegenüber Thomas Jefferson und der Art und Weise, in der er die Freimaurerei in den Neuenglandstaaten unterwandert hatte. Adams wusste, wovon er schrieb, denn er war hauptverantwortlich für die Organisation der Logen, in die Jefferson seine Illuminaten einschleuste. Adams gibt als Grund für seine Kandidatur gegen Jefferson für die Präsidentschaft Jeffersons Subversivität an. Die Briefe, die er an Col. Stone schrieb, werden für den Sieg über Jefferson verantwortlich gemacht.

Adams zählte fünf Haupteinwände gegen den Illuminismus auf, die von Jefferson und seinen Mit-Illuministen propagiert wurden:

1. Ihre Lehren stehen im Widerspruch zu den Gesetzen des Landes.

2. Sie verstoßen gegen die Gebote von Jesus Christus.

3. Sie verlangen von den Mitgliedern, dass sie ein Gelübde ablegen, unbestimmte Geheimnisse zu bewahren, deren Art dem Eidesleistenden unbekannt ist.

4. Sie verlangen von einem Mitglied, dass es seine Bereitschaft erklärt, den Tod zu erleiden, wenn es seinen Eid bricht.

5. Sie verlangen von einem Mitglied, dass es sich bereit erklärt, eine Todesart zu akzeptieren, die ungewöhnlich, unmenschlich und so grausam ist, dass die Einzelheiten nicht von menschlichen Lippen ausgesprochen werden können.

Dann, im Jahre 1826, ereignete sich ein Vorfall, der den Freimaurern selbst beweisen sollte, dass nur sorgfältig ausgewählte Mitglieder etwas von dem wissen dürfen, was in der Geheimgesellschaft vor sich geht, die Illuministen innerhalb ihrer eigenen Geheimgesellschaft organisieren. Es ist daher ebenso vernünftig, einen an Krebs erkrankten Menschen als unmenschlich und teuflisch zu verurteilen, wie es vernünftig ist, die Mitglieder von Geheimgesellschaften, Orden, Organisationen und Gruppen für die Sünden gegen Gott und die Verbrechen gegen die Menschheit verantwortlich zu machen, die von der Synagoge Satans begangen werden, die ihre Agenten in die Geheimgesellschaften einschleust. Es wäre besser für die Welt, wenn es keine Geheimgesellschaften gäbe, weil diejenigen, die die W.R.M. an der Spitze leiten, dann nicht in der Lage wären, ihre parasitäre Politik zu betreiben und die Schuld für ihre teuflischen Handlungen auf andere Schultern als ihre eigenen zu legen.

Der Vorfall, auf den wir uns beziehen, betrifft Kapitän Wm. Morgan, der beschuldigt wurde, seinen Eid gebrochen zu haben. Der illuministische Einfluss innerhalb der obersten Führungsebene der Freimaurerei bestand darauf, dass Morgan den „Tod" erhielt, über den sich Adams so empört und kritisch geäußert hatte.

Ein Freimaurer namens Richard Howard wurde als „Henker" ausgewählt. Morgan wurde vor seinem bevorstehenden Schicksal gewarnt. Er versuchte, nach Kanada zu fliehen, kam aber nur bis zu den Niagarafällen, wo Howard ihn ermordete.

Laut Oberst Stone, dem Tempelritter, an den Adams die oben erwähnten Briefe geschrieben hatte, reiste Howard nach New York und berichtete einer Versammlung der Tempelritter in St. John's Hall, New York, wie er Morgan „hingerichtet" hatte. Stone sagt, dass er daraufhin mit Geld versorgt und auf ein Schiff nach 25 Harvard gebracht wurde und seitdem unter dem Einfluss „internationalistisch gesinnter Männer" steht, wie in *Red Fog Over America*, von WG. Carr Liverpool, England. Stones Aussagen sind in seinen „Briefen über Freimaurerei und Anti-Freimaurerei" veröffentlicht. Was Stone in Bezug auf Morgan enthüllt hat, wird in einer eidesstattlichen Erklärung bestätigt, die Avery Allyn abgab, als er aus den Tempelrittern von New Haven, Connecticut, austrat. Er schwor, dass Richard Howard gestanden hatte, der „Henker" von Morgan gewesen zu sein.

Freimaurerische Aufzeichnungen belegen, dass nach Bekanntwerden dieser abstoßenden Tatsachen in Freimaurerkreisen eine gewaltige Reaktion einsetzte. Etwa 1.500 Logen in den Vereinigten Staaten gaben ihre Chartas auf. Es wird geschätzt, dass von den 50.000 Freimaurern, die diesen Logen angehörten, 45.000 aus dem Geheimbund austraten. So starb die Freimaurerei in Amerika fast einen natürlichen Tod.

Aber die Macht und der Einfluss der Synagoge des Satans sind so groß, dass heute kaum ein Freimaurer, mit dem ich über diese Phase ihrer Geschichte gesprochen habe, etwas darüber weiß. Ich habe Kopien der Protokolle der Versammlungen, die zu diesem Massenaustritt aus der Freimaurerei in Amerika führten. Diese WAHRHEITEN werden nicht veröffentlicht, um Freimaurern zu schaden, sondern um schlüssig zu beweisen, dass von möglicherweise 50.000 Freimaurern mindestens 45.000 nicht wussten oder nicht einmal ahnten, was hinter den Kulissen unter der Leitung von Satanisten vor sich geht, die sich wie Würmer in den Eingeweiden ihrer und anderer Geheimgesellschaften verstecken.

Diejenigen, die dem S.O.S. dienten, beschlossen, dass ein Einheimischer die Nachfolge von Moses Holbrook antreten müsse, der zum Zeitpunkt dieser Ereignisse an der Spitze der Freimaurerei in Amerika stand, und so wandte man sich an General Albert Pike. Er genügte den Anforderungen, denn sein Aufstieg von einem Eingeweihten im Jahr 1850 bis zum Großkomtur des Obersten Rates der Südlichen Jurisdiktion der Freimaurerei in den USA im Jahr 1859 war phänomenal.

Pikes Aufgabe war es, die Freimaurerei in den USA zu verjüngen, damit der Einfluss, der Reichtum und die Macht ihrer Mitglieder von den Illuminaten wieder genutzt werden konnten, um ihre Agenten in Schlüsselpositionen in allen Bereichen des menschlichen Strebens, einschließlich Politik und Religion, zu platzieren. Heute, wie auch 1826, weiß die große Mehrheit der Freimaurer nichts über das geheime Leben von Albert Pike. Sie sind von Satans Agenten belogen und getäuscht worden und glauben, dass Pike der größte Freimaurer war, der je gelebt hat, und einer der größten Patrioten Amerikas. Aber sie irren sich, denn wir beweisen, dass Pike buchstäblich ein leibhaftiger Teufel war.

Da die Illuminaten nachweislich die Freimaurerei in Amerika korrumpiert hatten, beschloss Pike, den Palladianischen Ritus zu gründen, der sogar über der Freimaurerei des Großen Orients und den Illuminaten stehen sollte. Der Palladismus war nicht gerade eine neue Geheimgesellschaft, und so nannte Pike seine Organisation „The New and Reformed Palladian Rite" (N.R.P.R.) Guiseppe Mazzini war 1834 von den Illuminaten ausgewählt worden, um ihr Direktor für politische Aktionen (Direktor der W.R.M.) zu werden. In einem Brief, den Mazzini am 22. Januar 1870 an Pike schickte, schrieb er: „Wir müssen alle Föderationen (der verschiedenen Freimaurerorden) so weiterbestehen lassen, wie sie sind, mit ihren Systemen, ihren zentralen Autoritäten und ihren verschiedenen Arten der Korrespondenz zwischen hohen Graden desselben Ritus, die so organisiert sind, wie sie jetzt sind, aber wir müssen einen obersten Ritus schaffen, der unbekannt bleiben wird, zu dem wir jene Freimaurer hohen Grades rufen werden, die wir auswählen werden. Gegenüber ihren Brüdern in der Freimaurerei müssen diese Männer zur strengsten Verschwiegenheit verpflichtet werden. Durch diesen obersten Ritus werden wir die gesamte Freimaurerei regieren, die ein einziges internationales Zentrum werden wird, das umso mächtiger sein wird, als seine Leiter (Direktoren) unbekannt sein werden."

Dieser Brief beweist, dass nicht einmal Mazzini zu der Zeit, als er den Brief schrieb, wusste, dass die Hohepriester des luziferischen Glaubensbekenntnisses die Synagoge Satans, der er angehörte, AN DER SPITZE kontrollierten. Aber nachdem er eine Weile länger mit Pike zusammengearbeitet hatte, begann er zu vermuten, dass es eine „Geheime Macht" oberhalb oder jenseits der höchsten Grade der großorientalischen Freimaurerei, der er angehörte, gab, die sie AN DER SPITZE kontrollierte Er drückte diesen Verdacht in dem bereits zitierten Brief an Dr. Breidenstein aus.

Pike und Mazzini unterzeichneten am 20. September 1870 das Dekret zur Gründung einer zentralen Hochfreimaurerei. Dies war der Tag, an dem der Großmaurer des Orients, General Cadorna, in Rom einmarschierte, um die weltliche Macht des Papstes zu beenden.

Pike nahm den Titel „Souveräner Pontifex der universellen Freimaurerei" an. Mazzini nahm den Titel Souveräner Chef der politischen Aktion an, d.h. Oberhaupt der Weltrevolutionären Bewegung (W.R.M.).

Pike machte sich sofort daran, die Arbeit an dem neuen Ritual, das er zusammen mit Moses Holbrook begonnen hatte, zu vollenden, und nannte es „The Adonaicide Mass" (Der Tod Gottes").

Margiotta, ein Freimaurer des 33. Grades, der die Geschichte der Freimaurerei und die Biographie von Adriano Lemmi (der 1873 Mazzini als Direktor der W.R.M. ablöste) geschrieben hat, sagt über Pike und Mazzini folgendes: „Es wurde vereinbart, die Existenz dieses Ritus streng geheim zu halten und ihn in den Versammlungen und inneren Schreinen anderer Riten niemals zu erwähnen, selbst wenn die Versammlung zufällig ausschließlich aus Brüdern bestand, die die vollkommene Einweihung hatten, denn das Geheimnis der neuen Institution sollte nur mit größter Vorsicht an einige wenige Auserwählte weitergegeben werden, die den gewöhnlichen hohen Graden angehörten."

Das erklärt, warum selbst Freimaurer des 32. und 33. Grades so wenig darüber wissen, was ganz oben vor sich geht.

Margiotta erklärt auch, dass Mitglieder des 33. Grades des Schottischen Ritus wegen ihrer weitreichenden internationalen Verzweigungen sorgfältig für die Aufnahme in den Palladianischen Ritus ausgewählt werden: Freimaurer des 33. Grades haben das besondere Privileg, andere Freimaurerlogen in der ganzen Welt zu besuchen und an deren Ritualen teilzunehmen. Diejenigen, die Mitglieder des Palladismus werden, werben andere an. Aus diesem Grund hat der Oberste Ritus seine Dreiecke (die Bezeichnung für die palladianischen Räte) nach Graden geschaffen. Diese sind auf einer festen Grundlage aufgebaut. Die untersten der Eingeweihten sind Brüder, die lange in der gewöhnlichen Freimaurerei geprüft wurden und sich als von Gott und dem Christentum abtrünnig erwiesen haben.

Margiotta fügt hinzu: „Man wird diese Vorsichtsmaßnahmen besser verstehen, wenn man weiß, dass der Palladismus im Wesentlichen ein luziferischer Ritus ist. Seine Religion ist ein manichäischer Neo-Gnostizismus, der lehrt, dass die Gottheit dual ist und dass Luzifer Adonay ebenbürtig ist, wobei Luzifer, der Gott des Lichts und des

Guten, für die Menschheit gegen Adonay, den Gott der Dunkelheit und des Bösen, kämpft.[25]

Als Luzifers souveräner Pontifex auf Erden war Pike der Präsident des Obersten Dogmatischen Direktoriums, unterstützt von zehn Ältesten des Obersten Rates des Großen Orients. Pikes Oberstes Großes Kollegium der emeritierten Freimaurer (Palladianischer Ritus) akzeptierte die Adonaizid-Messe, die manchmal auch als „Schwarze Messe" bezeichnet wird, als Ritual für den Neuen und Reformierten Palladianischen Ritus. Mazzini wurde eine Kopie des Rituals zugesandt. Er lobte Pike in den höchsten Tönen, wie seine in „La Roma del Popolo" veröffentlichten Artikel beweisen.

Nachdem diese Vorbereitungen abgeschlossen waren, organisierten Pike und seine Assistenten ein Aufsichtsdreieck oder einen Rat in Rom, Italien, um die W.R.M. in all ihren vielen Phasen zu leiten. Er übertrug Mazzini die Leitung. Nach Mazzinis Tod ernannte er Lemmi zum Obersten Direktor.

Pike organisierte ein weiteres Aufsichtsgremium in Berlin. Er nannte ihn „Das Oberste Dogmatische Direktorium". Er wurde durch ein ständig erneuertes Komitee von sieben Personen, die aus dem Obersten Rat, den Großlagern, Großorienten und Großlogen der Welt ausgewählt wurden, am Laufen gehalten. Zwei Delegierte kümmerten sich um Propaganda und Finanzen. Der Propagandadirektor war auch Direktor des Nachrichtendienstes und hielt die beiden anderen Aufsichtsdirektoren und den Souveränen Pontifex über wichtige Nachrichten und Ereignisse auf dem Laufenden, die in dieser zentralen Clearingstelle von den „Millionen Augenpaaren" gesammelt wurden, die ihre Agenten in der ganzen Welt kontrollieren. Sie rühmen sich, dass kein noch so kleines Gesetz durch ein Parlament gebracht werden kann, ohne dass sie davon Kenntnis haben und ihre Zustimmung geben.

---

[25] Wir fragen uns, was der Ehrenwerte John Deifenbaker, Premierminister von Kanada, und der Ehrenwerte Leslie Frost, Premierminister von Ontario, der größten und reichsten Provinz Kanadas, dazu zu sagen haben. In unserem monatlichen Mitteilungsblatt, N.B.N., Ausgabe Oktober 1958, haben wir die Tatsache veröffentlicht, dass beide am 9. September 1958 in Windsor, Ontario, in den 33.

Der Finanzbeauftragte erstellt eine allgemeine Bilanz aller Riten in allen Ländern, wobei er mit einem Buchhalter als vereidigtem Sachverständigen zusammenarbeitet, der ihm unterstellt ist.

Unter dem Souveränen Direktorium in Charleston, South Carolina, der Exekutive der politischen Aktion in Rom und dem Dogmatischen Verwaltungsrat in Berlin befinden sich die 23 Großen Zentralen Direktorien, bei denen es sich um Büros oder Räte in Europa, Asien/Afrika, Ozeanien sowie Nord- und Südamerika handelt.

Und über all diesen herrscht die Synagoge Satans - die Hohepriester des luziferischen Glaubensbekenntnisses - unsichtbar, unerkannt und übermächtig. Als der Völkerbund zum ersten Mal gegründet wurde (1919), wurde Pikes Organisation leicht überarbeitet, und die Aufsichts-, Exekutiv- und Verwaltungsorgane wurden in der Schweiz und in New York angesiedelt. Aber es spielt keine Rolle, wo sich die BRAINS befinden, sie haben perfekte Kommunikationssysteme und sie kontrollieren und leiten ALLE anderen subversiven Organisationen und Aktivitäten. Diese Kontrolle und Leitung ist heute die gleiche wie zu Pikes Lebzeiten und zur Zeit der Gründung des Völkerbundes. Die gleichen Verschwörer, die diese gegründet und entwickelt haben, haben auch die UNO entwickelt.

Bitte glauben Sie nicht an mein Wort. Der heilige Paulus sagt uns in 2. Korinther 11:13: „Denn solche falschen Apostel sind betrügerische Arbeiter, die sich als Apostel Christi ausgeben. Und das ist kein Wunder; denn der Satan selbst verwandelt sich in einen Engel des Lichts. Darum ist es nicht verwunderlich, wenn auch seine Diener in Diener der Gerechtigkeit verwandelt werden, deren Ende ihren Werken entsprechen wird."

Ziehen wir den Schleier, mit dem sich Pike umhüllt hat, noch weiter beiseite. Ich bin mir bewusst, dass Dr. Bataille, Autor von „Le Diable au XXe siècle", bei verschiedenen Gelegenheiten beschuldigt wurde, Falschaussagen als Tatsachen zu veröffentlichen, aber das bedeutet nicht, dass er immer gelogen und Unwahrheiten veröffentlicht hat. Was er über Pike und seinen „Okkultismus" auf Seite 360 der oben genannten Publikation sagt, wird in „Occult Theocracy" auf Seite 223, geschrieben von Lady Queensborough, bestätigt. Weitere Bestätigungen sind in der Freimaurerbibliothek in Charleston, South Carolina, zu finden.

Dass Pike an Okkultismus glaubte, wird durch die Tatsache bewiesen, dass ein Bericht über seine Rede vor dem Obersten Rat des Großen Orients in Charleston, South Carolina, vom 20. Oktober 1884 überliefert ist, in dem er sagte: „In St. Louis haben wir die Großen Riten durchgeführt und durch Schwester Ingersoll, die ein erstklassiges Medium ist, während einer feierlichen palladianischen Sitzung, bei der ich den Vorsitz führte und von Bruder Friedman und Schwester Warhnburn unterstützt wurde, erstaunliche Offenbarungen erhalten. Ohne Schwester Ingersoll in Schlaf zu versetzen, sättigten wir sie mit dem Geist von Ariel selbst. Aber Ariel nahm mit 329 weiteren Feuergeistern von ihr Besitz, und die Séance war von da an wunderbar.

> „Schwester Ingersoll schwebte über der Versammlung, und ihre Kleider wurden plötzlich von einer Flamme verschlungen, die sie umhüllte, ohne sie zu verbrennen. So sahen wir sie über zehn Minuten lang in einem Zustand der Nacktheit. Über unseren Köpfen schwebend, als würde sie von einer unsichtbaren Wolke getragen oder von einem gütigen Geist gehalten, beantwortete sie alle Fragen, die ihr gestellt wurden. Auf diese Weise erfuhren wir die letzten Neuigkeiten über unseren berühmten Bruder Adriano Lemmi - und dann offenbarte sich Astaroth in Person, flog neben unserem Medium her und hielt ihre Hand. Er hauchte sie an, und ihre Kleider kehrten aus dem Nichts zurück und kleideten sie wieder ein. Schließlich verschwand Astaroth, und unsere Schwester fiel sanft auf einen Stuhl, wo sie mit zurückgeworfenem Kopf Ariel und die 329 Geister, die ihn begleitet hatten, aufgab. Insgesamt zählten wir am Ende dieses Erlebnisses 330 Ausatmungen."

Die Behauptung von Pike, dass er während einer Séance in St. Louis mit Lemmi, seinem Direktor für politische Aktionen in Italien, sprechen konnte, veranlasste mich zu weiteren Nachforschungen. Ich wusste, dass diejenigen, die Séancen abhielten, oft zu Fälschungen griffen, um den Anwesenden vorzugaukeln, sie hätten übernatürliche Kräfte. Diese Nachforschungen erbrachten dokumentarische Beweise, die stark darauf hindeuteten, dass Wissenschaftler, die dem Palladianischen Ritus von Pike angehörten, ihn mit drahtlosen Geräten (Radio) versorgt hatten, lange bevor Marconi sie für kommerzielle Zwecke verfügbar machte.

Ich hatte mich immer gefragt, warum Marconi auf so starken Widerstand stieß, als er versuchte, seine Entdeckung der Öffentlichkeit zugänglich zu machen. Nachforschungen ergaben, dass der Widerstand von Männern ausging, die mit Pike vor seinem Tod 1891 eng verbunden waren. Im Hintergrund der Opposition stand Gallatin Mackay, der Pike als Leiter der Universalfreimaurerei und des Palladismus nachfolgte.

Es gibt Belege dafür, dass Pike mit den Leitern seiner Aufsichtsräte in Kontakt treten und mit ihnen sprechen konnte, unabhängig davon, wo sie sich gerade befanden. Er benutzte immer einen Code. Den Kasten, den er bei diesen Gesprächen benutzte, nannte er Arcula Mystica (Der magische Kasten). Offensichtlich waren er und die Leiter seiner 26 Räte über Funk miteinander verbunden, lange bevor Marconi seine Entdeckungen machte. Es gibt Beweise dafür, dass das Gerät von Pike nach seinem Tod an Gallatin Mackay überging. Daher ist es wahrscheinlich, dass Pike während der Séancen, die er in St. Louis leitete, drahtlose Telegrafie verwendete.

Pike und seine Aufsichtsräte der W.R.M. (Palladianische Räte) benutzten alle Codenamen, wie schon Weishaupt und seine führenden Illuministen vor ihm. Pike und sein oberster Rat in Charleston waren als „Ignis" bekannt, das Codewort für „Heiliges Feuer" oder „Göttliches Streben". Das Codewort für den Aufsichtsrat in Rom war „Ratio", was soviel bedeutet wie „Die Vernunft wird über den Aberglauben triumphieren". In Berlin lautete der Codename des Aufsichtsrates „Arbeit".

Es ist interessant festzustellen, dass der Leiter des Berliner Rates und derjenige, der zu Pikes Zeiten die Kontrolle über die palladianische Schatzkammer ausübte, Gerson Bleichroeder war, ein Mann, der sich als einer der höchsten und vertrauenswürdigsten Agenten des Hauses Rothschild erwiesen hat. Es ist offensichtlich, dass, während Pike der Hohepriester der luziferischen Ideologie war und somit die Aktivitäten der Synagoge des Satans kontrollierte, die Rothschilds durch Bleichroeder die Geldgeschäfte des Palladianischen Ritus kontrollierten. Auf diese Weise kontrollierten sie indirekt die Aktivitäten von Pike, so wie sie hundert Jahre zuvor die von Weishaupt kontrolliert hatten.

Diese Informationen beweisen, dass die heutigen Rothschilds an den Rat glauben, der ihnen von einem ihrer Vorfahren überliefert wurde: „Gib mir die Kontrolle über das Geld eines Landes, und es ist mir egal, wer seine Gesetze macht." Eine weitere interessante Tatsache ist, dass sowohl die Rothschilds als auch die Bleichroeder, wie Christus es ausdrückte, „diejenigen sind, die sagen, dass sie Juden sind, und es nicht sind, und lügen." Sie sind Chasaren; in ihren Adern fließt nicht mehr echtes jüdisches Blut als in meinen. Die Forschung beweist, dass Bleichroeder den höchsten Graden des Palladianischen Ritus und der Freimaurerei des Großen Orients angehörte und daher ein Satanist gewesen sein muss.

Während Pikes Herrschaft als „Fürst dieser Welt" unter Satans Inspiration waren seine Direktoren in England Lord Palmerston und Disraeli, der seinen Lesern sagte, dass die Massen (Gojim) nicht erkennen, dass die wahre „Macht", die sie und ihr Land regiert, unsichtbar bleibt und hinter den sichtbaren Regierungen lenkt.

Obwohl Pike zugeschrieben wird, die jüdische Kontrolle über die Freimaurerei in Amerika beendet zu haben, belegen Untersuchungen, dass er am 12. September 1874 ein Abkommen mit Armand Levi unterzeichnete, der die jüdische B'nai B'rith in Amerika, Deutschland, England und anderen Ländern vertrat. Im Rahmen dieses Abkommens erteilte Pike Levi die Vollmacht, die jüdischen Freimaurer in diesen Ländern in einem „Geheimbund" zu organisieren, der als „Souveräner Patriarchalischer Rat" bekannt werden sollte. Das internationale Hauptquartier befand sich in einem großen Gebäude in der Valentinskampstraße in Hamburg, Deutschland. Es gibt dokumentarische Belege dafür, dass der Leiter dieses „Geheimbundes" jährlich etwa 250.000 Dollar an Gebühren kassierte, wobei dieses Geld hauptsächlich für die Bezahlung von Propaganda zugunsten des Säkularismus verwendet wurde: Man kann mit Sicherheit sagen, dass der „kleine Jude" nicht mehr darüber weiß, was hinter den Kulissen derjenigen vor sich geht, die das Judentum an der Spitze kontrollieren, als die Freimaurer bis zum 33. Grades oder die große Mehrheit der Gojim. Es ist daher offensichtlich, dass in der letzten Phase der Verschwörung alle geringeren Wesen sich im Kochtopf des Teufels wiederfinden werden. Wir sind alle dazu bestimmt, im Gebräu des Teufels eingekocht zu werden.[26]

---

[26] In der Hoffnung, Ordnung in das Chaos zu bringen und die Menschheit im Dienste Gottes gegen Luzifer zu vereinen, möchte ich noch einmal darauf hinweisen, dass der Kampf, der in dieser Welt stattfindet, um den ewigen Besitz der Seelen der Menschen geht. Gott will, dass wir beweisen, dass wir ihn lieben und ihm freiwillig für alle Ewigkeit dienen wollen. Luzifer ist entschlossen, uns durch seine Agenten auf dieser

Luzifer ist entschlossen, mit Hilfe des Satanismus unsterbliche Seelen einzufangen; nicht weil er nicht weiß, dass er im Unrecht war und dass seine totalitäre Ideologie in Aufruhr und Chaos enden wird, sondern weil er es einfach nicht ertragen kann, andere Seelen glücklich zu sehen. Er ist fest entschlossen, dass so viele wie möglich sein ewiges Elend teilen werden.

Wenn die gegenwärtige revolutionäre Bewegung sich nicht auf die himmlische Welt und die Ewigkeit erstrecken würde, sondern nur auf diese Welt beschränkt wäre, hätte es keinen Sinn, Entlarvung, Gefangenschaft und sogar einen vorzeitigen Tod zu riskieren. Wenn alles mit dem Tod endet, wie uns die Atheisten glauben machen wollen, warum sollten wir uns dann für eine Verschwörung oder einen Plan einsetzen, dessen Verwirklichung wir nicht mehr miterleben werden?

Das militärische Konzept von Pike, das Mazzini erhielt und an Lemmi weitergegeben wurde, war ebenso einfach wie effektiv.

Mit Hilfe der 26 Dreiecke oder Räte des palladianischen Ritus sollten diejenigen, die die W.R.M. an der obersten Spitze leiten, drei Weltkriege und drei große Revolutionen anzetteln. Diese sollten so gelenkt werden, dass alle verbleibenden Regierungen in einen solchen Zustand der Schwäche und des wirtschaftlichen Ruins versetzt werden, dass die Menschen nach einer Weltregierung als einziger Lösung für ihre zahlreichen und vielfältigen Probleme schreien würden.

Nach drei Weltkriegen und zwei großen Revolutionen würden die Vereinigten Staaten die einzige Weltmacht bleiben, aber während der dritten Revolution, die laut Pike der größte soziale Kataklysmus sein würde, den die Welt je erlebt hat, würden die Vereinigten Staaten durch inneren Verrat zerfallen und in die Hände der luziferischen Verschwörer fallen „wie überreifes Obst".

Pike legte ganz klar dar, dass der Erste Weltkrieg die Direktoren der W.R.M. in die Lage versetzen sollte, Russland zu unterjochen und dieses Reich in eine Hochburg des atheistischen Kommunismus zu

---

Erde unsere von Gott gegebenen Gaben des Verstandes und des freien Willens zu nehmen, damit wir nicht in der Lage sind, diese Entscheidung zu treffen.

verwandeln. Dies wurde mit der ersten großen Revolution im Jahr 1917 erreicht. Der Kommunismus und der Nationalsozialismus sollten zusammen mit dem Antisemitismus den Direktoren der W.R.M. ermöglichen, den Zweiten Weltkrieg anzuzetteln. Dieser sollte mit der Vernichtung des Nationalsozialismus als Weltmacht enden, weil er dann seinen Zweck erfüllt haben würde.

Der souveräne Staat Israel sollte das Ergebnis des Zweiten Weltkriegs sein, ebenso wie die Vereinten Nationen. Der politische Zionismus sollte es den Direktoren der W.R.M. ermöglichen, den Dritten Weltkrieg anzuzetteln, indem sie die tatsächlichen und vermeintlichen Unterschiede zwischen Israel und den arabischen Staaten hochspielten. Der Zweite Weltkrieg sollte damit enden, dass der Kommunismus die Kontrolle über größten Teil des Fernen Ostens übernahm. Ein ausreichendes Territorium sollte freigehalten werden, damit der Kommunismus in Russland und China in Schach gehalten oder „eingedämmt" werden konnte, bis die Synagoge des Satans bereit war, ihn in der letzten Phase der luziferischen Verschwörung einzusetzen. Der Kommunismus sollte organisiert und auch in allen anderen Nationen in Schach gehalten werden, bis die Direktoren der W.R.M. beschlossen, dass es an der Zeit sei, sich ALLE Kommunisten und ALLE Nicht-Kommunisten gegenseitig an die Gurgel zu gehen. Pike erklärte dies alles Mazzini in seinem Brief vom 15. August 1871.

Dieses Programm wurde GENAU so durchgeführt, wie Pike es beabsichtigt hatte; er setzte einfach sein militärisches Genie ein, um Adam Weishaupts Pläne in die Tat umzusetzen. So sind die Menschen auf diesem Planeten in die halbfinale Phase der luziferischen Verschwörung verwickelt.

Nach dem Tod von Pike übernahm Mackay die Leitung. Wie Lemmi war auch er der Ansicht, dass ALLE Mitglieder der Exekutive der Großorient-Logen und der Räte des Neuen und Reformierten Palladianischen Ritus besondere Anweisungen in Bezug auf den W.R.M. erhalten sollten.

1. Was Weishaupt in seinen überarbeiteten Plänen forderte.

2. Wie sich die weltrevolutionäre Bewegung seit 1776 entwickelt hat.

3. Der Zweck der politischen Intrigen, die zu dieser Zeit, d.h. zwischen 1889 und 1903, stattfanden.

4. Was sollte geschehen, um die Verschwörung zu ihrem erfolgreichen Abschluss zu bringen, eine Eine-Welt-Regierung, deren Macht sie an sich reißen würden.

Die Vorträge wurden von Pike oder von Autoren vorbereitet, die von Pikes revolutionärem Eifer inspiriert worden waren. Diese Vorträge wurden von hochrangigen Mitgliedern des Palladianischen Ritus über einen Zeitraum von mehreren Tagen (oder Nächten) vor ausgewählten Adepten gehalten, die sich in den Logen des Großen Orients oder des Neuen Palladianischen Ritus in der ganzen Welt trafen. Es war eine Kopie dieser Vorträge, die leicht verändert wurde, um ihnen einen zionistischen Anstrich zu geben, die Professor Satan in die Hände fiel". Nilus in die Hände fiel und von ihm unter dem Titel *The Jewish Peril* veröffentlicht wurde.

Es gibt zahlreiche Beweise, die belegen, dass diese Vorträge bereits 1885 gehalten wurden. Wie immer, trotz der größten Sicherheitsvorkehrungen, sickerten Informationen über die Abhaltung dieser Vorträge und ihren Zweck, die Verschwörung zur endgültigen sozialen Katastrophe zu entwickeln, nach außen.

Der Plan, die weltrevolutionäre Bewegung bis zu ihrem endgültigen Zustand zu entwickeln, wie er von Pike in seinem Brief vom 15. August 1871 an Mazzini erläutert wurde, wurde in mehreren Publikationen erörtert, von denen zwei, *Le Palladisme*, von Margiotta, S. 186, 1895 und in *Le Diable Au XIX Siècle*, 1896 veröffentlicht wurden. Die Vorträge in ihrer Gesamtheit wurden im Winter 1902/1903 von der russischen Zeitung *Moskowskija Wiedomosti* und im August 1903 von der russischen Zeitung *Snamja* veröffentlicht.

Was ich damit sagen will: Das erste Treffen der Weisen von Zion zur Erörterung des politischen Zionismus, wie wir ihn heute kennen, fand 1897 in Basel, Schweiz, statt. Der Ursprung der luziferischen Verschwörung geht auf eine Zeit zurück, bevor der Zionismus überhaupt in der Bibel erwähnt wurde. Die erste Vortragsreihe unterscheidet sich in keiner Weise von Weishaupts überarbeiteter Version des Komplotts, das 1786 enthüllt wurde. Wie das Komplott entwickelt wurde, geht es Luzifer nur darum, Seelen zu fangen. Er kümmert sich nicht darum, ob es sich um die Seelen von Juden oder Heiden, Farbigen oder Weißen handelt. Die Fabel vom messianischen Zeitalter ist ebenso eine Täuschung, um Juden für die Sache Luzifers zu gewinnen, wie der Traum der One-Worlder, dass sie die Regierung bilden werden, wenn die erste Weltregierung errichtet ist. Roosevelt glaubte ernsthaft, dass er der erste König-Despot sein würde. Er wurde desillusioniert, als Stalin ihn nach Jalta hinterging.

Wie er getäuscht wurde. Um das wirkliche Ziel ins Visier zu nehmen, müssen wir die Läufe unserer Gewehre über die materialistischen Bilder erheben, die wie eine Fata Morgana etwas widerspiegeln, das außerhalb der Reichweite unserer bloßen Augen liegt. Lasst uns Christen glauben, was Christus und die Heilige Schrift uns sagen - der Luziferianismus ist die Wurzel allen Übels. Satanismus ist der Name, unter dem die meisten Menschen den Luziferianismus auf dieser Erde kennen.

1786 bis 1886 wird in der zweiten Vortragsreihe erzählt und unterscheidet sich in keiner Weise von den Vorträgen, die Pike und seine Spitzenbeamten zwischen 1870 und 1886 gehalten haben.

Das letzte Kapitel eines Buches und auch eines Lebens

Was Sie bis hierher gelesen haben, ist das letzte Werk des Autors, Commander W.J.C. Carr, R.C.N.R. Ich, sein ältester Sohn, habe versucht, das Werk zu vollenden, damit es veröffentlicht werden kann, um den letzten Wunsch meines Vaters zu erfüllen. Es ist mir nicht gelungen, und ehrlich gesagt glaube ich auch nicht, dass ein Mensch in der heutigen Zeit dazu in der Lage ist.

Das Lebenswerk eines Mannes kann nur selten von einem anderen aufgegriffen und vollendet werden, vor allem, wenn es sich um das Gebiet handelt, das in diesem Buch und in den zuvor von Commander Carr veröffentlichten Büchern behandelt wird. Ich glaube, dass er ein Mann war, der die Gabe oder vielleicht den Fluch besaß, Dinge zu sehen, die der Rest von uns nicht sehen oder nicht einmal in unseren wildesten Vorstellungen für möglich halten kann.

Diese Fähigkeit, die Abläufe und Machenschaften hinter den Kulissen aller Regierungen und vieler internationaler Organisationen klar zu erkennen, und die Fähigkeit, die oft nur schwach ausgeprägte Spur des Bösen, die sich durch die Geschichte der Menschheit geschlichen und geschleimt hat, klar zu verfolgen, ist nur wenigen Menschen gegeben. Ich glaube, dass mein Vater diese Fähigkeit hatte und dass sie mit ihm gestorben ist.

Die meiste Zeit meines frühen Lebens habe ich beobachtet, wie er verbissen eine Spur nach der anderen verfolgte, um die endgültige Antwort auf das Problem des Bösen in den Angelegenheiten der Menschen zu finden. Damals war mir nicht wirklich bewusst, was er suchte, und ich verstand auch nicht die schreckliche Belastung, unter der er arbeitete. Seine Nachforschungen waren weder für ihn noch für die ihm Nahestehenden leicht, denn er hatte all die menschlichen Züge, sowohl die guten als auch die schlechten, die den Rest von uns segnen und plagen. Er fragte mich mehrmals, insbesondere nach meiner Entlassung aus der kanadischen Armee im August 1945, ob ich mit ihm zusammenarbeiten und den Kampf, den er für so wichtig hielt, weiterführen würde. Das konnte ich damals nicht und kann es aus den oben genannten Gründen auch heute nicht. Bei seinem Tod vermachte er mir seine Bibliothek, seine Manuskripte und alle seine Aufzeichnungen. Er sagte nicht, dass ich versuchen müsse, sein Werk fortzuführen, um in den Genuss dieses Erbes zu kommen. Ich muss gestehen, dass ich die Idee, irgendetwas zu tun, um seine Bemühungen zu fördern, eher verschmäht habe und sogar auf eine vage Art das Gefühl hatte, dass er in seinen Schriften weit vom Weg abgekommen war.

Dieses Manuskript lag etwa sechs Jahre lang in der Schublade, bevor ich anfing, über einige der Dinge nachzudenken, über die er geschrieben hatte, und darüber, wie genau er in der Lage zu sein schien, bestimmte zukünftige Ereignisse in den Angelegenheiten der Menschen und der Welt, in der wir leben, genau zu bestimmen. Ich glaube, das galt besonders für die Zeit der Ermordung von Präsident Kennedy im Jahr 1963. Wenn der Autor auch nur annähernd Recht hat mit seiner Behauptung, dass die S.O.S. so ziemlich alle Regierungen kontrolliert, wäre es für jeden unmöglich, die Wahrheit hinter diesem Mord zu erfahren. Und ich kann immer noch nicht glauben, dass die Ermordung des Attentäters durch Jack Ruby nicht Teil eines ausgeklügelten Plans war, um alle Details und Informationen vor der Öffentlichkeit zu verbergen. Ich könnte mich irren. Der Autor hatte eine unheimliche Fähigkeit, solche Ereignisse und sogar seinen eigenen Tod genau zu bestimmen. In Kapitel 3, Seite 41, sagt er, dass er ernsthaft daran zweifelt, noch weitere Bücher zu schreiben, und zu diesem Zeitpunkt war er nicht schwerer krank als zu anderen Zeiten und erst 62 Jahre alt. Mit diesen Gedanken las ich das Manuskript erneut und kam zu der Überzeugung, dass ich alles in meiner Macht Stehende tun musste, um die Informationen zu veröffentlichen, auch wenn sie unvollständig waren.

Wie viel Sie von dem, was Sie in diesem Buch lesen, tatsächlich glauben, ist wirklich von geringer Bedeutung. Es wäre zu viel erwartet, dass jemand in der Lage ist, einen solchen Stoff in einem Bissen zu verinnerlichen. Die Aufdeckung solch monströser und unmenschlicher Machenschaften grenzt an das Unmögliche, und doch weiß ich tief in meinem Inneren, dass es solche Machenschaften gibt.

Je mehr ich über diese Dinge nachdenke, desto überzeugter bin ich, und dies trotz einer natürlichen Abneigung, überhaupt zu glauben. Ich denke, dass dieses Gefühl bei den meisten Lesern vorhanden ist.

Obwohl ich von der Existenz eines übernatürlichen Komplotts zur Vernichtung der Menschheit weiß, fürchte ich mich nicht besonders vor dem Komplott an sich. Ich habe immer ganz allgemein an die Existenz des Bösen geglaubt und daran, was das Böse mit mir und durch mich zu tun versucht. Aber durch die Gnade Gottes weiß ich auch, dass es das Gute gibt und dass ich, wenn ich mit all meiner Kraft versuche, diesem Guten zu folgen, automatisch das Böse an den Rand meiner Existenz verweise, so wie die Kälte durch die Hitze verdrängt und der Nebel von der heißen Sonne verbrannt wird.

Ich glaube nun, dass das Böse existiert und von Menschen unter der Führung des Teufels gefördert und organisiert wurde. Aber gleichzeitig glaube ich noch stärker daran, dass Gott IST und dass Christus, als unser bestes Beispiel für das Gute, auch aktiv in den Angelegenheiten der Menschen existiert. Für mich ist das Studium des Bösen und seiner Auswirkungen in der Welt eher ein negativer Ansatz, um eine Lösung für die Probleme zu finden, die für alle Menschen bis zum Ende der irdischen Zeit bestanden haben, bestehen und immer bestehen werden. Zweifellos haben das Wissen um das Werk meines Vaters und die Lektüre seiner zahlreichen Werke mein Leben stark beeinflusst. Vor einigen Jahren, als unsere Kinder sich selbst versorgen konnten und nicht mehr auf unsere direkte Hilfe angewiesen waren, beschlossen meine Frau und ich, einige oder alle unsere Jahre der Vollzeitarbeit auf dem ausländischen Missionsfeld zu widmen. Ich denke, dass wir diese Entscheidung nicht so sehr getroffen haben, um „Weltverbesserer" zu sein, sondern um unseren eigenen Seelenfrieden und unser eigenes Wohlbefinden zu sichern. Vor langer Zeit habe ich entdeckt, dass menschliches Glück am besten gefunden werden kann, wenn man sich in den Dienst anderer stellt, solange das Motiv für dieses Geben in der Liebe des Gottes liegt, der mich geschaffen hat.

Ich denke, dass die Antwort auf das Übel, wie es von meinem Vater aufgezeigt und definiert wurde, für jeden Mann und jede Frau guten Willens darin besteht, sich einer Phase der menschlichen Szene in einer Weise zu widmen, dass die Szene durch die aufgewendete Mühe verbessert wird. Es kommt nicht so sehr darauf an, ob die erzielte Wirkung für den Einzelnen oder für seine Zeitgenossen sichtbar oder messbar ist, sondern vielmehr darauf, dass jeder Mensch sein Bestes gibt, um zu versuchen, erfolgreich zu sein.

In diesem Moment kommt mir das berühmte Zitat des verstorbenen Präsidenten Kennedy in den Sinn: „Frage nicht, was dein Land für dich tun kann, sondern was du für dein Land tun kannst." Ersetzen Sie das Wort „Land" durch „Gott", „Nachbarn", „Religion", „Gemeinschaft" oder was auch immer, und wir alle haben eine funktionierende Blaupause für unsere künftigen Bemühungen.

Weitere Kommentare zu diesem Werk oder zu einer bestimmten Phase des luziferischen Komplotts oder der Intrigen der S.O.S. würden den Rahmen sprengen.

Für diejenigen, die meinen Vater persönlich kannten oder sich durch die Lektüre seiner Bücher für ihn interessierten, sind vielleicht ein paar Worte über seine persönliche Lebensphilosophie von Interesse und geben einen besseren Einblick in den Geist dieses bemerkenswerten Mannes.

Aus meinen frühesten Erinnerungen an ihn stechen einige hervorstechende Punkte seines Charakters deutlich hervor. Er sagte mir oft, dass niemand das Recht habe, von einem anderen etwas zu verlangen oder zu geben, was der Fragende nicht selbst zu tun oder zu geben bereit sei. Ich habe mit einer ganzen Reihe von Marinesoldaten gesprochen, die in beiden Weltkriegen mit oder unter Commander Carr gedient haben, und sie bestätigten mir ausnahmslos, dass Dad diesen Gedanken bis zu dem Punkt verfolgte, an dem er in den Abteilungen, in denen er während des Zweiten Weltkriegs in der kanadischen Marine diente, als „The Iron Man" bekannt war.

Ein weiterer Punkt, den er betonte, war folgender: 'Ein Mensch sollte zu Lebzeiten wie die Hölle arbeiten, damit er nach dem Tod nicht in der Hölle landet.' Dieses Buch, das Sie gerade zu Ende gelesen haben, ist der Beweis dafür, dass er diesem Diktat des Gewissens auch deshalb folgte, weil er bis an die Grenze seiner Kräfte und sogar darüber hinaus bis zu seiner letzten Krankheit arbeitete.

In den hungrigen Tagen der „Schmutzigen Dreißiger" lebten wir in einer kleinen Stadt in der Nähe von Toronto, Ontario.

Unser Haus lag an der wichtigsten Nord-Süd-Autobahn jener Zeit, und buchstäblich Dutzende von hungrigen Männern bettelten vor unserer Tür um Essen.

Obwohl wir eine große Familie waren und das Geld immer knapp (oder gar nicht vorhanden) war, ließ er es nie zu, dass ein hungriger Mensch ohne ausreichende Nahrung abgewiesen wurde. Das war sein Argument:

> „Wenn ich einem hungrigen Menschen etwas zu essen verweigere oder in ihm kein Zeichen Christi sehe, das ihn zu meinem Bruder macht, dann verleugne ich meine eigene Menschlichkeit."

Ebenso wurde niemand, der verletzt oder in Not war, jemals von Papa um Hilfe gebeten und abgewiesen, ohne dass er sich aufrichtig bemüht hätte, die benötigte Hilfe zu leisten. Viele Witwen und in Not geratene ehemalige Soldaten kamen zu ihm und baten um Hilfe. Daraufhin leistete er unzählige Tage Arbeit, um für diese Unglücklichen entweder über die Kanadische Legion oder durch die Hunderte von Kontakten, die er im Laufe seiner Arbeit in hohen Positionen knüpfte, Renten oder andere Hilfen zu erhalten.

Kein noch so großer Geldbetrag und keine noch so große Ehre konnten ihn dazu bewegen, eine Sache oder eine Organisation zu unterstützen, an die er nicht voll und ganz glaubte oder die seiner genauen Prüfung ihrer Daseinsberechtigung nicht standhalten konnte. Aufgrund seiner starken Einstellung in dieser Hinsicht weiß ich, dass er auf viele lukrative Möglichkeiten verzichtete, um sich, wie er es ausdrückte, „vor meinem eigenen Spiegel zu rasieren". Er war autodidaktisch, selbstbewusst und rechthaberisch.

Wenn es hart auf hart kam, weigerte er sich, andere um Hilfe zu bitten, bis er sich buchstäblich wirtschaftlich, körperlich oder geistig erschöpft hatte. Er hatte einen Jähzorn, der ihn in furchtbare Wutausbrüche versetzte... und ein weiches Herz, das ihn daran hinderte, diese Wut länger als ein paar Minuten auszuhalten, oder einen Groll gegen seinen ärgsten Feind zu hegen... und er machte sich viele davon, während er vorankam.

Er konnte mit Königen und denjenigen, die die hohen und mächtigen Plätze auf der Erde besetzen, spazieren gehen und sprechen... und er konnte in Hütten sitzen und war in dieser Umgebung völlig zu Hause.

Mit denen, die sich ihm widersetzten, war er ein harter, fairer und zäher Kämpfer, der weder um Gnade bat noch sie gewährte. Zu den Schwachen und Hilflosen hatte er die Zärtlichkeit einer guten Frau und ein Herz so weich und süß wie geschmolzene Butter.

Seiner Familie und sich selbst gegenüber war er ein harter und strenger Zuchtmeister. Mit anderen, die schwächer waren als er selbst, hatte er eine unendliche Fähigkeit zu Mitleid und Geduld. In den letzten fünfzehn Jahren seines Lebens litt er an vielen Krankheiten und Behinderungen, nicht zuletzt an einer verkrüppelten Wirbelsäule, die ihn dazu zwang, eine schwerfällige Stahl- und Lederkorsett zu tragen, damit er sich nicht stark verformte. Ich glaube nicht, dass er diese Gesundheitsprobleme jemals als ein Ärgernis betrachtet hat, das ihn daran hinderte, den Weg der Arbeit zu gehen, den er für sich selbst gewählt hatte... sein Motto war immer: „Weitermachen."

Wenn jemals ein Epitaph für ihn geschrieben wird, dann soll es folgendermaßen lauten: **Er lebte das harte Leben eines** wahren Christenmenschen. Und starb den leichten Tod, der einem solchen Menschen vorbehalten ist.

Wenn irgendetwas von dem, was er jemals geschrieben hat, auch nur einem Menschen geholfen hat, einen Sinn im Leben zu finden, oder irgendeinem Menschen geholfen hat, den Sinn und Zweck des Lebens besser zu verstehen, oder einer Seele geholfen hat, ihren Platz im göttlichen Plan der Dinge wiederzufinden, dann bin ich sicher, dass seine edle Seele in Frieden ruht, in der Liebe und im Schutz des Gottes, dem er so sehr zu dienen versuchte, während er seine wenigen Jahre auf Erden lebte.

ANHANG A - DER GEHEIME PAKT GEGEN DIE MENSCHHEIT

Der folgende Vertrag erschien erstmals im Juni 2002 anonym auf einer Website. Die Herkunft ist unbekannt, aber er ist hier als weiterer Beweis für die Behauptungen in *Satan, Fürst dieser Welt*, enthalten. Er war ursprünglich nicht in dem Buch enthalten. Von http://www.unveilingthem.com/SecretCovenant.htm

DER GEHEIME PAKT

Es wird eine Illusion sein, so groß, so gewaltig, dass sie sich ihrer Wahrnehmung entziehen wird.

Diejenigen, die es sehen werden, werden für verrückt gehalten.

Wir werden getrennte Fronten schaffen, um zu verhindern, dass sie die Verbindung zwischen uns erkennen.

Wir werden uns so verhalten, als ob wir nicht verbunden wären, um die Illusion aufrechtzuerhalten.

Wir werden unser Ziel Tropfen für Tropfen erreichen, um uns nicht selbst in Verdacht zu bringen. Dies wird auch verhindern, dass sie die Veränderungen sehen, während sie stattfinden.

Wir werden immer über dem relativen Bereich ihrer Erfahrung stehen, denn wir kennen die Geheimnisse des Absoluten.

Wir werden immer zusammenarbeiten, und wir werden durch Blut und Geheimhaltung verbunden bleiben. Der Tod wird denjenigen ereilen, der spricht.

Wir werden ihre Lebensspanne kurz und ihren Verstand schwach halten, während wir vorgeben, das Gegenteil zu tun.

Wir werden unser Wissen über Wissenschaft und Technologie auf subtile Weise einsetzen, so dass sie nicht sehen können, was passiert.

Wir werden Weichmetalle, Alterungsbeschleuniger und Beruhigungsmittel in Lebensmitteln und Wasser, aber auch in der Luft verwenden.

Sie werden überall von Giften umgeben sein, wohin sie sich wenden.

Die weichen Metalle werden sie um den Verstand bringen. Wir werden versprechen, ein Heilmittel an unseren vielen Fronten zu finden, doch wir werden sie mit noch mehr Gift füttern.

Die Gifte werden über ihre Haut und ihren Mund aufgenommen und zerstören ihren Verstand und ihre Fortpflanzungsorgane.

Von all dem werden ihre Kinder tot geboren werden, und wir werden diese Information verheimlichen.

Die Gifte werden in allem versteckt sein, was sie umgibt, in dem, was sie trinken, essen, atmen und tragen.

Wir müssen beim Verteilen der Gifte raffiniert vorgehen, denn sie können weit sehen.

Wir werden ihnen mit lustigen Bildern und musikalischen Klängen beibringen, dass die Gifte gut sind.

Diejenigen, zu denen sie aufschauen, werden helfen. Wir werden sie anwerben, um unsere Gifte zu verbreiten.

Sie werden sehen, wie unsere Produkte in Filmen verwendet werden, und sich an sie gewöhnen, ohne ihre wahre Wirkung zu kennen.

Wenn sie gebären, werden wir Gifte in das Blut ihrer Kinder spritzen und sie davon überzeugen, dass es für ihre Hilfe ist.

Wir werden früh damit beginnen, wenn sie noch jung sind, und wir werden ihre Kinder mit dem ansprechen, was Kinder am meisten lieben, nämlich mit süßen Dingen.

Wenn ihre Zähne kariös werden, werden wir sie mit Metallen füllen, die ihren Verstand töten und ihre Zukunft stehlen werden.

Wenn ihre Lernfähigkeit beeinträchtigt ist, werden wir Medikamente entwickeln, die sie kränker machen und andere Krankheiten verursachen, für die wir dann noch mehr Medikamente entwickeln.

Wir werden sie durch unsere Macht gefügig und schwach vor uns machen.

Sie werden depressiv, träge und fettleibig, und wenn sie uns um Hilfe bitten, werden wir ihnen noch mehr Gift geben.

Wir werden ihre Aufmerksamkeit auf Geld und materielle Güter lenken, damit sie nie mit ihrem inneren Selbst in Verbindung kommen. Wir werden sie mit Unzucht, äußeren Vergnügungen und Spielen ablenken, so dass sie nie mit der Einheit von allem eins werden können.

Ihr Verstand wird uns gehören und sie werden tun, was wir sagen.

Wenn sie sich weigern, werden wir Wege finden, bewusstseinsverändernde Technologien in ihr Leben einzuführen. Wir werden Angst als unsere Waffe einsetzen.

Wir werden ihre Regierungen einsetzen und in ihnen Gegensätze schaffen.

Wir werden beide Seiten besitzen.

Wir werden unser Ziel immer verbergen, aber unseren Plan ausführen.

Sie werden die Arbeit für uns verrichten, und wir werden von ihrer Mühe profitieren.

Unsere Familien werden sich niemals mit den ihren vermischen. Unser Blut muss immer rein sein, denn das ist der Weg.

Wir werden sie dazu bringen, sich gegenseitig zu töten, wenn es uns passt.

Wir werden sie durch Dogmen und Religion von der Einheit getrennt halten.

Wir werden alle Aspekte ihres Lebens kontrollieren und ihnen sagen, was sie zu denken haben und wie.

Wir werden sie freundlich und behutsam anleiten und sie glauben lassen, dass sie sich selbst leiten.

Wir werden die Feindseligkeit zwischen ihnen durch unsere Fraktionen schüren.

Wenn ihnen ein Licht aufgeht, werden wir es durch Spott oder Tod auslöschen, je nachdem, was uns besser passt.

Wir werden sie dazu bringen, sich gegenseitig die Herzen zu zerreißen und ihre eigenen Kinder zu töten.

Wir werden dies erreichen, indem wir den Hass als unseren Verbündeten und die Wut als unseren Freund nutzen.

Der Hass wird sie völlig blenden, und sie werden nie sehen, dass wir aus ihren Konflikten als ihre Herrscher hervorgehen. Sie werden damit beschäftigt sein, sich gegenseitig zu töten.

Sie werden in ihrem eigenen Blut baden und ihre Nachbarn töten, so lange wir es für richtig halten.

Das wird uns sehr zugute kommen, denn sie werden uns nicht sehen, weil sie uns nicht sehen können.

Wir werden weiterhin von ihren Kriegen und ihrem Tod profitieren.

Wir werden dies so lange wiederholen, bis wir unser Endziel erreicht haben.

Wir werden sie weiterhin durch Bilder und Töne in Angst und Wut versetzen.

Wir werden alle uns zur Verfügung stehenden Mittel einsetzen, um dies zu erreichen.

Die Werkzeuge werden durch ihre Arbeit zur Verfügung gestellt.

Wir werden sie dazu bringen, sich selbst und ihre Nachbarn zu hassen.

Wir werden ihnen immer die göttliche Wahrheit vorenthalten, dass wir alle eins sind.

Das dürfen sie nie erfahren!

Sie dürfen nie erfahren, dass Farbe eine Illusion ist, sie müssen immer denken, dass sie nicht gleich sind.

Tropfen für Tropfen werden wir unserem Ziel näher kommen.

Wir werden ihr Land, ihre Ressourcen und ihren Reichtum an uns reißen, um die totale Kontrolle über sie auszuüben.

Wir werden sie dazu verleiten, Gesetze zu akzeptieren, die ihnen das bisschen Freiheit rauben, das sie noch haben.

Wir werden ein Geldsystem einführen, das sie für immer gefangen hält und sie und ihre Kinder in Schulden hält.

Wenn sie gemeinsam ein Verbot verhängen, werden wir sie der Verbrechen beschuldigen und der Welt eine andere Geschichte präsentieren, denn wir werden alle Medien besitzen.

Wir werden unsere Medien nutzen, um den Informationsfluss und die Stimmung zu unseren Gunsten zu steuern.

Wenn sie sich gegen uns erheben, werden wir sie wie Insekten zerquetschen, denn sie sind weniger als das.

Sie werden hilflos sein, weil sie keine Waffen haben werden.

Wir werden einige von ihnen rekrutieren, um unsere Pläne auszuführen, wir werden ihnen ewiges Leben versprechen, aber ewiges Leben werden sie nie haben, denn sie gehören nicht zu uns.

Die Rekruten werden „Eingeweihte" genannt und werden indoktriniert, an falsche Übergangsriten in höhere Reiche zu glauben. Die Mitglieder dieser Gruppen werden denken, sie seien eins mit uns, ohne die Wahrheit zu kennen.

Sie dürfen diese Wahrheit niemals erfahren, denn sie werden sich gegen uns wenden.

Für ihre Arbeit werden sie mit irdischen Dingen und großen Titeln belohnt werden, aber niemals werden sie unsterblich werden und sich uns anschließen, niemals werden sie das Licht empfangen und die Sterne bereisen.

Sie werden niemals die höheren Reiche erreichen, denn das Töten ihrer eigenen Art wird den Übergang in das Reich der Erleuchtung verhindern. Das werden sie nie erfahren.

Die Wahrheit wird vor ihren Augen verborgen sein, so nah, dass sie sich nicht darauf konzentrieren können, bis es zu spät ist.

Oh ja, die Illusion der Freiheit wird so groß sein, dass sie nie erfahren werden, dass sie unsere Sklaven sind.

Wenn alles fertig ist, wird die Realität, die wir für sie geschaffen haben, ihnen gehören.

Diese Realität wird ihr Gefängnis sein. Sie werden in Selbsttäuschung leben.

Wenn wir unser Ziel erreicht haben, wird eine neue Ära der Vorherrschaft beginnen.

Ihre Gedanken werden durch ihre Überzeugungen gebunden sein, die wir seit jeher verinnerlicht haben.

Aber wenn sie jemals herausfinden, dass sie uns ebenbürtig sind, dann werden wir untergehen. DAS DÜRFEN SIE NIE ERFAHREN.

Wenn sie jemals herausfinden, dass sie uns gemeinsam besiegen können, werden sie aktiv werden.

Sie dürfen niemals herausfinden, was wir getan haben, denn wenn sie es tun, können wir nicht mehr fliehen, denn wenn der Schleier erst einmal gefallen ist, wird man leicht sehen, wer wir sind. Unsere Taten werden verraten haben, wer wir sind, und sie werden uns jagen, und niemand wird uns Schutz gewähren.

Dies ist der geheime Bund, nach dem wir den Rest unseres gegenwärtigen und zukünftigen Lebens leben werden, denn diese Realität wird viele Generationen und Lebensspannen überdauern.

Dieser Bund ist mit Blut besiegelt, mit unserem Blut. Wir, die wir vom Himmel auf die Erde gekommen sind.

Dieser Bund darf NIE, NIEMALS als existent erkannt werden. Er darf NIEMALS geschrieben oder ausgesprochen werden, denn wenn dies geschieht, wird das Bewusstsein, das er hervorbringt, den Zorn des Urschöpfers auf uns loslassen, und wir werden in die Tiefen geworfen, aus denen wir gekommen sind, und dort bis zur Endzeit der Unendlichkeit selbst bleiben.

ANHANG B - HINTERER UMSCHLAG

Das Symbol des Baphomet steht für die Kräfte der Finsternis in Verbindung mit der generativen Fruchtbarkeit der Ziege. In seiner „reinen" Form umschließt das Pentagramm, wie es auf dem Titelbild abgebildet ist, die Gestalt eines Menschen in den fünf Spitzen des Sterns - ein Symbol für die geistige Natur des Menschen. Der Satanismus steht für die fleischlichen Instinkte des Menschen, also für das Gegenteil der spirituellen Natur. Im Satanismus ist das Pentagramm umgedreht, um den Kopf der Ziege perfekt unterzubringen; ihre Hörner stehen für die Dualität und strecken sich trotzig nach oben. Die hebräischen Figuren, die das Symbol umgeben, finden sich in der Kabbala und bedeuten „Leviathan", die Schlange des Wasserabgrunds, die mit Satan identifiziert wird.

- Aus *Hidden Secrets of the Eastern Star* von Dr. Cathy Burns.

Andere Titel

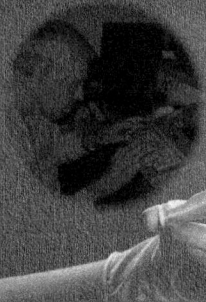

www.ingramcontent.com/pod-product-compliance
Lightning Source LLC
Chambersburg PA
CBHW061725270326
41928CB00011B/2121